中国道路发展新理念系列丛书

科技创新

中国式现代化·创新发展之路

人民论坛 编

中国科学技术出版社
·北京·

图书在版编目（CIP）数据

科技创新：中国式现代化·创新发展之路 / 人民论坛编 . —北京：中国科学技术出版社，2023.1
（中国道路发展新理念系列丛书）
ISBN 978-7-5046-9867-4

Ⅰ.①科… Ⅱ.①人… Ⅲ.①中国经济—经济建设—技术革新—文集 Ⅳ.① F124.3-53

中国版本图书馆 CIP 数据核字（2022）第 205895 号

总 策 划	秦德继 周少敏			
策划编辑	申永刚　杜凡如　王碧玉		责任编辑	杜凡如
封面设计	仙境设计		版式设计	蚂蚁设计
责任校对	邓雪梅		责任印制	李晓霖

出　　版	中国科学技术出版社
发　　行	中国科学技术出版社有限公司发行部
地　　址	北京市海淀区中关村南大街 16 号
邮　　编	100081
发行电话	010-62173865
传　　真	010-62173081
网　　址	http：//www.cspbooks.com.cn
开　　本	710mm×1000mm　1/16
字　　数	241 千字
印　　张	20
版　　次	2023 年 1 月第 1 版
印　　次	2023 年 1 月第 1 次印刷
印　　刷	北京盛通印刷股份有限公司
书　　号	ISBN 978-7-5046-9867-4/F·1075
定　　价	89.00 元

（凡购买本社图书，如有缺页、倒页、脱页者，本社发行部负责调换）

本书编纂组

编纂组成员：

彭国华　杨　轲　魏爱云　王　慧　韩冰曦
马冰莹　周素丽　董惠敏　潘丽莉　常　妍
张　晓　魏　飞　肖晗题　罗　婷　李　懿
李丹妮　张　贝　程静静　陈璐颖　银冰瑶
韩　拓　贾　娜　谷　漩　邓楚韵　周小梨
赵橙泞　谢　帅　李一丹　于洪清　郑涵予
靳　佳　孙　垚　孙　渴　马宁远

鸣 谢 专 家：（以姓氏笔画为序）

丁明磊　王　文　王　芳　龙桂鲁　史宇鹏
朱玉成　刘玉书　李昕蕾　李智超　杨立华
杨　雷　肖汉平　张　威　陈丽华　陈凯华
金雪军　郑　磊　郭田勇　黄　宁　梁　正
程如烟　蔺　洁　樊继达　魏　波
"科普生态体系调查研究"课题组

丛书序

人民论坛编纂组

习近平总书记在党的二十大报告中指出："改革开放和社会主义现代化建设深入推进，书写了经济快速发展和社会长期稳定两大奇迹新篇章，我国发展具备了更为坚实的物质基础、更为完善的制度保证，实现中华民族伟大复兴进入了不可逆转的历史进程。"伟大复兴历史进程何以不可逆转？中国特色社会主义道路何以越走越宽广？以中国式现代化全面推进中华民族伟大复兴的信心何以愈加坚定？除中国共产党的坚强领导、人民群众的力量源泉、深厚的文化底蕴等重要因素以外，对我国经济社会发展的理论逻辑、历史逻辑、现实逻辑的深刻认识和准确把握以及将科学的发展理念贯彻落实到经济社会发展可知可感的各个领域，也为实现中华民族伟大复兴提供更具体、更细致、更深入、更扎实的支撑。中国道路发展新理念系列丛书从科技创新、中国智造、数碳经济、乡村振兴四个方面切入，对创新发展、高质量发展、绿色发展、协调发展进行了系统研究与阐释。

推进科技创新，走好创新发展之路。党的二十大报告强调要"坚持创新在我国现代化建设全局中的核心地位"。抓创新就是抓发展，谋创新就是谋未来。不创新就要落后，创新慢了也要落后。从历史维度看，创新是大国迈向强国的"压舱石"。经过改革开放四十余年的持续投入和积累，我国已成为仅次于美国的世界第二大研发经费投入国。但中国科技创新水平与世界科技先进水平相比有所不足，与国际竞争及建成社会主义现代化强国的要求相比，仍存在一定的差距。基于创新的高水平自立自强是畅通国内大循环、确保中国在国际大循环优势地位的

"动力源"，我国经济社会发展和民生改善比过去任何时候都更加需要科技解决方案，都更加需要增强创新这个"第一动力"。科技创新成为推进我国国家治理体系与治理能力现代化的原动力，成为在综合国力竞争中赢得主动的决定性因素，也为中华民族伟大复兴、中国梦的早日实现提供新助力。

推进中国智造，走好高质量发展之路。高质量发展是全面建设社会主义现代化国家的首要任务。推动经济高质量发展，重点在于推动产业结构转型升级，其中推动制造业转型升级是重中之重。改革开放四十余年来，中国制造业在总量和增速方面已然领跑全球，奠定了高质量发展的雄厚基础，但制造业的质量与发达国家相比尚有不足，尤其是发达国家的数字化进程与制造业转型的叠加优势不可小觑。制造业智能化是新一轮产业变革的核心内容，是我国制造业转型升级的主攻方向，也是建设制造强国的必由之路。从总体上看，我国智能制造发展正从初期的理念普及、试点示范阶段，迈向深入实施、全面推广阶段。制造业智能化带来了全新的制造生产方式、全新的生产组织方式、全新的技术基础和商业模式，这需要我国制造业在变革组织结构、突破物理边界以及对资本与劳动要素进行新的组合、构思和生产新的产品等方面破局制胜。

推进数碳经济，走好绿色发展之路。绿色发展是以效率、和谐、持续为目标的经济增长和社会发展方式。自工业革命以来，大国崛起的代价是经济迅猛发展必然带来的环境污染。继创造举世瞩目的经济增长奇迹后，新时代的中国作出了新的选择，即始终坚持将生态文明建设作为"国之大者"，以碳达峰、碳中和目标压力倒逼经济和能源结构调整，更在巩固农业经济初级整合式生产、工业经济精细化复杂批量生产技术和成果的基础上，向智能化、智慧化的数字经济进军。据工信部最新统计，我国数字经济规模超 450000 亿元，稳居世界第二，年均复合增长率达 13.6%。在实现"十四五"时期发展目标和 2035 年远景目标的征程中，数字经济将会进一步渗透到国民经济的各个领域之中，推动产业数字化转型，提高全要素生产率，并在碳达峰、碳中和政策指引下与绿色经济协同融合发展，成为新时代经济社会发展新动能。

推进乡村振兴，走好协调发展之路。习近平总书记强调："全面建设社会主义现代化国家，最艰巨最繁重的任务仍然在农村。"农业强不强、农村美不美、农民富不富，决定着社会主义现代化的质量。共同富裕是社会主义的本质要求，协调发展的价值取向契合全体人民共同富裕的本质要求，是促进区域、城乡共同富裕的必由之路。改革开放以来，中国实现了"国富"和"部分先富"；党的十八大以来，以习近平同志为核心的党中央致力于实现"共富"。脱贫攻坚解决了绝对贫困问题，乡村振兴正在逐步解决相对贫困问题。"十四五"时期，我国"三农"工作进入全面推进乡村振兴、加快农业农村现代化的新发展阶段。在巩固拓展脱贫攻坚成果的基础上全面推进乡村振兴，正是为了不断增强发展的协调性、均衡性，在一个拥有14亿多人口的最大发展中国家实现共同富裕。

沿着中国式现代化道路，我们用几十年时间，走完了发达国家几百年走过的发展历程，已经拥有开启新征程、实现新的更高目标的雄厚物质基础，但面临的内外部风险也空前上升，需要在总结过去、把握现状基础上增强对强国时代未来发展的前瞻和规划。本系列丛书集结了100多位权威专家的重磅文章以及国家社会科学基金、国家杰出青年科学基金等重大项目课题成果，从战略、政策、理论、实践等层面对强国时代如何创新发展、高质量发展、绿色发展、协调发展进行系统分析与阐释，书中不乏精辟的分析、深度的解读、犀利的论断、科学的对策，相信能为广大读者提供思想启迪，助力中华民族在新征程中铸就新辉煌。

目 录

第一章 科技自强完善国家创新体系

创新适应新发展阶段要求：时代意蕴与应对之策 / 樊继达 ………… 003

构建突破创新瓶颈的系统机制 / 魏波 …………………………………… 018

高水平科技自立自强亟待破解的核心问题 / 梁正 …………………… 028

构建高效能科技治理体系的目标导向和重点任务 / 陈凯华 蔺洁 …… 037

第二章 产业链优化升级：动态环境下的挑战与机遇

"十四五"时期我国产业链优化升级的重点与建议 / 郭田勇 ……… 047

促进新技术产业化规模化应用的路径与对策建议 / 丁明磊 黄宁 …… 054

创新链产业链融合与实体经济转型升级 / 金雪军 朱玉成 ………… 062

供给侧结构性改革视角下的产业供应链服务体系数智化建设 / 陈丽华 … 069

第三章 人才保障为科技强国提供动力

新形势下我国高素质科技人才的自主培养问题研究 / 程如烟 ………… 085

生态视角下科普高质量发展路径研究 / "科普生态体系调查研究"课题组 … 104

第四章 数字技术与国家治理的融合转型

构建文明型智能治理：占据新时代国际智能治理制高点 / 杨立华 …… 115

数字治理的"填空"与"留白" / 郑磊 …………………………………… 128

以知识复用促数字政府效能提升 / 王芳 ………………………… 142

第五章　智能制造是中国发展的新名片

中国智能制造发展现状和未来挑战 / 刘玉书　王文 ………………… 161
数字经济与制造业融合发展：路径与建议 / 史宇鹏 ………………… 187
稳步推进高端芯片国产化进程的战略路径 / 肖汉平 ………………… 199

第六章　加强量子科技发展战略谋划和系统布局

拥抱量子科技时代：量子计算的现状与前景 / 张威 ………………… 213
量子计算机的研发进展与未来展望 / 龙桂鲁 ………………………… 237

第七章　碳中和：与世界接轨的创新经济

全球生态文明建设中的中国新能源外交 / 李昕蕾 …………………… 267
新能源革命的国际经验与启示 / 杨雷 ………………………………… 284
循环型城市建设的基本内容与重点任务 / 李智超 …………………… 303

第一章
科技自强完善国家创新体系

　　随着科技体制改革持续深化，我国科技创新治理体系逐步健全，科技创新治理能力稳步提升。当前，新一轮科技革命和产业变革正在兴起，西方国家对我国的遏制意图越来越明显，未来技术领域的对抗将更加频繁。要加快完善国家创新体系，积极参与国际创新领域的竞争，实现高水平科技自立自强。

创新适应新发展阶段要求：时代意蕴与应对之策

樊继达

中共中央党校（国家行政学院）公共管理教研部公共经济教研室主任、教授、博士生导师，中国公共经济研究会秘书长

2021年5月28日，习近平总书记在中国科学院第二十次院士大会、中国工程院第十五次院士大会、中国科协第十次全国代表大会上指出，"科技创新成为国际战略博弈的主要战场，围绕科技制高点的竞争空前激烈。我们必须保持强烈的忧患意识，做好充分的思想准备和工作准备……立足新发展阶段、贯彻新发展理念、构建新发展格局、推动高质量发展，必须深入实施科教兴国战略、人才强国战略、创新驱动发展战略，完善国家创新体系，加快建设科技强国，实现高水平科技自立自强。"新发展阶段贯彻新发展理念，构建新发展格局，深刻把握创新发展的重要意蕴，厘清创新发展面临的挑战并予以破解，显得尤为迫切而重要。

新发展阶段创新发展的时代意蕴

著名经济学家熊彼特认为,创新就是"建立一种新的生产函数",即"生产要素的重新组合",把一种从来没有的关于生产要素和生产条件的"新组合"引进生产体系中去。新发展阶段重视创新发展是从世界强国崛起进程中获得的重要启示,是中国从大国迈向强国的现实需求,也是来自部分国家的前车之鉴。

从历史维度看,创新是大国迈向强国的"压舱石"。纵观人类发展史,每一次大国崛起都与创新紧密相关,从英国、德国到美国、日本,都遵循着从创新强、科技强到产业强、经济强、国家强的发展规律。

创新引领英国登上世界霸主地位。作为近代以来首个真正意义上的世界霸主,英国率先实现从农业国向工业国的转变。英国之所以能成功,主要得益于以创新开启了第一次工业革命。1785年,瓦特改良蒸汽机,并在煤炭、纺织、冶金、交通运输等部门迅速推广应用,人类进入"蒸汽时代"。机械代替手工劳动带来生产力的巨大变革和飞跃,拓宽了人类活动的范围。凭借"自立""先发"的科技创新优势,1850年,英国铁产量超过世界上所有国家铁产量的总和,煤产量占世界总产量的三分之二,棉布产量占全球的一半以上。

创新助推德国在第二次工业革命中"换道超车"。德国统一后抓住第二次工业革命机遇,大力推动创新,实现科技自立自强,到19世纪与20世纪之交就成了世界科学中心。在这一时期,德国涌现出一大批科学家和发明家,如德国人西门子制成了发电机,本茨等制造出内燃机驱动的汽车等。据统计,1864—1869年,世界生理学100项重大发现中,德国贡献了89项。

1855—1870年，德国在光学、电学和热力学等方面的重大发明多达136项，英国和法国两个国家合计仅91项。世界第一台大功率直流发电机、第一台电动机、第一台四冲程煤气内燃机等发明创造都诞生于德国。

创新成就美国世界第一科技强国地位。从某种程度上说，美国的经济发展历史就是一部创新创业史。美国通过第一次工业革命成果实现了从农业向工业的转型，通过第二次工业革命确立了世界经济强国的地位，加上本土未受两次世界大战的影响，美国成为第三次工业革命的引领者和最大获利者，诞生了无线电、半导体、喷气式飞机、互联网、基因工程药物等高科技产品。这些成果，无一例外地体现了美国高水平的创新实力，确保其在科技、经济、军事等诸多领域的领先优势，并长期保持全球领先地位。

从现实维度看，创新是构建新发展格局的"动力源"。新发展格局是对"十四五"和未来更长时期中国经济发展战略、路径做出的重大调整，是中国实现经济现代化的路径选择。我国经济社会发展和民生改善比过去任何时候都更加需要科学技术解决方案，都更加需要增强创新这个第一动力。基于创新的高水平自立自强是畅通国内大循环、确保中国在国际大循环优势地位的"动力源"，是新发展格局最本质的特征。

一方面，以国内大循环为主体，实现高质量发展，关键在于打破"技术堵点"，从根本上解决"卡脖子"难题。进入新发展阶段后，高质量发展成为主题，其核心要义是转变发展方式，推动质量变革、效率变革、动力变革，实现更高质量、更有效率的发展。过去依靠要素、投资驱动的发展方式已然难以为继，必须坚持供给侧结构性改革这一主线，以创新匹配高质量发展与高品质生活的新要求。作为一个超大规模国家，与美、英、德等国一样，中国不可能单靠外力实现从大国到强国的跨越，势必要通过创新将科技自立自强作为发展的基石。

另一方面，参与全球竞争和国际大循环，关键在于创新实力的高低。当前，新一轮科技革命和产业变革正加速演进，科技创新的广度在显著加大，深度在显著加深，速度在显著加快，精度在显著加强。国际力量对比深刻调整，世界主要国家纷纷瞄向科技创新，希望借此抢占未来国际竞争的制高点，大国之间科技创新竞争愈发激烈。但是，中国科技创新水平与国际竞争及建成社会主义现代化强国的要求相比，与世界科技先进水平特别是与美国相比，仍存在一定的差距。我们必须坚持创新在现代化建设全局中的核心地位，提升体系化科技竞争力量，通过高水平的科技自立自强实现更多"从0到1"的突破，塑造国际竞争"非对称性"优势，从根本上改变关键核心技术受制于人的被动局面，增强经济发展的韧性与自主性，牢牢掌控发展主动权。

从比较维度看，创新是跨越"中等收入陷阱"的"助推器"。近代中国落后挨打，根源之一就在于与科技革命、工业革命失之交臂，导致科技弱、创新弱、国力弱。现代中国在世界上举足轻重，重要原因就是科技水平和创新能力已得到大幅度提升。实践表明，国家之争就是实力之争，根本是生产力之争，核心是创新能力之争。如果说要素驱动为中国过去创造了发展的高速度，那么创新提供的则是中国未来发展的加速度。

从各国发展历程看，从要素驱动、投资驱动向创新驱动跨越并不容易。第二次世界大战后，国际上公认的成功跨越"中等收入陷阱"的国家和地区仅有13个，但就比较大规模的经济体而言，只有日本和韩国成功实现了由低收入国家向高收入国家的跨越。1972年，日本人均国内生产总值接近3000美元，1976年，日本人均国内生产总值接近5000美元，到1984年，日本人均国内生产总值突破 1 万美元。1980 年，韩国人均国内生产总值是 1645 美元，到 1983 年时是 2074 美元，但 1995 年韩国人均国内生产总值就已达到了 11469 美元。拉美地区的 33 个经济体中，属于 4000 美元至 12000 美元的上中等收入国家阶段的有 28 个。这些国家长期在高收入国家行列外徘徊，至今已 60 多年了。为什么发展水平和条件十分相近的国家，会出现两种截然不同的发展命运？其原因是多方面的：在政治和社会层面，社会阶层间流动不畅，土地等要素市场化程度不足，统治阶层中利益集团阻碍改革；在经济层面，突出表现为创新能力不足，难以克服技术创新瓶颈，找不到产业升级突破口，在国际产业链分工中长期得不到提升。许多国家在进入中等收入阶段后，低成本优势逐步丧失，在低端市场难以与低收入国家竞争，在中高端市场则由于研发能力和人力资本条件制约，又无法与高收入国家抗衡，在这种"上压下挤"的环境中，很容易失去增长动力而导致经济增长停滞。综合来看，中国经济增长的"追赶窗口"正在收敛，我们比以往任何时候都需要通过创新来提升国家竞争力，从而摆脱陷入"中等收入陷阱"的风险，重构国家竞争新优势。

▶ 强化新发展阶段的国家战略科技力量

科技立则民族立，科技强则国家强。国家战略科技力量面向世界科技前沿领域，对国家安全、国家发展、国计民生和国际竞争起决定性作用，是国家创新体系的中坚力量，代表国家科技创新的"国家队"水平。

充分发挥国家作为重大科技创新组织者的作用。顺应世界创新大势与大国竞争动向，兼顾国家急迫需要和长远发展需求，凝练科技问题，配置创新资源，构建能力强大、功能完备、军民融合、资源高效配置的国家创新体系，确保在激烈的大国博弈中把握主动权。"十四五"时期应建立"顶层目标牵引、重大任务带动、基础能力支撑"的国家科技组织模式，推动科技创新要素配置与人才队伍体系化、协同化、建制化，提升国家创新体系整体效能。以重大科技任务建设为依托，强化项目、人才、基地、资金等创新要素的一体化配置。注重发挥企业在创新中的主体作用，支持科技领军型企业组建体系化、任务型的创新联合体，带动中小企业增强关键共性技术供给能力。

稳步加强高水平创新主体建设。"十四五"时期应坚持面向世界科技前沿、面向国民经济主战场、面向国家重大需求、面向人民生命健康，深入推进高水平创新主体建设。在明确国家目标和紧迫战略需求的重大领域，在有望引领未来发展的战略制高点，整合全国创新资源，克服实验室体系建设分散、低效、趋同的弊端，兼顾多元化与梯队化，形成抢占国际科技制高点的重要战略创新力量。

紧盯世界科技创新前沿科学问题，加快国家实验室体系建设，组建一批勇于挑战最前沿的科学问题，在原创理论、原创方法上取得重大突破的引领型国家实验室。同时，对全国现有的 500 多家国家实验室重组优化整合，力争在战略性、关键性重大科技成果上有所突破，形成布局合理、治理高效、创新力强的专业化分工格局，形成有中国特色的、能够抢占国际科技制高点的世界一流国家实验室体系。

围绕解决影响制约国家发展全局和长远利益的重大科技问题，加快推进国家科研机构建设，打好关键核心技术攻坚战。高水平研究型大学作为基础研究的主力军和重大科技突破的生力军，应推动发展科技第一生产力、培养人才第一资源、增强创新第一动力的更好结合。此外，还应建设一批国家技术创新中心、国家制造业创新中心、国家工程研究中心等，推进产学研深度合作。

统筹谋划强化国家战略科技力量。强化国家战略科技力量与开放创新并不矛盾，并不意味着关门搞创新，两者是辩证统一的关系。中国应深度参与全球创新治理，实施更加开放包容、互惠共享的国际科技合作战略，加强与世界主要创新国家的多层次、广领域科技交流合作，提升科技创新合作的层次和水平。强化国家战略科技力量更不意味着对市场主体的排斥。要实现创新链与产业链有效对接，锻长板、补短板，形成各类创新主体功能互补、良性互动的协同创新格局。对亟须解决的关键核心技术"卡脖子"问题，实行"揭榜挂帅""军令状"等管理方式；对支撑经济社会高质量发展的任务，探索完善"赛马制""悬赏制"等任务管理方式；对科技创新前沿探索的任务，在竞争择优的基础上鼓励自由探索。

▶ 厚植新发展阶段的"创新土壤"

基础研究是创新发展的源头活水，事关中国高水平科技自立自强的根基。我们面临的很多"卡脖子"技术问题，根源是原始创新能力不强，基础理论研究跟不上，源头和底层的东西没有搞清楚，必须下好基础研究"先手棋"。

瞄准世界科技前沿。基础研究要勇于探索、突出原创，把握世界科技前沿发展态势，稳步加大对数学、物理、化学等基础研究的支持力度。推动基础学科与应用学科均衡协调发展，强化不同学科的深度交叉融合，积极开辟新的学科发展方向。增强创新自信，跳出"跟随型研究"窠臼，创造出更多"引领型研究"成果。推进科研院所、高校和企业科研力量优化配置和资源共享，完善共性技术供给体系。紧紧围绕构建新发展格局的重大需求，从经济社会发展和国家安全面临的实际问题中发现、凝练重大科学问题。从科学原理、问题、方法上协同攻关，探索开辟新的技术路线，弄通"卡脖子"技术的基础理论和技术原理，为解决"卡脖子"问题提供更多源头支撑。

建立基础研究持续投入的稳定增长机制。经过多年持续追赶，中国研发经费总量已稳居世界第二，但基础研究经费占比长期偏低，2019年，这一数据达到6.03%，2020年，该数据进一步提升到6.16%，但与发达国家15%以上的占比差距较大。从先发国家经验看，基础研究投入不足是制约原创性突破的重要因素。"十四五"期间应稳步增加基础研究投入，大力支持研究型大学和研究机构开展基础研究。注重调动社会各方面重视和发展基础研究的积极性，引导地方政府、企业和金融机构以适当形式加大支持，鼓励社会以捐赠和建立基金等方式多渠道投入，形成持续、稳定的资金投入支持机制。可借鉴美国的做法，以美国生命科学研究为例，美国政府率先支持美国国立卫生研究院进行基础性研究，同时对高校的基础研究项目给予大量的资金支持。当这些研究取得进展时，企业才逐步介入，将研究成果转化为经济效益。

基础研究经费应主要用于发挥特色，稳定研究方向、研究队伍及技术力量，以及基础性设施的维护、运行。支持研究机构自主布局科研项目，扩大高等学校、科研院所学术自主权和个人科研选题选择权。加大对冷门学科、基础学科和交叉学科的长期稳定支持。完善颠覆性和非共识性研究的遴选和支持机制。对开展基础研究有成效的科研单位和企业，在财政、金融、税收等方面给予必要的政策支持。

让人才创新源泉充分涌流。人力资本的积累是推动创新、实现高质量发展的重要源泉。经济发展依靠科技创新，科技创新依靠一流创新型人才。世界科技强国必须能够在全球范围内吸引人才、留住人才、用好人才。中国要实现高水平科技自立自强，归根结底要靠高水平创新人才，面向世界汇聚一流人才，构建国际化人才制度和科研环境。大力培养和引进国际一流人才和科研团队，为海外科学家在华工作提供具有国际竞争力和吸引力的环境条件，构筑集聚国内外优秀人才的科研创新高地。

激发人才创新活力必须把教育摆在更加重要的位置。激励高校加强基础研究，发展高水平研究型大学，培养学生创新意识和创新能力，营造宽容包容的氛围，为天才、偏才、怪才的涌现创造良好条件。增强高校学科设置的针对性，加强数学、物理、化学、生物等基础学科建设，鼓励具备条件的高校设置基础研究、交叉学科相关学科专业，探索基础学科本硕博连读培养模式，吸引最优秀的学生投身基础研究。在全社会营造尊重劳动、尊重知识、尊重人才、尊重创造的环境，形成崇尚科学的风尚。

▶ 提升新发展阶段的企业创新能力

企业是科技创新与经济发展的重要力量，进入新发展阶段，贯彻新发展理念，构建新发展格局，企业创新能力的充分释放至关重要。

激励企业增强创新内生动力。通过市场机制引导，正向激励企业创新，变"要我创新"为"我要创新"，充分发挥其在技术研发、科研组织、成果转化等方面的潜力，使企业真正成为自主创新的决策和投资主体、产品研发和科技成果转化主体、风险承担和利益获得主体。以增强企业的创新能力为目标，通过平台搭建、服务保障等政策措施，把解决科技问题与经济问题结合起来，调动企业开展创新的积极性和主动性，使创新成为企业的自觉行为。技术创新方面，企业开发先进适用的技术、工艺和设备，研制适销对路的新产品，提高产品质量和竞争力。模式创新方面，企业应善于利用互联网技术进行商业模式创新，降低成本。政府支持、鼓励企业进行创新的政策要落实到位，加强对中小企业的创新支持力度，完善创新收益的分享机制。管理创新方面，要创新激励模式，注重加强研发能力和品牌建设，建立健全技术储备制度，提高企业的持续创新能力和核心竞争力。

优化政府支持企业创新方式。"十四五"时期应引导企业围绕市场需求和长远发展，建立研发机构，健全组织技术研发、产品创新、科技成果转化的机制，健全以企业为主体、以市场为导向、产学研相结合的技术创新体系，加强产业技术创新战略联盟建设，鼓励创新资源向创新主体流动。引导各种创新要素向企业集聚，支持企业承担重大项目研发任务，完善技术转移机制，促进企业的技术集成与应用。原则上，凡是市场导向明确的产业技术创新项目都应以企业为主来牵头推进。可以在明确定位和标准的基础上，引导企业建设国家重点实验室，围绕产业战略需求开展基础研究，进一步支持企业直接参与国家科技计划和重大工程项目，大幅度提高大中型工业企业建立研发机构的比例，设立专项科研启动资金，鼓励企业加大研发投入，提高研发支出占销售收入的比重。科技领军企业应善于整合集聚创新资源，形成跨领域、大协作、高强度的创新基地，开展产业共性关键技术研发、科技成果转化及产业化、科技资源共享服务，发展高效、强大的共性技术供给体系，提高科技成果转移转化成效，提升中国产业基础能力和产业链现代化水平。

打造服务企业创新的有效支撑。当前，企业在国家创新体系中的话语权偏小，发挥企业的创新主体作用务必要增强企业在国家创新发展中的话语权。通过建立高层次、常态化的企业技术创新咨询制度，发挥企业和企业家在创新决策中的重要作用。吸收更多企业参与研究制定技术创新规划、计划、政策和标准，提高企业家在相关专家咨询组中的比例。发挥企业的"出题者"功能，加快构建龙头企业牵头、高校院所支撑、各创新主体相互协同的创新联合体。

逐步提升企业家的科技素养、创新意识，开拓创新视野。引导具备条件的企业设立创新主管，对全球创新、科技发展态势与市场动态，企业的战略方向进行综合把控。完善产权保护制度，进一步稳定预期优化环境，激发企业家创业热情，让创新人才"富"起来；清除创业壁垒，提升创业参与率，加大扶持力度，提高创业成功率，探索创业成果利益分配机制；大力弘扬新时期工匠精神，培养高水平大国工匠队伍。

▶ 优化支持新发展阶段创新发展的体制机制

创新匹配新发展阶段要求亟须用好改革这"关键一招"，充分发挥改革的突破和先导作用，推动有效市场和有为政府更好结合，形成推进科技创新的强大合力，早日实现高水平科技自立自强。

完善党对科技工作领导的体制机制。习近平总书记指出"党政军民学，东西南北中，党是领导一切的"。科技工作是党治国理政的重要工作之一，党必须实行全面领导。完善党对科技工作的领导，既要解决好认识问题，更要解决好体制机制问题。完善党领导科技工作的体制机制必须贯彻好"两个维护"的要求，做到闻令而动、令行禁止，切实把"两个维护"落实到科技工作各方面各环节。从体制机制上保证党在科技工作中把方向、谋大局、定政策、促改革，坚持完善党中央关于科技工作重大决策部署贯彻落实的制度，注重激发地方和各方面各部门推动科技工作发展的创造创新精神，形成顶层设计与地方及部门探索良性互动的格局。构建从中央到地方各级机构政令统一、运行顺畅、充满活力的工作体系，确保党对科技工作的领导落到实处，沿着正确方向发展。

发挥社会主义市场经济条件下新型举国体制优势。新型举国体制是面向国家重大需求，凝聚和集成国家战略科技力量，有效市场和有为政府协同发力，社会各方力量共同参与攻克重大科技难题的组织模式和运行机制。在尊重科学规律、经济规律与市场规律的基础上，充分发挥各方面的积极性、主动性，左右协同、上下联动，加快攻克重要领域"卡脖子"技术，有效突破产业瓶颈。

一是紧扣国家需求，建立战略性任务决策机制。科技攻关要坚持问题导向，奔着最紧急、最紧迫的问题去。坚持国家意志主导、战略需求牵引，锁定关键核心技术和"卡脖子"领域，加大攻关力度，形成国家战略布局。在独创独有上下功夫，在重要新兴技术领域搞出更多独门绝技，在重点领域、关键环节实现自主可控，提升对产业链供应链安全稳定的科技支撑力。

二是强化责任落实机制，加大跨部门、跨学科、跨军民、跨央地整合力度。健全国家主管部门向国家、牵头单位向国家主管部门、参与单位向牵头单位逐级负责的责任体系。落实好攻关任务"揭榜挂帅"机制，赋予牵头单位技术路线制定权、攻关任务分解权、承担单位决定权、国家资金分解权，做到权责一致。对于探索性较强的攻关项目，可由国家实验室牵头，选择多主体平行攻关，逐级压实责任，分阶段淘汰，滚动实施。

三是发挥市场在资源配置中的决定性作用，利用好中国超大规模市场优势。市场是稀缺的战略性资源，中国市场规模大、韧性强、潜力足、回旋余地大。应将中国超大规模市场和完备产业体系的优势发挥出来，完善支持攻关成果与应用和产业化的政策体系，优化政府采购及招投标政策，创造出有利于新技术快速大规模应用和迭代升级的独特优势，加速推动科技成果向现实生产力转化，实现关键领域自主可控，维护产业链供应链安全。

破除影响和制约科技核心竞争力提升的体制机制障碍。实现高水平科技自立自强是一项系统工程，涉及方方面面的工作。当务之急是需要进一步解放思想，破除束缚科技核心竞争力提升的体制机制障碍。

一是破除阻碍产学研有机结合的体制机制障碍。突出市场在创新资源配置中的决定性作用。强化企业创新主体地位，推动人财物各种创新要素向企业集聚，形成产学研结合、上中下游衔接、大中小企业协同发展的良好创新格局。按照高标准市场体系建设要求，健全科技创新服务支撑体系，加强知识产权的运用和保护，维护好公平竞争的市场秩序。加强科技创新统筹协调，努力克服各领域、各部门、各方面在科技创新活动中存在的分散封闭、交叉重复等碎片化现象，避免创新中的"孤岛现象"。

二是破除制约科技成果转移扩散的体制机制障碍。长期以来，中国科技成果自我循环较严重，创新和转化各环节衔接不紧密，科技成果向现实生产力转化不顺畅，其深层原因在于科技创新链条上存在诸多体制机制关卡。必须通过改革破除一切制约科技创新成果转移转化的体制机制障碍，有力打通科技向经济转移转化的通道，推动科技和经济社会发展深度融合，围绕产业链部署创新链，围绕创新链完善资金链，打通从科技强到产业强、经济强、国家强的通道。

三是破除科技人才评价、激励不足的体制机制障碍。实现高水平科技自立自强，人才是关键。没有强大的人才队伍作后盾，自立自强就是无源之水、无本之木。优化科技人才激励机制和科技评价机制，稳定并强化从事基础性、前沿性、公益性研究的科研人员队伍，引导科研人员专心致志、扎实进取。充分激发人才创新活力，加大科研单位改革力度，赋予高校、科研机构、创新领军人才更大自主权，赋予科学家更大的技术路线决定权和经费使用权。建立以科技创新质量、贡献、绩效为核心的评价导向，坚决破除"唯论文论、唯职称论、唯学历论、唯奖项论"，落实代表作制度。引导科研人员遵循科学发现自身规律，以探索世界奥秘的好奇心来驱动科学前沿探索。加强科研诚信和监管机制建设，弘扬科学精神，规范科技伦理，树立良好学风和作风，使更多具有国际水平的创新人才脱颖而出、竞相成长。

参考文献

［1］习近平. 在中国科学院第二十次院士大会、中国工程院第十五次院士大会、中国科协第十次全国代表大会上的讲话[N]. 人民日报, 2021-05-29(002).

［2］何礼果, 何琴英, 魏树民. 强国之路[M]. 北京: 中国人民大学出版社, 2016:30.

［3］王昌林, 姜江, 盛朝迅, 等. 大国崛起与科技创新——英国、德国、美国和日本的经验与启示[J]. 全球化, 2015(09):39-49,117,133.

［4］宋圭武. 面临"中等收入陷阱"的中国对策[J]. 领导之友, 2011(04):30-31.

［5］国务院研究室. 政府工作报告（辅导读本）2021[M]. 北京: 人民出版社, 2021:250.

构建突破创新瓶颈的系统机制

魏波

北京大学马克思主义学院教授、北京大学党的理论创新研究中心研究员

到2035年基本实现社会主义现代化，是中国历史进程中的又一重要节点。面对各种复杂难题，实现这一战略目标，需要科学认识这些难题，并寻找正确的解决方法，创新则是一条根本路径。

▶ 文明复兴的创新主题及系统瓶颈

理解中国面临的问题，需要从大历史的角度认识这一变迁的本质内涵，把握社会发展的大趋势。中华文明复兴的本质内涵不是"量"的积累，如物质财富的增长、科学知识的传播、传统体制的强化等，它意味着"质"的飞

跃,即在知识、制度、文化价值观等核心层面的系统创新和建构。

从文明史的角度来说,2035年基本实现现代化意味着中国进入创新型国家前列,国民素质和社会文明程度达到新高度,这集中表现出中国现代文明的创造。但是,这些仍然只是一些具体表现,更具有实质意义的是,现代化本身就是一个创新的过程,带来包含技术创新、制度创新、知识创新、文化创新等在内的系统创新。从世界历史的角度看,现代化的本质正是在突破传统社会的生产方式、政治制度、文化价值观、知识体系的基础上重构社会文化体系的过程。其本质特征之一便是形成激发创新的系统机制,具体体现在如下方面:在经济层面,以市场为导向适应市场竞争而形成创新机制,市场竞争的压力和逐利的驱动促成了创新的产生;在政治层面,民主和法治解放了人的思想,为人探索新知提供了外部环境和制度保障;在文化层面,思想启蒙与自由理念解放了人的思想,释放了人的想象力和创造力,而现代教育的发展和普及更成为创新的关键载体。因此,现代化不仅表现为工业化、城市化、信息化等,更表现为培育、发展一种不同于传统社会的新的制度和文化,系统创新成为现代社会的典型特征。

尤其是,中国的现代化并非西方现代化模式的复制,而必须立足中国的社会文化基础并在新的生产生活中创造新文明,创新的主题更为凸显。正是认识到西方资本主义的内在矛盾,中国的现代化道路最终选择了社会主义的方向,而如何在中国大地上建设社会主义新文明却是全新的事业。因此,中华文明的全面复兴表现为古老文明的自我复兴,更表现为人类新文明的探索。届时,中国向世界展现的不仅是"中国制造",更有改变世界面貌的"中国创造"。在经济领域,建设社会主义意味着创造更有效率的生产方式,实现更高水平的公平正义。在政治领域,在数千年的传统文化基础上发展社会主义民主、建设社会主义法治需要推进制度创新。在思想文化领域，构建现代中国的知识体系、价值规范、信仰系统，需要直面传统文化的遗产和世界文化的冲击，在新的生活实践中创造适应和引领社会的新思想、新文化，这既要全面清理传统文化中不合时宜的陈腐内容，也要推动中华优秀传统文化的创造性转换和创新性发展，更要在建设社会主义的生动实践中创造新文化。中华文明的复兴表现为创造代表人类文明发展方向的新思想、新文化、新生活，实现人与自然、人与人、人与社会之间新的和谐共生。这既是中华文明发展和社会历史演进的客观要求，也是人的主观认知与自觉选择，其本质要求便是新文明的创造。

从现实看，中国现代化面临的最大瓶颈正是创新乏力，这成为实现文明复兴的主要障碍。在经济层面，过去依靠高投入、高污染、廉价劳动力的发展模式已难以为继，向创新经济转型成为中国经济发展的方向和出路，然而创新转型也面临重重阻力。除了经济发展模式的惯性，市场的扭曲、体制的僵化等仍然阻碍转型的实现。由于制度具有强大的惯性，改革开放以来，制度面更形成了一种稳定的利益格局，推动制度创新面临重重阻力。各种落后、陈腐的思想观念和现实的利益结构又常常交织在一起，共同制约了整个社会的创新。

从经验事实看，一些国家在现代化进程中因为不能顺利克服一些系统性瓶颈而陷入困境，如经济发展不能向创新经济转型，落入"中等收入陷阱"等。美国学者霍米·卡拉斯认为，当一个国家或者地区在低成本生产者和高技能创新者之间摇摆的时候，就可能掉入中等收入陷阱。从中等收入到高收入水平的转型本质上是成为有竞争力的高技能创新者。历史的发展充满不确定性，现代社会更存在高度的风险性，中国这样一个大国在发展与转型中遇到的矛盾尤其突出。中国现代化建设进入新的历史阶段，这种创新困境越来越成为历史进步的突出矛盾。要想顺利推进中国现代化，需要清醒认识这种创新困境，在系统层面上寻找突破瓶颈的出路。

在培育创新系统中促进创新的涌现

从创新的角度看，实现现代化需要直面深层次的核心问题，推进系统创新，它不只是偶然的、零星的、纯粹技术的创新，而是大规模的、系统的、整体层面的创新的爆发，从而表现出"涌现"的特征。让创新涌现出来需要遵循创新的规律，核心是培育能够激发创新的系统结构和系统机制。

现代社会的创新遵循一条规律，即存在"系统性"和"涌现"的特征。创新是个人或组织在认识世界、改造世界中获得的新认识、新方法以及形成的新理论、新制度等，因此具有个体性和偶然性特征。但是大规模和系统性的创新却依赖于以国家为单位的社会系统的理念和运行机制。现代文明的发展就建立在这种系统机制之上，它以创新为导向，通过知识创新、技术创新、管理创新、制度创新、文化创新等要素的相互交织和互相支持，共同推动了创新的勃发，结果表现出"涌现"的特征。涌现是复杂系统演化的一种现象，其形式是超越常规的系统衍变，在特定条件和机制下爆发出新的特质。涌现描述了系统的如下特征：低层次的各要素主体交互作用，在互动中促使系统在整体规模上出现低层次所没有的高层次的新特性，但这不能还原为低层次的要素特性。现代社会的创新表现出"涌现"的特征，各种条件具备时，会出现各种创新要素充分激荡、各种主体充分参与、各种创新的理念和行动得以实现的局面，最终汇成创新的"涌现"，即一种爆炸性的成长。近代以来，西方"现代性"的兴起激发了各种创新要素的生长，在长期的演化中逐步形成了激发创新的系统机制，促成了一系列相互支持的革命性创造。从哲学革命到科学革命，从思想启蒙到社会革命，从工业革命到政治革命，这一系列革命性的社会变革汇成了系统创新的强大力量，最终导致了现代文明的勃兴，推动西方文明走在了历史的最前沿。

在过去的现代化历程中，中国学习西方的科学、技术、文化，这既是文化移植和传播的过程，也是在适应本土社会文化生活中进行再创造的过程。中国人在革命和现代化建设中秉承"革故鼎新"的文化传统，不断进行理论创新、制度创新、技术创新、文化创新，最终走出了一条适合本国国情的社会主义现代化道路。可以说，在探索中不断创新是中国现代化的基本经验和基本方向，这与世界现代化的方向是一致的。如今，中国要迈向创新型经济体，进而实现社会主义现代化，这意味着将创新置于新的高度来认识。这是中国经济发展到一定阶段后的客观趋势，这种发展也为实现这一转型提供了可能。生产力发展是人类文明发展的基础和动力，正是在生产力发展的基础上才有了人类文明的创造。涂尔干在研究大学的起源时发现，11世纪的欧洲出现了一种思想的欢腾，其基础是储备的多余物质能量使人们能够免除物质匮乏。他提出，"就文明而言，当各个共同体中积聚起一种活力，一心想要找到一个出口，找到某些消耗自己的手段，与此同时却又不存在任何非解决不可的迫切之事，能够理直气壮地吸纳这种活力，恰恰要到这样的时候，会出现一个文明而富有创造性的年代"。如今，中国已走出了经济匮乏阶段并储备了大量的"经济剩余"，作为世界第二大经济体，中国的发展拥有了较大的回旋余地，这为文明的创造提供了物质基础。系统性、大规模的创新是现实经济发展迈上新台阶的需要，而过去经济发展的积累也为此提供了可能。可以想象，未来中国将需要并实现技术、知识、制度、思想、文化各个层面的系统性创新，令各种要素相互激荡，促成创新的涌现，最终形成新文明创造的灿烂景观。

要实现这种系统性、大规模的创新，关键在于破除阻碍创新的系统机制，需要克服系统瓶颈，构建能够激发创新的系统。创新常常表现为个体的创造，带有随机性，但是从更宏阔的背景看，一个社会在某个时代的整体性创新不只是少数天才的灵光闪现，更是整个社会系统运行的结果。一个国家的现代化本身是社会系统重建的过程，其方向则是不断优化系统结构，形成能够激发创新的复杂且有效的机制，最终带来整个社会物质和精神财富的涌现。这个过程，就是创新涌现的过程。

基于对这一规律的认识，中国确立了建设创新型国家、构建国家创新体系的战略目标。不过，在实际运行中，创新常常局限于"科技创新"，建设创新型国家往往被视为"科技部门"的任务，这是需要改变的认识误区。现代社会的创新依托于整个国家和社会的系统，绝非是科学技术所能承担的事情。实现社会主义现代化是一个社会系统的整体变迁，探索社会主义新型文明更是前所未有的新事业，必然需要系统性的创新，而实现系统性的创新则需要有利于创新的系统机制。社会本身是一个复杂巨大的系统，其中各种因素相互依赖、相互制约，在一定条件下会形成激励或者抑制创新的系统机制。培育创造性思维和创新人才是创新的基础，但教育受制于政治、社会和文化的影响而鲜少具有独立性和自主性。政治融入社会生活的各个方面，权力缺少约束不仅带来腐败还会钳制思想，导致变革与创新的动力不足；文化受制于政治、经济与教育的影响而难以展现其主体性。受现实利益驱动和现实规则的约束，各种行动主体在思想和行动上都不敢越雷池一步，导致系统整体的创新能力不足。这种系统机制抑制了创新的热情与动力，形成了阻碍创新的价值观和行动机制。克服创新瓶颈、实现系统创新的大规模涌现，就必须破除上述阻碍创新的系统机制，构建能够激发创新的国家创新系统。构建国家创新系统旨在培育以创新为导向、能够激发创新的结构，以制度创新、体制机制创新、文化创新构建有利于创新的系统机制，进而产生大规模创新的效能。其中，中国由于有着大一统的漫长传统，国家在整个经济社会生活中发挥着主导作用，因此，国家制度和运行机制的完善具有根本意义。

构建创新系统的现实路径

当代中国创新需求高但创新能力不高，这是整个社会系统创新机制不成熟的表现，又是各个要素之间彼此不协调、相互掣肘的结果，整个社会创新能力受制于各个不同的短板。面对庞大的阻滞创新的机制，构建创新系统需要从社会变革的系统整体入手，破解难题、弥补短板、理顺机制，建立激发创新的合理制度安排，培育致力于追求创新的企业家精神。构建国家创新系统以实现大规模创新的涌现是实现现代化的根本要求，但这并非自然而然就能实现的。从现实看，社会结构具有强大的稳定性和惯性，既成的利益格局、制度的惯性、传统观念的束缚等都阻碍了创新系统的形成。在强大的结构面前，个人常常是无能为力的。如何克服阻力、突破瓶颈是历史提出的重大命题。克服创新瓶颈、构建创新系统可以从两个方面进行突破。

一方面，改革各种阻碍创新的体制机制，以制度创新作为突破口，鼓励各行各业的创新试验，在实践探索的基础上构建国家创新系统。创新是在试错中不断探索、排除错误、发现真知和解决问题的过程，允许自由探讨、鼓励试验探索、允许犯错失败是创新的客观规律，只有遵循这种规律才能达成目标。鼓励各种行动主体的创新探索，需要完善社会主义法治，以法治为创新提供保障和动力。2035年基本实现现代化的关键难点是实现国家治理体系和治理能力现代化，建设法治国家、法治政府、法治社会，这也是构建创新系统需要抓住的"牛鼻子"。在法治国家的大格局下，推动整个社会的体制机制创新，形成全社会激励创新、保护创新、追求创新的社会机制和文化价值观。在总结各方实践探索经验的基础上，在国家系统层面进行顶层设计，构建国家和社会整体层面的创新系统。

另一方面，锻造创新主体，激发亿万人民的集体创造力。人是社会历史和文明创造的主体，一切文明的创造都植根于人的行动中。马克思主义相信人民群众是历史的创造者，生气勃勃的社会主义是人民群众自己创造出来的，最大限度地激发人民的集体创造力是实现现代化的根本动力。为此，就要发展、完善社会主义民主，因为民主是促进创新迸发的关键条件和强力保障，它通过保障人民平等参与、平等发展的权利，为各种主体的创新探索提供了制度保障。社会进步与教育的发展培育了一代新人，觉醒的中国人民展现出强大的创造力。在民族解放与经济发展的基础上，借助思想启蒙和教育普及，中国的人类发展指数获得极大提高，强大的人力资源为实现全面创新提供了主体基础。中国人民站起来、组织起来、富起来、强起来，必能释放出空前的集体创造力，生动展现中华文明的新气象。

上述两个方面要相互依赖、相互支持，不能等待一个条件具备了再考虑准备另一个条件。事实上，由于创新主体受制于社会结构的强大约束，制度的变革常常具有决定性；同时，人又是能动的创造主体而非完全被动的客体，所以发挥人的主体能动性又是突破结构约束的现实切入口。在培育创新系统中形成自由创造、大胆试验、鼓励合作、宽容失败、锐意进取的社会和文化景观，正是探索社会主义现代化的过程。当每个人、每个组织、每个城市都形成了激发创新的文化精神，当整个社会建立起鼓励和保障创新的制度安排时，所有中国人的智慧与想象力将得到充分的挖掘与释放，其中所蕴含的创造力将无可限量，创新的"涌现"将成为推动民族复兴的强劲动力。这不仅是解决当代中国复杂社会问题的手段，更是让人们在创造中快乐生活的过程。

从大历史的视角看，中国不只是一个"民族国家"，更是一个以璀璨的古代文明傲然屹立于世界的文明体。近代以来，西方文明兴起并成为强势文明，中华文明在其冲击下走向低谷。历经艰苦卓绝的革命和现代化建设之后，中华文明复兴已经取得历史性突破。过去一个多世纪的现代化进程酝酿了文明爆发式成长的条件，社会历史的发展在充分量变的基础上必然会发生质变。2035年基本实现现代化可视为一次"阶段性质变"，构成新的历史性飞跃。1930年，在革命处于困难低潮时期时，毛泽东同志从历史发展的大势中看到了中国革命的壮丽前景："它是站在海岸遥望海中已经看得见桅杆尖头了的一只航船，它是立于高山之巅远看东方已见光芒四射喷薄欲出的一轮朝日，它是躁动于母腹中的快要成熟了的一个婴儿。"如今，在社会主义现代化建设取得重大成就的基础上，中国人可以更加自信地遥望和创造自己的新生活，以系统性创新引领世界文明的新潮流。

参考文献

[1] 卡拉斯.中国向高收入国家转型：避免中等收入陷阱的因应之道[J].比较,2011(05).

[2] SAWYER R K.Social Emergence: Societies as Complex Systems[M].Cambridge:Cambridge University Press,2005:2.

[3] 涂尔干.教育思想的演进[M].李康,译,北京：商务印书馆,2016:103.

[4] 毛泽东.星星之火,可以燎原[J].山西政报,1951(08):5-10.

高水平科技自立自强亟待破解的核心问题

梁正

清华大学公共管理学院教授、中国科技政策研究中心副主任

党的十九届五中全会提出，"坚持创新在我国现代化建设全局中的核心地位，把科技自立自强作为国家发展的战略支撑"。习近平总书记在两院院士大会、中国科协第十次全国代表大会上重申"实现高水平科技自立自强"的目标。强化国家战略科技力量，是完善国家创新体系建设的重要抓手，将会对我国国际竞争力的提升产生深远的影响。

当前，全球正在经历百年未有之大变局，科技创新被赋予了新使命。面对新时期我国社会主要矛盾转变、国际环境复杂深刻变化的客观现实，抢抓新一轮科技革命和产业变革的重要机遇，以战略需求为导向，保障国家安全，促进经济社会可持续发展，是当下科技创新活动的重要方向和必然选择。只有完善国家创新体系建设，才能夯实高水平科技自立自强根基、推动形成新发展格局、加快世界科技强国建设步伐。

新发展格局与高水平科技自立自强之路

走高水平科技自立自强之路，是把握新一轮科技革命和产业变革机遇的必然选择。从发展的外部环境来看，在新冠肺炎疫情冲击下，全球经济社会的不确定性和不稳定性增加，单边主义、保护主义、逆全球化表现更为突出，我国经济社会发展外部形势的复杂状况前所未有。同时，新科技革命和产业变革又加剧了全球竞争态势。由于新一轮科技革命和产业变革呈现出涉及领域广、扩散速度快以及深度交叉融合等鲜明特征，这对任何一个国家的科技发展来说都是巨大的机遇与挑战。基于科技突破将会对产业发展、世界格局带来颠覆性影响的预期，世界各主要国家近年来都在持续加大对科技（尤其是前沿技术）领域的投入，力图在新一轮竞争中抢占先机、赢得主动。这对我国的启示是，只有通过走高水平科技自立自强道路，才能将发展的主动权牢牢掌握在自己手中，进而抓住新科技革命和产业变革的历史性机遇，实现建设世界科技强国和创新型国家的伟大目标。

走高水平科技自立自强之路，是催生发展新动能、支撑经济社会高质量发展的客观要求。实现高质量发展、构建新发展格局的关键在于创新驱动，而通过高水平科技自立自强夯实发展基础，是保证经济安全以及实现可持续发展的重要支撑。然而，我们必须要深刻认识到，当前我国科技创新能力与高质量发展的要求仍有相当差距，突出表现在基础研究和原始创新能力不强，持续性迸发高水平科技创新成果的内生动力不足，关键核心技术缺乏导致产业发展在全球范围内的影响力不足等方面。事实上，重大科技创新，尤其是涉及国家发展和安全的战略科技创新，具有公共产品的属性，同时，由于其涉及领域广、影响范围大、研发投入多、回报周期长等特征，单个企业往往难以承担研发成本和研发风险。为此，需要发挥国家作为重大科技创新组织者的作用，保障关键领域充足的资源供给，加强在基础研究和前沿领域的战略布局，攻克科技发展过程中的基础性问题，走高水平科技自立自强之路；整合各方力量，开展协同攻关，集中解决共性问题，不断提升自主创新能力，支撑国家重大科技战略需求，提升供给体系与需求体系的适配性，为实现高质量发展提供强有力的科技创新支撑。

走高水平科技自立自强之路，是强化国家战略科技力量、由"追赶"走向"引领"的必要条件。实现高水平科技自立自强离不开国家战略科技力量作用的发挥。国家战略科技力量作为承担国家战略性使命的"国家队"和国家创新体系的中坚力量，应当承担起引领国家重大科技创新成果产出的重任。回顾近代以来美国、日本、德国等世界强国的崛起之路，战略科技力量可谓发挥了中流砥柱的作用。例如，美国组建国家实验室，瞄准武器研发、能源、信息等重大未来科技前沿领域，开展战略性、基础性、前沿性的跨学科研究，从而涌现出大批颠覆性技术，引领世界科技发展潮流。再比如第二次世界大战后的日本，通过凝聚国内优势科技创新主体，组建战略科技力量，在半导体等领域实现了由"追赶"向"引领"的跃升。在我国当前的发展阶段，强化国家战略科技力量，需要充分考虑我国国家创新体系的特征，引导重点机构、重点区域、重点领域率先实现高质量发展，继而发挥其对多元创新主体创新能力提升的带动作用，以及对国家创新体系整体布局的优化作用，最终以国家战略目标为引领，以解决中国实际问题为导向，稳步提升各个领域科技创新实力，推进高水平科技自立自强。

高水平科技自立自强需要解决的三个重点问题

整体上看，当前我国创新体系呈现碎片化的格局，企业"孤立"嵌入全球生产体系并处于价值链低端，研究型大学、科研院所大多以跟踪全球学术热点为导向，基于本土产业发展、企业需求的基础研究供给严重不足，并缺乏使科技创新能够实质性地支撑产业高质量发展的健康良好的制度环境。可以说，"体系化能力"欠缺是制约我国经济高质量发展、迈向世界科技强国的"软肋"。具体表现如下。

中短期问题：产业链协同创新能力欠佳，难以形成合力应对"脱钩"危机

改革开放40多年来，我国很多企业虽然已经嵌入全球生产制造体系，但各自为战、散小独弱，长期处于产业价值链低端。并且，为了实现快速赶超，我国企业往往利用劳动力和资源比较优势，从加工贸易起步，严重依赖国外先进的原材料、元器件、高端装备等，导致产业、企业均"两头在外"。这种情况的弊端已经非常明显。

第一，对于终端产品制造企业来说，供应链上游企业提供的产品在质量和可靠性方面均与国外高端产品存在差距，使其难以短期内在国内找到"供应替代"，例如中兴、华为、海康威视遭遇美国"断供"后，虽有备货，但这些备货支撑企业维持高端生产的时间窗口非常有限。

第二，在一些产业领域中，中国企业间还处于低水平激烈竞争阶段。公平竞争的市场环境以及协同创新机制、利益共享机制的缺失，导致基于共性技术创新的产业联盟建设步履维艰，甚至还出现了企业间相互"卡脖子"的状况，这导致一些企业难以打开国内市场。

中长期问题：战略科技力量缺失，难以稳固、持续支撑大国科技博弈

整体上看，当前我国创新体系呈现碎片化的格局，核心体现为战略科技力量缺失。产业变革背景下，无论是传统还是未来产业领域，都面临着重大突破和重组的机遇与挑战。对我国来说，一方面，传统产业领域，发展的技术来源、技术路线都面临较大变化，我国作为后发追赶国家，在许多领域，由于行业知识积累不足，"弯道超车"并不现实；另一方面，在"无人区"领域，我国科学理论和前沿技术短缺问题突出，基础研究相对薄弱、原始创新能力不足。

以上问题，固然有"后发劣势"的原因存在，但根本问题在于体制改革所形成的路径依赖。开端于20世纪八九十年代的市场化改革，长期以来造成了科研力量分散、过多关注短平快项目、针对关键核心技术长期攻关的"国家队"缺失等问题。为此，有必要学习借鉴美国在面向国家国防安全和人类可持续发展领域（如生物医药、信息通信、能源等领域）的做法，重点布局国家实验室，抢抓制高点，以维持领先地位，加强重点领域战略科技部署，以在全球竞争中获得先机。

长期问题："产学研"通道不畅通，难以支撑产业向全球价值链高端迈进

面对波谲云诡的大国科技博弈，为保障国家科技安全，防范科研"脱钩"风险，支撑产业技术创新的力量只能艰难转向依赖本土科研力量。但目前产学研深度融合尚存较大障碍：技术创新体系内在协同性不足、相互传导性较弱、要素间作用转化不畅等问题突出，产学研合作项目主要集中在接近产业化的创新链后端，真正应对"卡脖子"问题、有望对产业发展产生颠覆性影响的产学研合作并不多。

从创新体系的运行来看，由于事业单位管理体制等藩篱的存在，产学研深度融合难以实现。长期以来，隶属于不同系统的企业、高校和科研院所，往往只在体制允许的范围内开展合作，采取"点对点"的技术转让，委托研究和联合研发多以"短平快"合作项目为主，以局部性、阶段性合作为主，缺乏长期、稳定、持续、深入的合作研究，无法有效解决制约产业发展的共性问题和技术难题。同时，在许多产学研合作项目依靠政府"牵线搭桥"，由企业和科研院所牵头实施的情况下，企业无法参与选题，导致其作为创新与产业化主体的作用难以充分发挥。也有研究指出，正是企业、高校、科研院所在人事管理、人才评价、考核分配、福利待遇等方面的制度性差异，导致多方难以达成合作目标、价值追求上的一致性，从而增加了有价值的科技成果转移转化的难度。

▶ 走高水平科技自立自强之路，为高质量发展打造新优势

坚持创新驱动发展战略，为经济高质量发展提供强大科技支撑，是"十四五"和今后一段时期科技创新工作的重要方向。面对当前国内外形势变化和新时期我国经济社会发展对高质量科技供给的迫切需要，要坚持走高水平科技自立自强之路，聚焦"使命导向"（"自上而下"）和"需求导向"（"自下而上"）两类创新领域，为高质量发展打造新优势。

系统部署，推进使命导向型创新

使命导向型创新需要发挥国家在创新战略方向转型中的重要作用，是一场"自上而下"的系统性社会变革。

在战略形成方面，继续深入推进科技战略决策体制改革。充分发挥国家科技咨询委员会在科技重大决策、战略方向选择与资源配置方面的决策咨询作用，就国家科技创新体系顶层设计、科技创新体制重大改革、科技创新领域前瞻部署与重大投入等方面开展咨询研究，提供独立意见。在相关专业机构支撑下，就国家科技创新体系整体效能、科技创新领域重大改革与政策举措效果进行独立评估，为国家有关决策部门提供参考依据。

在顶层设计方面，进一步优化科技资源配置和深化科研项目管理体制改革。在中央深改委、中央财经委、中央军委、国安委等国家机构的领导下，在现有国家领导小组机制下建立更加经常性的部门间协调机制，凝聚国家重大战略需求，加强科技资源与政策统筹，切实推动军民融合发展。借鉴美国国防部高级研究计划局（DARPA）经验，建立以专业管理机构为依托，战略目标为导向，项目经理人为核心，"多阶段、组合式"资助为特点的项目资助与管理体制。

在保障措施方面，以强化国家战略科技力量和深化科研体制改革为抓手，进一步完善国家创新体系建设。第一，推动以国家实验室为代表的国家战略科技力量建设，建立起"治理结构、运作模式、评价考核"三位一体的新型制度体系。定位布局上，国家实验室必须体现国家意志、服务国家战略；管理模式上，应予以国家实验室稳定的经费保障，建立独立管理和研发队伍，并主要采用目标合同制对其成果进行评价；运行机制上，强调开放共享、资源流动。第二，赋予高校和科研单位自主权。用长期稳定方式予以"一揽子"和"包干制"经费支持，赋予高校和科研单位充分的用人和经费自主权，鼓励全职引进外籍科学家；支持科研人员选择基础理论、公认难题和非共识路线作为主攻方向，并在评价考核上尝试探索"一人一策"；建立科研人员工时管理制度，限制"多头申请"；改革科研事业单位工资制度，使固定薪酬成为收入主要部分。

面向市场，拉动需求导向型创新

需求导向型创新是将创新作为引领发展的第一动力，以经济社会发展为目标，以市场需求为导向，以企业为主体，"自下而上"激发创新活力。重要的抓手在于探索重大项目"揭榜挂帅"制度，构建"企业出题、政府立题、广泛创新主体协同破题"的创新机制。

"企业出题"是核心。企业出题的前提是企业有较好的研究（尤其是前沿基础研究）能力。一方面，在大型企业中完善首席科学家制度，由掌握最新科学知识、技术发展前沿及趋势，具有全球化视野的首席科学家从未来技术发展方向、国家战略需求、产业实际需求的角度提炼出需要解答的科学问题。另一方面，鼓励企业建设基础研究机构，吸引选聘一批具有新知识、新技能和跨学科背景的研究人员，为企业创造新产品，提升原创能力。

"政府立题"是关键。组织政府部门、龙头企业、行业专家、国内外学者共同针对集成电路、基础软件、先进计算等重点产业进行产业生态发展路径评估，绘制产业创新生态系统图。在相关部门"十四五"规划中，切实引入产业需求，重点评估事关"卡脖子"问题的集成电路、基础软件、先进计算等生态型产业发展路径，清晰诊断"卡脖子"难题，研判关键技术发展方向，形成重点产业战略技术路线，关键核心技术、共性技术研发攻关专项指南，并采用"揭榜挂帅"方式予以支持。

"广泛协同"是路径。打造创新链共同体，推动产业链上下游与产学研用融会贯通。创新项目选题方式、资源投入方式、成果转化应用方式，实现问题需求、资源投入、政策组合、场景应用在特定战略方向、平台、项目上的协同与汇聚。研究制定激励相容的知识产权保护与许可、税收优惠与奖励，以及创新型采购政策体系，重点支持鼓励供应链企业购买、应用、转化关键核心技术。在推动数字技术等创新技术，特别是首创和原创技术的商业化方面，充分发挥政府搭建应用场景、开放市场准入、拓展产业空间、出台创新型采购政策等作用，为企业创造市场需求。

清华大学公共管理学院博士后李瑞对本文亦有贡献。

构建高效能科技治理体系的目标导向和重点任务

陈凯华

中国科学院科技战略咨询研究院研究员

蔺洁

中国科学院科技战略咨询研究院副研究员

党的十九届五中全会提出,"坚持创新在我国现代化建设全局中的核心地位,把科技自立自强作为国家发展的战略支撑"。习近平总书记在两院院士大会、中国科协第十次全国代表大会的重要讲话中进一步强调"实现高水平科技自立自强"。高水平科技自立自强与自力更生、自主创新一脉相承,是中国特色自主创新道路与时俱进的最新要求。面对复杂的国际科技竞争环境和国内创新驱动发展转型的迫切需求,高水平科技自立自强为新时期中国的科技发展指明了方向,同时对建立高效能的国家科技治理体系提出了更加紧迫的要求。

高水平科技自立自强需要建立高效能的国家科技治理体系

高水平科技自立自强需要优化国家战略科技力量的梯次接续布局，提升系统创新能力。世界科技强国的竞争，比拼的是国家战略科技力量。国家战略科技力量是实现高水平科技自立自强引领的核心。以国家实验室、国立科研机构、高水平研究型大学、科技领军企业为代表的国家战略科技力量应在国家创新体系建设中明确自身的功能定位，履行高水平科技自立自强的使命担当。但是，当前我国在多个领域面临"卡脖子"问题和"被动脱钩"风险，国家战略科技力量未能充分发挥实战作用，功能履行重叠，战略科技力量的增量和存量未形成有效耦合。为此，需构建梯次接续的战略科技力量体系，在迫切需要突破的关键核心技术方面形成有效的协同攻关机制，从而提升系统创新能力。

高水平科技自立自强需要强化战略需求导向的重大科技任务布局和前瞻性基础研究，提升自主可控能力。习近平总书记在科学家座谈会上指出，"研究方向的选择要坚持需求导向，从国家急迫需要和长远需求出发，真正解决实际问题"。"拿来主义"导向的科技发展不可能形成强大的原创能力，不能解决自身发展的重大关键问题。高水平科技自立自强必须建立在基础研究和原始创新的深厚根基上。我们必须从国家战略需求出发，鼓励前瞻性基础研究和颠覆性技术研发，为关键核心技术突破提供知识基础。但是，我国战略需求导向的科技项目布局不够完善，若干研究领域部署与国家需求结合不够紧密，战略需求导向的资助管理模式仍有待创新。实现高水平科技自立自强，必须超前部署前瞻性基础研究和颠覆性技术研发，为国家战略需求提供系统的解决方案。

高水平科技自立自强需要优化科技资源配置和强调目标导向，形成资源集聚效能。集中力量加快科技补短板、扬长项，锻造"撒手锏"，需要在科技资源配置上加强顶层设计，不仅需要发挥国家作为重大科技创新组织者的作用，也要充分发挥市场在技术研发方向、路线选择等方面的导向作用。但是，由于目前高水平科技自立自强在领域、目标、标准、路径以及组织模式等方面尚不明确，导致科技资源仍不能以实现高水平科技自立自强为目标进行有效配置。央地、部委、区域之间的科技资源配置缺乏统筹安排，供给侧导向使企业在参与重大科技问题的凝练方面参与度不够，资源配置碎片化、分散化、重复化的问题仍然存在。实现高水平科技自立自强，需要不断优化科技资源配置方式，使国家财力更多地集中在打基础、攻关键、利长远的重大战略问题、基础科学和前沿技术研究上，提高创新质量和效率。

高水平科技自立自强需要强化科技人才优先意识和加速高水平科技人才队伍建设，形成人才发展新格局。国家科技创新力的根本源泉在于人，谁拥有了一流创新人才和一流科学家，谁就能在科技创新中占据优势。实现高水平科技自立自强，根本在于拥有一批具有国际竞争力的高水平科技人才队伍。我国拥有世界上规模最大的科技人才队伍，但高水平人才不足、结构不合理、评价制度不科学、激励机制不健全等问题依然突出。同时，我国青年人才和科研后备人才的培养尚未与科技活动规律有效结合，科技发展与研究人才培养尚未融合发展。实现高水平科技自立自强，必须从根本上转变人才发展观念、优化发展方式、深化人才制度改革、构建创新友好型人才政策环境、激发创新人才活力，培养造就一支规模宏大的高水平科技人才队伍，在国家创新发展实践中成就创新人才事业发展梦想，为高水平科技自立自强不断提供高水平、可持续的人才支撑。

高水平科技自立自强需要强化开放创新和实现更广泛的国际科技合作，形成对外开放新格局。高水平科技自立自强描述了一国科技发展能力，开放合作创新描述了科技发展方式。高水平科技自立自强需要高水平开放合作创新。高水平科技自立自强不是自我封闭、自我循环，而是以增强自主创新能力为目标进行的开放创新，实现在自主基础上推动开放，在开放合作中实现自主。我国要面向全球建立科学研究基金，搭建全球科技人才发展平台，全面融入全球科技创新网络。从国际看，大国科技竞争加剧，美国仍对我国采取科技遏制战略，不断扩大与我国科技交流合作的研究领域限制范围。从国内看，我国经济由高速增长阶段转向高质量发展阶段，需要开展更高水平、更高层次的科技合作。实现高水平科技自立自强，要以全球视野谋划和推动科技创新，全方位加强国际科技创新合作，构建层次更加丰富、结构更加多样、领域更加宽广的高水平对外开放格局。

▶ 构建适应高水平科技自立自强的国家科技治理体系重点任务

实现高水平科技自立自强需要建立高效能的国家科技治理体系，系统改革、全面优化，增强在科技力量统筹、科研组织方式、科技资源配置、科技人才发展、国际科技合作等方面的治理能力和水平。

面向国家战略需求，优化战略科技力量布局

第一，以实现高水平科技自立自强为目标加快推进国家实验室组建工作。国家实验室是国家自主创新能力和竞争力的核心载体。以国家重大战略需求为导向组织重大科技项目，整合和优化优质科技资源，开展重大科技

攻关，使之成为国家基础科学和前沿技术的综合研究和系统集成平台。第二，强化中国科学院在国家战略科技力量建设中的核心骨干地位和引领带动作用，发挥其多学科交叉、大团队整合、科教深度融合的系统集成能力，灵活、高效组织多方面的科研力量，开展重大科技任务攻关，及时满足国家经济社会发展中的重大科技需求。第三，面向国家重大需求和新兴交叉前沿领域重组国家重点实验室体系，探索建立国家重点实验室新的体制机制，使国家重点实验室成为国家重大科技任务的提出者和承担者。第四，高标准打造以国家实验室、一流大学、科研院所和创新型企业构成的国家战略科技力量，支持企业主导的产学研创新联合体建设，加强前沿引领技术系统发展能力建设。

面向国家战略需求，健全重大科技任务管理机制

第一，从"四个面向"出发凝练科学技术问题，既要"坚持应用需求明确、技术突破明显"以解决国家的"燃眉之急"，也要敏锐把握真正具有颠覆性作用的创新科技，消除国家的"心腹之患"。第二，改革重大科技项目的立项方式，将"自上而下"的宏观决策部署与"自下而上"的自由探索相结合，有效衔接基础研究、应用研究和试验开发，加强我国在前瞻性基础研究、前沿引领技术、战略高技术领域的创新能力，形成推动攻克关键核心技术的强大合力。第三，制定使命导向的创新政策，聚焦国家重大战略需求和重大科技问题，强化科技主管部门在项目实施过程中的总体管理，提高项目承担单位的协同创新能力，以集成性、系统性成果作为重大科技项目的考核方向，避免出现系统性项目碎片化、研究成果拼盘化。

建立健全关键核心技术攻关的新型举国体制

第一，发挥我国资源动员能力强的体制优势，也发挥市场规模大、发展

机会多的市场优势，以服务国家重大战略需求为目标，克服科技资源配置低效、分散、重复的弊端，加强重要领域关键核心技术攻关，强化关键环节、关键领域、关键产品保障能力。第二，在事关国家发展长远、全局和安全的空天海洋、信息网络、人工智能、能源资源、智能制造、卫生健康等战略必争领域，加快实施一批科技重大专项。第三，建立关键核心技术动态清单，实施关键核心技术攻关工程，根据国家战略需求和产业发展需要，及时调整任务布局，集成优势创新资源开展攻关。面向重点科技任务，建立制度化的科技力量动员和整合机制。

建立符合科研规律的科技人才发展机制

第一，建立创新领军人才培养机制，探索重大科技创新平台与重大科技项目相结合的高水平人才培养模式，在重大科技活动实践中培养一批具有国际水平的战略科技人才、科技领军人才、创新团队。第二，加快建立符合科技活动需求的研究生教育培养制度，在试点高校和科研院所根据科研任务和培养条件自主确定研究生招生数量，加强科研主力军的培养。第三，加快建立科技创新人才分类评价体系，按照基础研究、应用研究与试验开发、工程技术开发等科技活动规律实施分类评价，优化人才评价和奖励制度，激发不同科技创新人才活力。

以共赢合作开拓国际科技合作新空间

第一，发挥我国创新基础设施优势，在气候变化、生命健康、环境保护、数字安全等全人类面临的共同挑战领域积极展开国际科技合作。第二，支持更多科学家参加国际会议，在国际科学组织、国际科技期刊任职，发挥科学家群体的积极作用，讲好中国科技人文价值观。第三，加强民间科技交流合作，鼓励学术界、产业界和非营利组织通过会议、技能和专业知识培训教育、文化交流和科技援助等形式开展国际交流和合作。第四，拓宽科技合作对象和途径，推动更开放、包容、务实的科技交流与合作，充分发挥"一带一路"在构建科技创新共同体中的作用，提升科技创新的国际化水平，增强我国科技"软实力"和国际影响力。

参考文献

［1］王志刚.矢志科技自立自强 加快建设科技强国[J].求是,2021(6):21-26.

［2］人民日报评论员.强化国家战略科技力量——论学习贯彻习近平总书记在两院院士大会中国科协十大上重要讲话[N/OL].人民日报,2021-06-01(1)[2021-08-27].http://paper.people.com.cn/rmrb/html/2021-06-01/nw.D110000renmrb_20210601_6-01.htm.

［3］李晓红.着力提升科技创新能力实现科技高水平自立自强[J].求是,2021(6):33-38.

［4］侯建国.把科技自立自强作为国家发展的战略支撑[J].求是,2021(6):27-32.

第二章
产业链优化升级：动态环境下的挑战与机遇

　　推动产业链优化升级是促进我国现代产业体系建设发展的必由之路，也是"十四五"期间经济建设的重中之重。新冠肺炎疫情检验着产业链的稳定性和竞争力，也检验着变局之中开新局的能力。在全球产业链供应链面临重构的情形下，亟须分行业做好全产业链战略设计和精准施策，不断推动全产业链优化升级。

"十四五"时期我国产业链优化升级的重点与建议

郭田勇

中央财经大学金融学院教授、中国银行业研究中心主任

党的十九届五中全会明确提出"加快发展现代产业体系,推动经济体系优化升级",要求坚持把发展经济着力点放在实体经济上,坚定不移地建设制造强国、质量强国、网络强国、数字中国,推进产业基础高级化、产业链现代化,提高经济质量效益和核心竞争力。这是党中央基于我国社会经济发展的新阶段,针对产业体系运行面临的新环境和新挑战做出的重大战略部署,为国家"十四五"时期的产业体系发展指明了方向和重点。随着当今世界格局日趋复杂,国家之间的竞争越来越体现为产业链之间的竞争,现代经济发展逐渐表现为在分工合作基础上形成的产业链发展。因此,推动产业链优化升级是促进我国现代产业体系建设发展的必由之路,也是"十四五"时期经济社会发展的重中之重。

理解产业链优化的内涵和外延

理解产业链优化的内涵和外延，先要理解什么是产业链。从概念上来看，产业链是一种链条式关联形态。这种形态形成的基础是各产业部门之间具有一定的技术经济联系和时空布局关系。从范围上来看，产业链是从产业组织建立、产品生产过程到产品价值实现的流程的统一，包含了动力供给、原料生产、研发技术、中间品和终端产品制造，并包括了流通和消费等环节。

产业链优化的内涵是指通过当代科技和先进组织方式对产业链进行优化，提升产业链的高端链接能力、自主调节水平和国际领先的竞争力。产业链优化的外延可以从产业链整体优化和产业链运转方式优化两个角度来进行分析，产业链可以进一步分解为供需链、空间链、价值链、企业链四个维度。

从产业链整体优化角度来看，其优化在供需链上表现为能够实现连接效率和安全的均衡，在空间链上表现为能够实现区域布局的集聚与扩散协调，在价值链上表现为能够实现各环节的价值增值，在企业链上表现为能够实现上下游的协同有序分工，通过以上四个维度的优化来最终实现产业链整体上的优化。

从产业链运转方式优化的角度来看，产业链优化分为产业链韧性优化、产业链协同优化、产业链网络优化三个方面。其中，产业链韧性优化是指通过优化企业链中横向和纵向涉及的企业，不断提高整个产业链的技术经济水平，使之在高端方向上有更宽广的市场范围，以应对市场上日益增加的不确定性。产业链协同优化是指在产业链细分的四个维度上，即在供需链、空间链、价值链、企业链上实现优化配置和提升，让产业链在横向上实现多功能互补，在纵向上下游各环节之间实现成本的优化和效率的提升。产业链网络优化是指产业关联形态从线性链条式向立体网络式转变的优化过程。

总之，产业链优化是一种动态的、随着社会经济发展变化而变化的概念，不同阶段具有不同的含义和属性，在当前阶段，理解产业链优化的内涵和外延具有十分重要的意义。

"十四五"时期我国产业链优化升级的必要性

我国社会经济发展阶段的客观要求

"十三五"时期，我国产业体系建设取得了较大成绩，主要表现在三个方面：一是产业结构优化在经过基础性调整后成效显著，更加有利于产业体系的建设和优化；二是政府部门在制定产业结构调整政策上积累了更多的经验，在理论和实践方面对产业体系建设和升级有了更加深入的认识；三是产业体系建设和升级的体制环境得到大力改善，政府职能转变和"放管服"改革的顺利推进使得市场的作用更为明显。因此，"十三五"时期的产业体系建设为"十四五"时期的进一步优化奠定了更加坚实的基础。

在"十三五"时期，产业政策的主要取向是以结构调整为重点，推进产业升级，推动经济平稳发展；政策主要服务于缓解产业结构矛盾、减弱经济下行压力。经过"十三五"时期的政策实施后，社会发展阶段有了一定变化、产业体系建设有了一定成果，这就要求"十四五"时期的产业政策转向以促进产业升级为重点，带动结构调整优化，为经济高质量发展提供产业支撑；聚焦产业链水平的提升，实现经济高质量发展。

提高我国核心竞争力和国际地位，维护国家安全与稳定的客观要求

在当今世界科学技术革命和产业变革的大背景下，国家产业体系之间的竞争逐渐体现为产业链之间的竞争。现代经济发展的本质特征是以分工合作为基础的产业链发展，优化产业链是建设现代产业体系、优化社会经济体系的根本举措。改革开放以来，尤其是 2001 年加入世界贸易组织后，我国顺应了经济全球化的潮流，积极成为国际产业分工体系的一分子，发挥我国产业体系的独特优势，在众多领域内展现了配套齐全、链条完备的产业链，在增进人民福祉、提升经济实力方面发挥了重要作用。但从全球产业链的总体布局来看，我国产业链处于全球价值链的中低端水平，产品包含的附加值较低，在关键技术上受到一些西方国家的限制。特别是最近几年以来，在逆全球化趋势、贸易保护主义、中美贸易摩擦、新冠肺炎疫情等多重因素的叠加影响下，世界正面临百年未有之大变局，产业链不强、不稳、不安全的风险逐渐凸显。在当前形势下，亟须推进产业链的优化升级，维护产业链的安全稳定，合理统筹产业链的发展与安全。

▶"十四五"时期我国产业链优化升级的重点和建议

提高基础设施的保障和支撑能力

在对产业链进行优化升级的过程中，要先对构成产业链的基础设施进行优化升级，在此基础上，其支撑的产业链上层应用才能够进一步进行优化和升级。在"十四五"时期，需要重点加快第五代移动通信、工业互联网、大数据中心等新型基础设施系统的布局和建设，从而为数字经济、智能制造等

新经济的发展提供底层基础保障。

一是从顶层设计上对新型基础设施建设进行前瞻性指导，制定相应的专项细分规划，统筹协调，规划"十四五"时期新型基础设施建设的重点领域和地区。二是在城市、县城、乡镇等地区逐步推动第五代移动通信部署和建设；以平台为核心推动工业互联网发展，将行业应用进行拓展和深化，并进一步完善企业的信息安全保障体系建设。三是加强应用的推广，通过借助示范基地和园区建设等方式，充分发挥标杆企业的作用，引导企业根据行业需求进行商业模式创新和应用创新，从而提高新型基础设施的应用和转换效率。

夯实制造业基础，着力拉长板和补短板

在实体经济的发展过程中，制造业发挥着重要的作用，是产业链的核心载体，因此，在"十四五"时期，应从锻造产业链长板和补齐产业链短板两个主要方面来夯实制造业的基础。

在锻造产业链长板方面，一是在我国具有产业规模优势的机械、轻工家电、纺织服装等领域，要大力开展行业产品质量提升行动，建立一套"政府科技部门、标杆企业、专业学校"三位一体的行业质量标准制定体系。由政府科技部门牵头，鼓励对本行业有深入研究的学校和行业中的标杆企业参加，根据技术创新变化和实际应用中的反馈来对行业的质量标准进行动态调整，从而让行业由以往的大规模发展方式向高质量发展方式转变，形成一套在国际上具有影响力的质量标准体系，将产品做精做细。

二是要进一步巩固提升我国具有先发优势的高铁、新能源、通信技术等领域的国际领先地位，通过税收优惠、提供专项信贷等方式为相关企业提供政策支持，形成一种产业链发展的正向激励机制。还要出台标准和政策加强

对相关行业的知识产权保护，在行业发展的初期就形成良好的竞争秩序，从而推动新材料、新能源、生物技术等新兴产业链的发展，锻造一批"撒手锏"技术。

三是对于在东部地区失去竞争优势以及缺少发展空间的劳动密集型产业，采用财政补贴、减免税费等政策倾斜方式以及地方政府招商引资等活动促进产业链向中部和西部有序转移，进而发挥不同地区的区域优势，优化区域产业链布局，促进区域经济协调发展。

在补齐产业链短板方面，一是制定我国在产业链薄弱环节以及断供风险较大的"卡脖子"技术领域的发展规划，为相关领域的发展提供总体路径上的指导。二是从人才配置上给予大力支持，可以通过扩大高校中专业人才培养数量以及提高培养深度来储备更多科研人才，为相关领域的发展提供智力支撑。三是通过政府产业投资基金引导、提供财税优惠和信贷支持、建立孵化园区等方式来为相关产业的发展提供资金和场地资源。四是加强对相关研究的宣传和推广，扩大我国产品在国际上的知名度和影响力，形成和国际上其他产品共同竞争与使用的局面。

拓展数字化技术应用，发挥数字化技术在产业链优化升级中的作用

当前背景下，数字化已经成为未来全球经济转型的一个方向。数字化发展具有广泛的赋能效应，通过数字化转型，很多企业获得了更多的发展机会，"十四五"时期要以数字化技术为抓手，拓展数字化技术在产业链优化过程中的应用。

一是扩大数字经济在生产生活领域应用的广度和深度，推动数字经济和实体经济的深度融合，打造具有国际影响力和竞争力的数字经济产业链。二是多元化发展数字技术的应用场景，培育数字化生态，推动数字社会和数字

政务建设，提高公共服务和社会治理的数字化和智能化水平。三是数据作为一种新的生产要素，在其发挥作用的初期就需要建立数据资源产权、交易流通、跨境传输和安全保护等基础制度和标准规范，并根据数字经济和实体经济融合的程度进行动态调整，以实现在开发利用数据资源的同时，保障国家数据安全和保护个人隐私安全，形成数字经济发展的良好秩序。四是政府部门要主动顺应数字化趋势，在扩大公共基础信息数据合理开放的同时，积极参与数字领域国际标准的制定，提高我国在全球数字化发展中的参与度和影响力。

中央财经大学金融学院博士研究生孙光宇对本文亦有贡献。

参考文献

[1] 黄汉权. 加快发展现代产业体系 推动经济体系优化升级[N/OL]. 经济日报, 2020-11-23(1)[2021-01-02]. http://paper.ce.cn/jjrb/html/2020-11/23/content_432634.htm.

[2] 盛朝迅. 构建现代产业体系的主要着力点[J]. 中国发展观察, 2020(21):9-11.

[3] 王学义. 以高水平开放推动经济体系优化升级[N/OL]. 青岛日报, 2020-11-12(2)[2021-01-02]. https://www.dailyqd.com/epaper/html/2020-11/12/content_297452.htm.

促进新技术产业化规模化应用的路径与对策建议

丁明磊

中国科学技术发展战略研究院综合发展研究所副所长、研究员

黄宁

中国科学技术发展战略研究院综合发展研究所副研究员

科技成果转化是促进科技与经济紧密结合的关键环节，对于加快建设科技强国有着重要积极作用。党的十九届五中全会指出，要"大幅提高科技成果转移转化成效"和"完善金融支持创新体系，促进新技术产业化规模化应用"。当前我国科技成果转化实践中还存在诸多问题，需要通过进一步深化改革、完善市场运行机制等来深入推进，进而促进新技术产业化规模化应用。

深入推动科技成果转化是新时代立足科技自立自强，加快构建新发展格局和建设科技强国的重要任务

新时代我国科技成果转化开辟了新局面

科技成果的高水平、大规模创造与有效转化运用是建设现代化经济体系的重要特征。各国由于科研格局、企业创新能力和市场环境的不同，科技成果转化模式各具特色，如美国以"企业+风投"为主，以色列则以"专业机构+风投"为主要特点。科技成果转化作为我国科技体制改革的重要内容，在我国改革开放逐步深化、市场经济体制逐步完善的过程中不断发展，并形成符合我国国情的成果转化模式。在我国三十余年来的科技体制改革中，通过政府引导、培育市场、激励主体等主要措施，形成了以产学研合作、"四技"活动（技术开发、技术转让、技术咨询、技术服务）和科技创业为主要内容，以科技服务平台和科技金融结合为支撑的科技成果转化模式，在提高企业自主创新能力、推动经济转型升级中发挥了重要作用。

2015年全国人大修订了《中华人民共和国促进科技成果转化法》，2016年国务院颁布《实施〈中华人民共和国促进科技成果转化法〉若干规定》、国务院办公厅印发《促进科技成果转移转化行动方案》，形成科技成果转化"三部曲"，标志着中国特色的科技成果转化制度体系基本形成。在中央政策的引导下，相关部门和各地方陆续出台了一些激励性、优惠性和推动性政策，如《关于提升高等学校专利质量 促进转化运用的若干意见》《赋予科研人员职务科技成果所有权或长期使用权试点实施方案》《关于进一步推进高等学校专业化技术转移机构建设发展的实施意见》等，极大激发了各类创新主体和广大科研人员的创新积极性，促进了我国科技成果转化工作的飞速发展。

随着我国各类社会金融资金支持科技成果转化的法律法规不断完善，相关部门中央财政科技计划和资金管理改革中加大了对科技成果转化的资金投入和对金融资本和民间资本的引导。投贷联动和知识产权质押等新型科技金融产品、组织机构和服务模式不断涌现。科技服务体系建设显著加强，完整的创业服务链条初步形成。众创空间、科技企业孵化器、加速器、大学科技园等构成了全链条创新创业孵化体系。

科技成果转化面临的新形势和新挑战

当前，以新一代信息技术、生物技术、新能源、新材料等技术群体跃进、交叉融合为主要特征的新一轮科技革命和产业变革加速推进，对人类生产生活方式乃至思维方式产生了前所未有的深刻影响。新的科技革命和产业变革将使主导经济社会发展的基础技术群发生重大更迭，用户创新、开放创新、大众创新、协同创新等创新模式不断涌现，生产方式和产业组织将面向开放场景，满足个性化、定制化需求，呈现出生产方式智能化、产业组织平台化、技术创新路径多样化等特征，重塑并形成智能、高效、绿色的现代产业体系。同时，颠覆性技术创新将大量涌现，并快速向各个领域渗透融合，主流技术和产品不断迭代，新产业、新业态快速涌现，以革命性方式对传统产业产生归零效应。

我国已开启科技强国建设新征程，党的十九届五中全会公报提出，"坚持创新在我国现代化建设全局中的核心地位，把科技自立自强作为国家发展的战略支撑"，并明确指出"创新能力不适应高质量发展要求"。在实践中，还存在"中梗阻"等问题制约着科技成果向现实生产力的转化，其背后反映的是我国科技创新及成果转化所面临的一些矛盾和短板。主要包括：一是科技基础薄弱、积累相对不足，科技体制改革滞后于科技创新发展的需要。我国基础研究和重大源头创新能力仍然不强，科技体制仍存在着一些深层次问题，制约着我国科技持续创新能力的提升。二是科研组织模式和成果转化路径已经跟不上时代发展的步伐。我国科技长期处于追赶期，造成当前科技创新发展路径、管理方式以及思维方式等仍然局限于追赶阶段，对立足科技自立自强和先发引领的体制机制、模式探索不够。三是科技人才队伍面临供给结构失衡和外部打压的双重挑战，人才安全形势严峻。尽管我国是全球第一人力资源大国，但每千人就业人员中从事科研活动的人员远低于发达国家水平，人才缺口依然较大，而且引领创新型人才供给不足，特别是人工智能、生物科技等新兴技术领域的"高精尖"人才更为缺乏。四是科技创新开放水平不高，融入全球创新网络的程度不够。我国面向全球配置资源要素能力还不强，对创新资源吸纳利用不足，科技创新的国际化水平还有很大提升空间。

立足科技自立自强加快构建新发展格局，迫切需要把经济发展转换到依靠科技创新的轨道上来，其核心在于深化供给侧结构性改革，以深化供给侧结构性改革为主线，更加全面、快速地推动科技成果转化为现实生产力。实施创新驱动发展和深化供给侧结构性改革，都要求加快科技创新成果应用，通过改造提升传统产业，推动产业结构向价值链中高端攀升，培育和发展新产业和新业态，为全社会创新创业提供动力源，形成新的发展动能。

▶ 破除科技成果转化"中梗阻"，需要充分利用我国结构性优势和资源禀赋，把握好几个关系

当前，我国科技创新发展正处于重要的跃升期和机遇窗口期，在新一轮科技革命和产业变革中，要充分利用自身结构性优势和资源禀赋，抓住战略

机遇，掌握新一轮全球科技竞争的战略主动权。

一是领先市场和技术应用场景优势。市场是全球最稀缺的资源。率先采用某项技术并使其成功扩散，进而在相关产业取得全球领先优势的国家或地区就是"领先市场"[①]。超大规模市场优势和内需潜力、持续扩大的中产阶级人口以及愿意尝试新鲜事物的社会氛围，为新技术的应用提供了领先市场和应用场景优势。近年来，我国在信息、通信、互联网等领域，不仅完成了超大规模的全民普及和接近全消费场景的覆盖，形成了全球最大的电子商务网络和极具扩展性的社交网络，还积累了庞大的数字技术使用人群，基本完成了消费端的数据化迁移。人工智能、区块链、自动驾驶等新兴技术均需要海量数据的研发支撑。以人工智能为例，美国在基础层和技术层如算法、芯片设计等方面更有优势，而我国可以获得美国无法比拟的海量数据，在应用层则越来越具有竞争优势。

二是低成本创新和高素质劳动力优势。随着我国工程化和技术应用能力的提升，低成本创新正在成为后金融危机时代企业向新兴市场实现战略转移的新途径，这也为我国增强自主创新能力、提升产业核心竞争力提供了新思路。就中国企业而言，通过应用型技术的创新实现性价比飞跃，向广大用户提供能消费得起的新技术、新产品是当前更现实的路径。另一方面，我国目前低成本劳动力的优势虽然正在消失，但高质量人才的数量却日益增加。从高素质劳动力资源来看，我国每年新毕业的大学生群体有七八百万，而且工资水平相对较低，这极大降低了创新成本，尤其为需要投入大量知识型工作者的集成式创新、应用式创新提供了巨大的人力支持。

[①] 德国学者贝斯于 2001 年提出了"领先市场"概念，认为国家在特定技术或产品上的竞争力与本国特定的市场环境密切相关，领先市场强调了技术创新的首次采用及其在全球扩散的重要性。

三是完备产业配套和新型基础设施优势。维护产业链安全、提升产业链和供应链韧性是我国高质量发展的必然要求，需要强大的产业配套作为支撑。我国超大规模市场同产业配套、人力资源、基础设施等方面的综合竞争优势的结合，为在更高层次、更宽领域、更大范围参与国际竞争与合作奠定了良好基础。基础设施具有战略性、基础性、先导性和公共性的基本特征。近年来，我国大力建设以 5G 网络、大数据、人工智能、工业互联网、物联网为代表的新型基础设施，为新技术、新产品、新业态、新模式的发展提供了重要保障，有力推进了产业高端化发展，促进了产业转型升级。

四是在部分技术研发中的新型举国体制优势。我国实行的社会主义市场经济体制实现了政府和市场的有机结合。在科技领域，面向经济产业发展和社会民生的科技供给需求，主要依靠市场竞争机制和企业主体力量；面向国家重大需求和国家安全的科技供给，则主要依靠新型举国体制，发挥社会主义集中力量办大事的制度优势。

坚持"四个面向"的战略方向，全面把握新时代科技自立自强的新方位、新任务和推进科技成果转化要处理的若干重大关系。

政府与市场的关系。要更加充分发挥市场在优化资源配置中的决定性作用，推动多元化、多层次、多渠道的科技投入体系建设。充分发挥国家作为重大科技创新组织者的作用，充分发挥政府的战略导向作用，抓好战略性、全局性、前瞻性的重大任务部署。充分发挥政府在制度创新方面的优势，激发市场主体的创新创业活力，促进经济高质量发展。

科学与技术发展的关系。强调科学与技术协同发展。要坚持问题导向，结合我国发展遇到的瓶颈制约，进一步明确技术创新和产业化的方向和重点。要更加突出关键共性技术、前沿引领技术、颠覆性技术、重大原创技术的战略部署，掌握新一轮全球科技竞争的战略主动权。

前沿技术与先进适用技术的关系。近年来，我国科技创新取得了历史性、整体性、系统性的重大进步，大量科技创新成果竞相涌现，科技实力实现了质的飞跃。但工业母机、高端芯片、基础软硬件、开发平台、基本算法、基础元器件、基础材料等关键核心技术受制于人的状况，没有得到根本性改变。因此，既要鼓励大量一般技术的普遍性进步，更要强调关键核心技术的重大突破和自主掌控。

破除科技成果转化"中梗阻"路径与对策建议

破除科技成果转化"中梗阻"，应以深化体制机制改革为动力和重要抓手，破除制约科技成果转化的制度性障碍，以科技自立自强支撑实现产业强、经济强、国家强。在路径上需注重以下几个方面。

一是从"技术赶超"到"科学赶超"，从"外源创新"到"内生创新"，从过去主要依赖"技术引进－消化吸收－再创新"到以"体系－能力"为中心，要把对原始创新能力的提升摆在更加突出的位置，提高重大任务的体系化攻关能力，全面提升创新治理能力。

二是支撑构建以国内大循环为主体、国内国际双循环相互促进的新发展格局。依靠科技创新在完善产业链、创造新需求、增加新供给、打造新动能等方面的核心引领作用，加快关键核心技术攻关，以深化改革激发新发展活力，以科技创新催生新发展动能，保障产业链供应链安全稳定。充分利用和发展新技术快速大规模应用和迭代升级的独特优势，加速将科技成果转化为现实生产力，为我国经济高质量和可持续发展找到相匹配的创新内源型动力和外向型动力。

三是更加主动地融入全球创新网络，在开放合作中提升自身科技创新能力，以更加开放的思维和举措推进国际科技交流合作，加强与合作伙伴构建各类创新共同体，在人才培养路径上鼓励高端人才及其团队组建由从国外引进为主转变为以本土培养为主，引领推动建设开放型世界经济，成为后发国家依靠创新发展实现国家富强的典范。

为此，建议如下。

一是加快实施重点领域关键核心技术攻关工程。瞄准、打造更多的先发优势，选择对新兴产业、高技术产业发展和国防建设具有重大引领带动作用的战略必争领域，确定优先发展方向，加快构建技术优势和应用优势。

二是促进技术与资本、技术与产业的深度融合，形成领先市场优势。围绕国家重大战略领域和重点新兴领域，形成专业化技术转移服务，加速形成领先市场优势。推动企业开放式创新，培育一批专业化技术运营企业，探索新型转移模式，发展新型研发机构和技术转移转化网络平台。

三是形成全国统一和内外融通的转移转化市场。建立跨区域的产业技术联盟、技术创新平台、技术联合攻关机制、科技成果转移转化基地、人才联合培养模式等，实现国内外创新资源的有效整合和优化配置。

四是注重塑造领先的创新制度。推进关键领域改革，打破部门壁垒，形成跨部门、跨组织的科技人员流动机制。以国家总体安全观为指导，夯实有利于全球创新要素集聚和扩散的制度基础，以前瞻性的制度设计全面释放创新活力，以新体制、新组织、新机制的蓬勃发育，建构起科技创新的制度优势。

参考文献

[1] 刘鹤. 加快构建以国内大循环为主体、国内国际双循环相互促进的新发展格局 [J]. 资源再生, 2021(09):51-54.

[2] 金碚. 科技自立自强是国家发展的战略支撑 [N]. 河南日报, 2020-11-11(8).

创新链产业链融合与实体经济转型升级

金雪军

浙江大学经济学院教授、公共政策研究院执行院长

朱玉成

浙江大学公共政策研究院研究员

在依赖要素投入的情况下，经济增长具有边际递减效应。在"低垂的果子"被摘完以后，经济增速将有所放缓，甚至衰退。我国此前主要依靠以中小企业为主的"集群生产"和以国际分工为特征的"全球生产"扩大竞争优势。近年来，越来越多的低收入发展中国家开始参与全球代工竞争，越南、马来西亚、泰国等新兴经济体在国际上"低价抢单"，我国制造业面临发展中国家低成本优势的激烈挑战。同时，我国产业迈向中高端、进入产业链价值高地仍面临许多困难，以服务和高附加值产品为主的高成长市场尚在培育过程中。"旧的渐弱，新的未起"，我国实体经济发展被卡在具有低成本优势的低收入发展中国家与具有高创新优势的西方发达国家之间，出现两头受挤

压的比较优势"真空"。

如何在第二次转型中实现实体经济转型升级

当前，我国基本完成了后发追赶型工业化阶段。在进入自主创新型工业化阶段之前，我国经济正处于第二次转型状态。第一次转型是从计划经济向社会主义市场经济转型，转型的核心特征是明晰产权和引入市场激励因素，使受计划经济体制压抑的生产力得到充分释放。在这个阶段，粗放的数量型增长和"低小散"的产业结构对知识创新造成了阻碍，导致企业更愿意选择相对简单的"工艺创新"，而非知识含量更高的"产品创新"，从而阻碍了创新能力的提高。第二次转型则是从由资源、劳动、资本等有形要素驱动的制造业大国向由效率和创新驱动的创新型强国转变，转型的核心特征是从依靠技术引进、高素质劳动力和国际国内市场等要素转向依靠自主创新能力提升。随着我国越来越"触摸"到国际前沿技术，国外不再有大批先进技术可供引进、吸收，在国外技术"无限供给"的基本面发生根本性变化后，实体经济转型升级将越来越依靠自主创新。

国际经验表明，技术创新不是完整意义上的创新过程，而只是创新链上的一个环节。如果仅仅依靠创新能力提升，而忽略了创新链产业链的深度融合，无法将技术创新转化为产业发展能力，就会对产业转型升级和全要素生产率提升造成阻碍。因此，原始创新、基础创新和应用创新必须要嵌入产业发展中。从这个意义上看，通过创新链与产业链融合发展推动实体经济转型升级，是我国经济实现从高速增长向高质量发展转变的关键所在。倘若我国能在自主创新能力以及创新链与产业链融合上取得领先优势，就可以为经济发展奠定新的增长基础，巩固经济长期增长的稳定性。

▶ 创新链与产业链如何实现深度融合

发挥企业在创新中的主体地位，在市场获利中激发持续创新的动力

与要素驱动阶段相比，创新驱动阶段的经济增长点不再明确，无法确定哪些行业、哪个企业会在技术上有所突破，为经济发展带来新的增长点。在这种情况下，最好的办法是以分散投资应对不确定性，做到"大众创业、万众创新"。这也是我国号召"大众创业、万众创新"的原因所在。根据熊彼特的"创造性破坏"理论，低效率和丧失了比较优势的企业逐步退出，创新型企业则在竞争中脱颖而出。

一方面，"大众创业、万众创新"的主体是企业，要让企业成为创新要素集成和成果转化的生力军。企业创新可重点关注五大前沿领域：人工智能、大数据、物联网、云计算、区块链。其中，人工智能为数字智能，大数据为数字资源，物联网为数字传输，云计算为数字平台，区块链为数字信任。五大技术交叉融合，有望推动经济和社会的底层逻辑实现从"物"到"数"、从"劳动力"到"计算力"的转变。另一方面，企业创新的价值只能通过市场实现，企业持续创新的动力来自市场。创新始于技术，成于市场。没有市场力量的驱动，没有获取利益的途径，企业不会平白无故地去创新。在只有创新才能生存或者获取高额回报的情况下，企业才会源源不断地将自身资源投向创新领域。

从创新的市场支撑来看，我国巨大的市场规模决定了企业创新是有先天优势的，巨大的市场会让企业创新行为得到丰厚的回报。创新型企业可充分利用庞大的国内国际市场将技术创新与运用的规模效应发挥出来，降低研发和交易成本。对内可通过"腾笼换鸟"式的空间结构调整来推动产业结构转型，实现"雁阵式"产业升级。后发地区可以成为承接先发地区产业链的第二梯队，通过产业梯度转移和逐次升级助推经济增长。对外可利用"一带一路"倡议等蕴含的产业链重构机会，将后发国家纳入市场范围，利用区域间经济水平的差异所带来的要素资源重构和产业梯度转移的机会，在更大的市场空间内兑现创新价值。

疏导"创新－产业"传导环节，畅通技术创新向现实生产力转化的通道

高质量的经济发展必定是创新链与产业链深度融合的发展，高水平创新体系必须是能促进创新链和产业链双向互嵌、协同升级的体系。我国若要顺利实现内生型增长，就必须打通"创新－产业－经济增长"传导路径，这其中的关键又在于打通"创新－产业"这个传导环节。创新链与产业链深度融合既是优化经济结构的重要途径，也是影响经济新动能转化速度和潜在经济增长率的核心所在。

一方面，构建企业与高校、科研院所等创新主体的合作关系。虽然我国一直在尝试破除阻碍创新链与产业链对接的桎梏，但由于科研成果转化程序复杂、成果转移中的产权归属不清等现实问题，导致创新链与产业链深度对接的机会较少、成本较高，创新对产业发展的支撑潜力未得到充分释放。我国需要精准推进创新链与产业链融合对接，积极探索"企业出题、政府立题、协同解题"的产学研合作之路，完善各方共同发展、优势互补、利益共享、风险共担的协同创新机制，形成相对稳定、紧密结合的创新创业生态

体系。

另一方面，突破创新过程中政府、高校、企业三角螺旋模式的思维束缚，把传统三角之外的主体如消费者、创客等新型主体纳入创新链与产业链融合的范畴中，着力打通技术创新向现实生产力转化的通道，推动创新链与产业链高效匹配、高效协同、循环迭代。

向产业价值链"微笑曲线"两端发力，推动制造业数字化与服务化转型

从国际经验看，前沿技术一旦在市场经过模仿、扩散，便进入利润微薄的白热化竞争状态。由于我国企业普遍"重生产、轻研发""重制造、轻品牌"，产业分工长期处在产业价值链"微笑曲线"的底端。我国应改变被动型、依附型的国际分工，向产业价值链"微笑曲线"两端发力，从加工制造向服务营销和研发设计两个价值链高点移动，从模仿型的低成本优势向高盈利、高附加值的质量优势转变，构筑自身在全球竞争中的新优势。

一方面，通过对传统产业的改造升级实现产业结构的"突围"，借由培育新兴产业实现经济结构深度调整的"破题"。我国经济新动能的形成，既体现在以全要素生产率提升为标志的传统制造业转型升级上，也体现在以打造自主创新能力体系为主导的战略性新兴产业的培育壮大方面。我国需瞄准技术前沿，加快集聚一批高能级创新要素，沿着价值链进行产业转型升级，加速新旧动能接续转换，推动产业形态从离散转向集聚，产业层级从中低端转向中高端，产业结构从规模经济转向高附加值经济。

另一方面，推动制造业的数字化和服务化转型。运用数字技术改造传统制造业，通过产业链集聚、网络化协作弥补自身不足，从企业主导模式向共享制造、个性化定制等消费者主导模式转型。提升数字制造、智能制造水平，打造协同制造平台，以网络化协作弥补单一企业资源短板，实现数据信息畅通、供需产能对接、生产过程协同、员工资源共享。

强化知识产权补贴和税收优惠政策，让知识产权保护的制度篱笆"通上电"

创新的成本是很高的，如果知识产权侵权的成本很低，那么整个创新系统就会失去原动力。在知识产权保护上，我国制定的制度不可谓不多，但由于部分制度篱笆没有"通上电"，知识产权侵权成本低，而维权周期长、成本高，导致即使赢了官司，也费了时间、失了效益；在知识产权服务上，当前知识产权服务体系仍不够健全，服务宣传有"堵点"、服务执行有"痛点"、服务落地有"阻点"；在知识产权激励上，税收、补贴、采购等政策的合力没有得到充分体现，缺乏对企业研发前端的加计扣除和研发费用的税收抵免，缺少对企业研发后端的"专利盒"制度等的税收激励，对尖端和前沿创新等市场失灵领域的政府购买与补贴力度也不够。对此，需要通过政府购买、补贴和税收优惠等有形之手拉动企业自主知识产权产品需求，通过设计多层次政府购买和更有针对性的补贴政策，弥补创新产品生命周期早期阶段的市场失灵。

我国应增加发明专利补贴、技术研发项目补贴、知识产权贯标补贴的强度，创新知识产权示范企业资助、产业知识产权联盟资助等新资助手段，完善研发费用加计扣除、研发税收减免计划等输入端激励，加强"专利盒"制度等输出端激励。另一方面，建立专利侵权惩罚性赔偿制度，让知识产权保护的制度篱笆"通上电"。整合自我保护、行政保护和司法保护等多种维权方式，破解知识产权维权周期长、取证难、赔偿低、效果差等问题。对故意侵犯专利权、重复侵犯专利权等行为，在补偿性赔偿基础上，增加1~3倍的警示性、惩戒性赔偿，形成知识产权保护的高压态势。这项惩罚性规定在

《中华人民共和国商标法》里已经有所体现，可以在我国知识产权保护中作为一项重要措施展开。

参考文献

［1］朱玉成.中国跨越"中等收入陷阱"和预防"高收入之墙"的政策创新研究[J].社会科学,2020(4):58-67.

［2］夏庆杰.第二次转型：由制造业大国向创新型强国升级[J].北京大学学报（哲学社会科学版）,2016,53(2):13-16.

［3］张述存.论深入实施创新驱动发展战略的"三引擎"[J].经济体制改革,2016(1):14-19.

供给侧结构性改革视角下的产业供应链服务体系数智化建设

陈丽华

北京大学光华管理学院教授

要实现供给侧结构性改革的成功，应先考虑如何提升企业供应链管理水平，而由于供应链管理的网络化、动态化、系统化、规模化和复杂化等特征，需要补建公共且能够共享的数智化产业供应链服务体系，让大多数企业，尤其是中小企业，以低廉的成本接入共享模式，并提供全方位的智能化支撑，帮助企业提升供应链管理和服务水平、加强产业链上下游协作，进而应对好国家整体层面的供给侧问题。

▶▶ 当前我国供给侧面临的现实问题

相对产能过剩与结构性产能过剩并存。随着我国经济进入新发展阶段，需求端增长放缓，供给端出现过剩；另外，低端产业已达到物理上的峰值，价格下降对需求的边际影响几乎为零，相对产能过剩问题凸显。从结构上来看，我国供给体系仍以中低端产品为主，高端产品的供给因创新力与品牌力不足而略显乏力。无论是相对产能过剩还是结构性产能过剩，都将导致企业生产经营成本高企，加之外界需求无法消化产能，形成恶性循环。

企业库存积压问题严重削弱了实体经济的盈利能力。库存问题与产能问题相互影响，库存积压原因主要有以下两点：第一是受经济的周期性影响。在经济上行周期，产业链下游需求激增，考虑到原材料价格预期上涨与出口形势良好等原因，企业通过增加资本支出、购买机器设备实现产能的扩充；当经济下行，国际国内宏观经济形势波动，国内外需求同时收紧，上行周期扩充的产能无法被需求有效消化，造成了库存积压。第二是由于供需错配。市场化、信息化水平低，加之未能建立完善的采购、销售和库存管理体系，上下游企业无法进行高效对接，供需发生一定程度的错配，最终导致库存积压与资源浪费，极大地削弱了企业的盈利能力。

供给端与需求端的适配问题。一是内需与外需的转换问题。过去我国供给体系整体上具有外向型的特点，是世界的制造业基地。但目前随着我国人口结构和成本优势的改变，以及中国产业化升级和以美国为首的发达国家宣扬回归制造业，中国逐渐丧失了外向型供给体系优势。此外，新冠肺炎疫情很大程度上影响了外需，在这一背景下，我国提出"国内大循环"的新型内需拉动逻辑。在此过程中，外向型供给体系如何适应外需向内需的转换成为一大问题。二是中低端需求与高端需求的转换问题，目前供给侧存在产能过剩问题的一大原因是供给端与需求端不匹配，中低端产品产能过剩，而需求端早已升级至高端需求。三是消费外流问题，我国目前供给侧体系大多以普适化产品为主，存在着无法满足消费者个性化、多样化需求的问题，导致消费需求外流。

政府部门、企业部门存在债务风险。根据财政部最新数据，截至 2020 年年末，地方政府债务余额 25.66 万亿元，中国政府负债率 45.8%，加之国内社会保险存在的不足，财政风险预期将进一步加重。企业方面，受新冠肺炎疫情影响，大多数企业部门经营状况较差，债务存在较大风险。从中美对比来看，美国企业的整体资产负债率在 40% 左右，而中国企业的资产负债率在 70% 左右，中国企业债务占国内生产总值总量的 150%。企业高杠杆带来的不稳定因素容易诱发金融领域的系统性风险。

企业创新能力低，技术密集型供给不足。2010 年中国制造业占全球制造业产出的 18%，而到 2020 年占比上升至 28%，领先美国 10 个百分点。但我国企业在全球产业分工体系中多以劳动密集型为主，多数企业处于产业链中低端，技术密集型产业较为落后，企业整体创新意识薄弱、能力低下，拥有的自主知识产权核心技术不足，"卡脖子"技术制约企业持续发展。创新能力不足更是造成供给侧无法适应需求端结构调整的原因之一，供给侧受制于国外技术水平、高壁垒行业进入不足、国际竞争优势缺乏等问题，内需与外需结构相互制约。因此，提高企业自主创新能力成为供给侧结构性改革的关键之一。

▶ 国外供给侧改革经验

20 世纪 80 年代，随着西方国家滞涨、环境污染等问题的出现，凯恩斯主义失灵，美国和日本加紧供给侧改革并取得一定成效。

美国：技术创新与有效竞争的供应链助推供给侧改革

20世纪80年代，经历了滞涨局面的美国，借鉴了供给经济学派的经验，减少政府干预、发挥市场作用，使企业充分竞争，技术创新与有效竞争促进了供应链上下游企业协同发展，并进一步促进了供给侧发展。以美国的国际商业机器公司（IBM）为例，其"实时"供应链系统体现了技术创新优势，确保物流管理、信息追踪、资金操作和服务等方面的精准、快速，增强了上下游关系联结并推动了供给侧问题的优化解决。众多优质企业的供应链改革助推美国取得了供给侧改革的成功，实现了美国经济的转型和再次腾飞。

美国供给侧改革的核心意识形态是新自由主义，即放松政府管制，让价格在供给体系中充分发挥作用。在新自由主义充分竞争的意识形态指导下，美国企业对供应链的优化改进所取得的卓越成就进一步助推供给侧改革。美国中小企业经济创新动力不足是20世纪70年代美国滞涨的重要原因之一：中小企业面临融资困难的问题，在高通货膨胀的情况下不断加剧；20世纪70年代中后期美国联邦社会保险基金入不敷出，不断提高的社会保险税对中小企业来说也是火上浇油；此外，由于供应链管理不善，采购、销售、库存、资金等各方面专业管理与商业技术不足严重拖累中小企业的发展。进入20世纪80年代，美国不断改革中小企业融资环境，增加小企业信贷途径，加快信息化发展，优化中小企业供应链管理水平，充分利用数字化、智能化的信息技术，为供给侧改革提供保障。

日本：渐进式创新的供应链改革助推供给侧改革

20世纪七八十年代，日本面临产能过剩、环境污染与创新乏力的问题，日本实施了减量经营的措施，充分发挥政府的行政指导限制手段，削减高耗能、高污染企业的生产力，引导并关停工厂。首先，日本采取降低能源消耗的办法，鼓励企业减少雇佣工人、高能耗企业转移海外的方式降产能；其次，政府通过制约与补助的政策大力发展知识密集型、技术密集型等新兴产业，激发企业创新活力，提高企业自主创新能力。在产业政策方面，日本实行的主要做法有：一是设备注册制度，限制非注册设备和新增设备使用；二是制定准入标准；三是淘汰落后设备、促进设备现代化；四是实行政府补偿，对于产能过剩的行业采取政府收购后报废设备的处理方式。

日本是东亚乃至世界供应链管理的标杆国家之一，丰田、松下、东芝等企业均具备优秀的供应链管理能力，其最大特征即渐进式创新能力。在政府和市场的双重推动下，许多日本企业开始进行供应链管理的优化升级，如索尼、夏普以及大规模零售店 KOJIMA、BicCamera 等，众多日本名企通过供应链升级实现了减少库存积压和提高供货效率的双重目标。在政府的鼓励和支持下，日本企业的供应链管理已经逐步走出最初的单纯模仿，渐渐具有自己的特色，对供给侧改革起到了重大的推动作用。

中、美、日供给侧改革异同点

中、美、日三国的供给侧改革相同点在于：一是背景相似，各国均在面临经济增速放缓、传统经济思想失灵的境况下进行变革，谋求经济重振；二是手段类似，无论是中国提出的"三去一降一补"，还是美国和日本 20 世纪 80 年代进行的改革，其基本应用手段仍然是以企业为微观主体，市场为"看不见的手"，政府灵活应用财政货币政策解决供给侧问题。

中、美、日三国在供给侧方面的主要区别在于：一是供应链模式不同，各国的供应链具有自己鲜明的特征，对供给侧的影响亦有所不同；二是国情不同，各国面临的问题与解决问题的方法均与本国国情、历史具有强相关性；三是主要经济思想不同，美国奉行新自由主义而日本自由主义意识形态体现不明显，我国则坚定走中国特色社会主义道路（表2-1）。

表2-1 中、美、日三国供应链特点及供给侧问题对比

分析	中国	美国	日本
供应链模式	群落集聚模式	家族式管理、等级分明	大企业间长期战略性联盟关系
供给侧存在的核心问题	低端产能过剩、经济结构有待优化、能源与环境压力	产能过剩、环境污染	经济驱动乏力、美元大幅贬值
供给侧问题的原因	外需减少、内需升级、原材料及经营成本提高、中小企业供应链问题	石油危机、泡沫经济破灭、对外投资下降	石油危机、布雷顿森林体系瓦解、中小企业融资难、企业创新乏力
供给侧改革手段	"三去一降一补"	减量经营、限制污染耗能企业、政府补贴、改革产业链管理制度	放松供给管制、金融自由化、减税
主要经济思想	社会主义市场经济	新凯恩斯主义	新自由主义

中国企业供应链管理现状

供给侧问题与企业供应链的关系

部分供给侧问题可以归结为企业供应链问题，尤其是产能过剩和库存积压都与企业供应链管理水平密切相关。企业供应链管理具有网络化、动态化、系统化、规模化和复杂化的特征。中小企业很难或不可能具有较高的供应链管理水平，这引发了每个中小企业的产能过剩和库存增高现状，而中国

第二章　产业链优化升级：动态环境下的挑战与机遇

中小企业的数量在 4000 万以上，无数中小企业的产能过剩和库存问题汇总累积成了各产业的供给侧问题，而各产业的供给侧问题之和最终形成了国家的供给侧问题。

为解决宏观供给侧问题，首先应从企业，尤其是中小企业入手，弥补供应链管理短板。提高企业供应链管理能力，减少产业链中间环节并降低交易成本，使企业盈利方式更加科学，有利于不断提高企业效率，最终解决供给侧难题。

中国企业供应链管理现状

企业供应链管理水平两极分化。其中，中小企业供应链管理水平低。目前，我国中小企业数量超过 4000 万家，占企业总数的 99%。从数量上看，中小企业是市场主体中占比最大的企业群体；从企业活力与创新来看，中小企业是我国企业中最具活力、最紧跟政策和时代发展方向的企业群体；从生产贡献来看，2018 年数据显示，中小企业、个体工商户贡献了全国 50% 以上的税收、60% 以上的国内生产总值，以及 70% 以上的技术创新成果和 80% 以上的劳动力就业。然而，虽然中小企业在社会主义市场经济中起到重要作用，但因其初始禀赋不足，小、散、弱的特点难以剥离，以及国内对经验主义管理方式的推崇，中小企业往往忽视或没有能力做到科学标准的供应链管理，整体供应链管理水平低下。

相对而言，我国大型企业的供应链管理水平较高，分行业来看，工业部门优质的供应链管理集中在汽车、计算机、通信器材、家用电器等高端制造、资本和技术密集型行业。但同时，较多制造业、中小企业与劳动密集型企业仅追求物流设施优化而未能实现整个企业的供应链管理优化，无法和上下游形成高效协同，仍存在巨大的降本增效空间。

供应链管理体系尚未完善，网络化难度高。中国企业供应链管理体系起步较晚，供应链管理理论于中国加入世界贸易组织后逐渐发展，目前仍未形成较为完善的体系，较之发达国家更是差距明显。目前供应链管理体系存在重点不明晰、企业分类不完整、供应链结构不明确的问题，一些企业未将供应链作为一种战略结构加以应用并考虑增值环节，而是仅仅进行一些基本的物流管理，尚未形成网联结构。企业的认识度尚浅，网络化构建难度大。

市场化、信息化水平较低，信息传递较为滞后。由于供应链网络化尚未清晰，导致中国供应链整体市场化程度较低；由于缺乏相应的服务体系支撑，上下游信息传递不及时、不通畅，导致价格等重要市场因素的时效性低、滞后性强。供应端和需求端的不适配使得企业无法实现快速响应，这不仅降低了企业的盈利能力，甚至为企业带来库存积压、资金周转困难等问题。

▶ 中国供给侧新特点及其对供应链管理的新要求

供应链管理对于供给侧最重要的意义在于通过企业自身管理能力的提升和上下游企业的协同效应降低成本、减少库存以提高竞争力。目前，我国供给侧呈现出了一系列新的特点，也对供应链管理提出了新要求（图 2-1）。

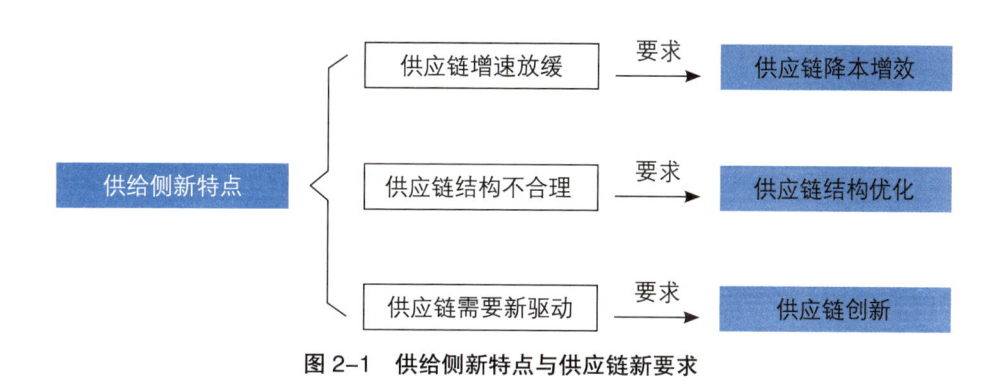

第二章 产业链优化升级：动态环境下的挑战与机遇

图 2-1 供给侧新特点与供应链新要求

新背景：构建新发展格局的宏观经济背景赋能供给侧

2014年5月，习近平总书记在河南考察过程中首次明确提出"新常态"，中国未来发展的重点转向结构稳健型经济而非总量经济。同年，我国国内生产总值增速为6.9%，首次降至7%以下，印证了中央的战略判断。2014年至今（除2020年受新冠肺炎疫情影响外），中国国内生产总值增速维持在7%左右，彻底告别过去30年10%左右的高速增长状态，迈向新的经济增长阶段即中速增长阶段。在国内国际新形势与经济整体宏观背景下，习近平总书记提出构建"以国内大循环为主体，国内国际双循环相互促进的新发展格局"。

经济增速放缓对中国供给侧提出结构优化的新要求，内循环的主体地位要求中国供给端企业保质保量参与国际竞争。在外需增速乏力、内需边际递减、传统生产要素驱动边际放缓的背景下，我国企业如何提高供应链管理水平、有效实现成本管控、增强自身竞争优势是目前企业谋求发展的关键之举。

新结构：产业持续优化升级，第三产业发展势头迅猛

中国产业结构不断优化，三个产业结构的变动趋势符合经济社会发展规

律，第一产业增加值占国民生产总值比重下降，第二产业结构逐渐优化，第三产业比重持续上升。2020 年，即使国民经济受新冠肺炎疫情冲击，我国第三产业增加值占比仍高达 54.5%，并表现出持续上升的态势。

中国产业结构直接决定了供给侧结构的新特点，进而决定了供应链结构的优化方向：其一，第三产业供给侧将成为改革的重点。以往的供应链管理一般强调实物管理，侧重于第二产业的供应链管理，而随着第三产业占比的持续上升，服务供应链的优化升级必须纳入考量范围。其二，制造业的贡献随经济发展持续下降，产能过剩问题仍没有得到有效解决。在产业结构优化升级的背景下，以制造业为主的供应链结构亟须破局，只有通过优化供应链管理进行结构性调整才是制造业企业持续升级，免于淘汰的长久之计。其三，第一产业占比下降，农产品供应结构与消费结构需求升级的错配成为第一产业供给侧结构性改革的重点。农产品自身具有标准化程度低、保质期短、损耗率高等特点，加之农产品供应链参与者众多，流通环节长，如何精简农产品供应链，优化其结构对于解决第一产业的供需错配具有重要意义。

新驱动：淡化要素、投资驱动，创新成新驱动力

随着经济步入新常态，中国供给侧驱动力由要素、投资转变为创新驱动。党的十八大明确提出创新驱动发展战略后，深入提升创新能力与创新效率成为供给侧重点。中国供给侧的发展模式将从传统的要素资源与劳动力驱动转向创新驱动发展，创新成为新的最重要的供给侧驱动力，这对我国构建国际竞争优势、增强长期稳定发展动力具有战略意义，其中提高自主创新能力是重中之重。

供应链创新是创新驱动发展的重要一环，供应链协同的创新需要制度、技术等多角度创新，引入数智化产业服务体系。从政策落实、行政执行、系

统融合、数据支撑、技术扶植等多个维度培育创新型中小企业，是突破创新驱动力瓶颈的关键策略之一，也是增强企业国际竞争力的重点之一。

数智化产业供应链服务体系助力供给侧结构性改革

我国供应链的模式和结构特点决定了解决供给侧问题的关键。大量小、散、弱企业的供应链管理问题得不到解决，最终累积成了各产业甚至是国家的供给侧问题。因此，解决供给侧问题，实现供给侧结构性改革的成功，首先应考虑企业供应链管理水平的问题。因为供应链管理的复杂化等特征，需要补建公共且能够共享的数智化产业供应链服务体系。

目前，我国并没有完善的供应链公共服务体系，没有对各个产业的配套服务，导致大部分企业，尤其是中小企业仍处于传统的经营状态，采购、生产、物流、仓储无法形成有效协同，产品无法有效对接市场需求。在此背景下，运用数字化、智能化的手段加快建立数智化产业供应链服务体系，对我国企业的健康发展具有重大意义。数智化产业供应链服务体系的建立，使得企业能低成本应用该服务体系，提高自身运营质量和效率，提升每个企业的供应链管理水平和服务水平，最终解决国家供给侧问题。

数智化产业供应链服务体系的特点

第一，以市场需求和生产供应有效匹配为目标。数智化有效提高了产业链上下游的信息化水平，提高了信息传递效率、降低了环节间成本，提高了采购、研发、生产与销售环节效率，使生产供应与市场需求有效匹配。造成供给侧难题中产能过剩与库存积压问题的根本原因是生产供应端与市场需求的信息不对称与信息滞后，数智化产业供应链服务体系将有效破除生产环节的壁垒，使各个环节高效联通，有效化解过剩产能。

第二，以数字化、智慧化整合产业资源，以产业赋能为手段。数智化产业供应链服务体系将综合利用人工智能、大数据、区块链、物联网、云计算等新兴技术，有效整合产品、材料、资金、人才、服务等各类资源，将各个环节、各个企业的优势资源进行有效对接，加大产业链内产品或服务的流动性，提升产业链整体资源利用效率，高效解决企业供需错配问题，优化产业配置。

第三，以数字化、智慧化为基础，实现技术创新、产品设计、采购、生产、仓储、销售、服务等全过程高效协同的新型产业生态。数智化产业供应链服务体系将通过不同环节间流程、价格、信息等关键要素的优化设置来实现整个产业链的高效运转，实现价值链、企业链、供需链和空间链四个维度的高效对接，有效促进产业链协同，提高全产业链效率。

第四，以提升我国各产业国际化竞争优势为国家性战略。数智化产业供应链服务体系将通过提高产业链整体效能，推动研发、生产环节与需求端的有效对接，提升企业科技创新能力与供给质量，有效提高各个产业的国际化竞争优势，为国家性战略赋能。

数智化产业供应链服务体系建设路径

数智化产业供应链服务体系建设有两大路径。一是由大企业或大企业联盟建设的数智化生态供应链服务体系，这是大企业数字化升级并转型为产业服务型企业的路径；二是由创新型平台企业建设的、为中小企业服务的中国数智化产业供应链服务体系。两种数智化产业供应链服务体系的关键点之一都在于从企业数字化视角跳出来，站在产业层面进行思考和设计，包括产业服务体系设计、组织结构适应性设计、商业模式及可行性设计、技术可行性设计、数据建模结构性设计、系统融合协同性设计、国际化服务设计等。

聚焦为中小企业服务的数智化产业供应链服务体系，将通过转型升级成为既有公共服务职能，又有自身商业盈利模式的新型产业服务组织。该服务体系能够使企业数字化过程避免数字堆放无效性、信息孤岛化、运营无能化等问题。新一轮的数字化和智慧化产业供应链服务体系能够让大多数中小企业无须花费大量成本进行信息技术系统和企业资源计划系统等数字化系统建设，以低廉的成本接入共享模式，并提供全方位的智能化支撑，帮助中小企业降低运营成本、提高效率和服务水平，最终通过接入企业共同合作形成特定产业的国际化竞争优势。

北京大学光华管理学院博士生王璐对本文亦有贡献。

参考文献

［1］陈丽华. 中关村数字化产业联盟主旨演讲：产业供应链服务体系数智化建设思考 [R]. (2021-10-23).

［2］向欣. 中国企业供应链管理现状及主要问题 [J]. 中国流通经济, 2004(03):9-12.

［3］吕劲松. 关于中小企业融资难、融资贵问题的思考 [J]. 金融研究, 2015(11):115-123.

［4］杨利军. 基于供应链优化的流通企业供给侧改革 [J]. 中国流通经济, 2016,30(04):19-25.

第三章
人才保障为科技强国提供动力

  国家科技创新的关键在于加强科技人才队伍建设，全球范围的科技竞争归根结底是人才的竞争。近年来中国科技创新人才在规模、结构和效能等维度上取得了优异成绩，科技人力资源总量远超世界诸国。"加快建设世界重要人才中心和创新高地"的战略目标，正指引我国有条不紊地积蓄和释放科技人才红利。

新形势下我国高素质科技人才的自主培养问题研究

程如烟

中国科学技术信息研究所政策与战略研究中心主任、研究员

　　人才是科技创新的核心要素，科技的竞争归根结底是人才的竞争。当前，全球科技竞争日趋激烈，美国不断加强对我国的打压和遏制；与此同时，我国确立了到2050年要建成世界科技强国的目标。我国要想在长期发展中不受他国掣肘，要实现2050年建成世界科技强国的宏伟目标，就必须培养一支强有力的科技人才队伍。

　　研究表明，不同人员对科技的贡献差异很大，少数人的科研产出占了全部产出的一大部分，如10%的作者生产了50%的论文。而且，在当今这个自动化、数字化、智能化快速发展的时代，以往很多有用的能力如今却无用武之地。在此背景下，一个国家的发展和竞争力并非取决于该国拥有的科技人员数量，而是取决于该国拥有的高素质科技人员数量。为此，我们亟须就

我国高素质科技人才培养问题加强研究。

▶ 科技发展新形势对人才技能提出新的需求

科技发展和应用的速度日益加快，要求人们不断更新科学知识，具备终身学习的能力。实践表明，全球科技发展的速度日益加快，科技产出快速增加：2010—2020 年，科学引文索引（SCI）数据库的论文数量从 142 万篇增加至 233 万篇，专利申请从 200 万件增至 350 万件左右。同时，科技从发明发现到实际应用的时间越来越短，美国国会的调查报告显示，从科学的发明、发现到实际应用，所经历的时间在 20 世纪初为 35 年，两次世界大战之间为 18 年，第二次世界大战后则缩短为 9 年。随着科技发展和应用速度的不断加快，知识更新速度也在不断加快：18 世纪知识更新的周期为 80～90 年，19 世纪到 20 世纪初为 30 年，20 世纪 60—90 年代缩短为 5 年，当今甚至缩短到 2～3 年。科研人员要想跟上科技发展的步伐，就需要养成终身学习的习惯和能力，不断更新自己的知识结构，了解最前沿的工具和方法。

自动化、智能化社会快速发展，要求人们具备创新和创造等机器所不能替代的能力。当今社会已经进入数字化、自动化和智能化时代，互联网和自动化生产渗透到各行各业，越来越多的工作都在为机器所取代。而且，这一情形并不限于一些简单的工作，一些专业性的工作也正为机器所取代，如机器翻译越来越精准，在很大程度上能够辅助甚至代替人工翻译；人工智能可以搜罗海量的医学数据（包括医学图像），把病人的病例数据与数据库中的病例进行对比，从而辅助甚至代替医生看病；机器学习算法能够快速自动生成关于地震、犯罪和体育竞赛等的新闻短评；人工智能还能帮助律师进行法律研究，帮助教师批改试卷，或承担工程师和科学家的一些技术性工作。总体来说，人工智能、自动化等技术的快速发展导致中等技能人员和高度程序化职业人员面临失业风险，也使得一些知识性、熟练性的技能可能成为无用的技能。在此背景下，科技人员的价值将体现在其拥有机器所不能替代的能力，如发现和提出问题的能力、质疑能力、批判能力、创新能力和创造能力等。

科研范式发生重大转变，要求人们加强对新一代数字技术的掌握。当前，科研范式正从以往的实验科学、理论科学、计算科学、数据驱动科学向"加速发现"的范式转变。在深度搜索、人工智能和量子强化的模拟、生成模型等方法的帮助下，科学发现正在形成闭环，成为一个自我推进的、持续的、永无止境的过程，从而进入"加速发现"的范式（图3-1）。深度搜索正在加速科学文献的读取和知识的提取，其速度比人类快1000倍；人工智能

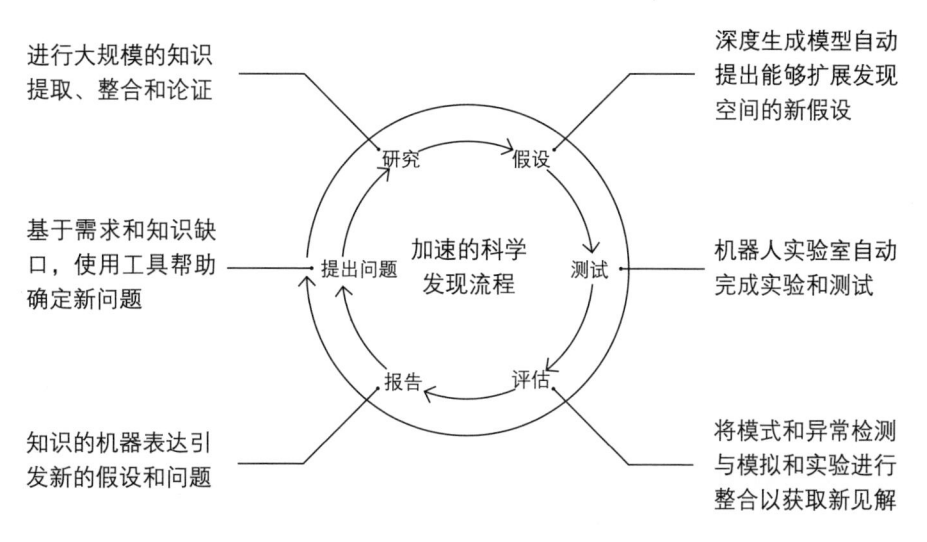

图 3-1 基于新一代信息技术的"加速发现"范式

能够自动选择和优化运行模拟方案、模拟顺序、模拟方法，量子模拟能让总体模拟速度提高 2 ~ 40 倍；生成模型能够帮助生成新的候选材料，使化学发现提速 10 倍；基于云计算的人工智能驱动的机器人实验室能够快速合成和验证最适合的候选材料，速度比传统方法快 100 倍。新的科学范式能够有效提升科学发现的速度，其所需的人工智能、量子信息以及云计算等技术都属于新一代信息技术。因此，一个国家要想在新的科学发现范式下占领先机，就需要加快培养一大批掌握新一代信息技术的人才。

重大挑战需要跨学科的知识来解决，要求人们具备跨学科研究的能力。未来社会将面临很多重大挑战，如气候变化、人类疾病、能源资源短缺、环境污染和恶化等。这些挑战非常复杂，单一学科的理念、知识、方法、工具无法应对，必须利用多个学科的知识和多个部门的合作才能找到解决方案。同时，跨学科研究已成为大势所趋，处于世界最前沿且最有望产生重大突破的研究很多都是跨学科研究。21 世纪以来，诺贝尔奖中具有跨学科研究特征的比例增至 40% 以上，特别是诺贝尔化学奖，约有大半具有跨学科特征。因此，无论是为了更快地产生科技突破，还是为了更好地应对重大挑战，科研人员都需要在精通一个学科的同时，了解其他学科的发展，掌握跨学科研究的思维、方法和能力。

科技发展给社会带来了伦理、隐私等多方面的挑战，要求人们具备负责任的科学研究的意识。科技进步在给经济社会带来巨大效益的同时，还带来了一系列意想不到的风险。例如，海量数据欺诈或者数据盗窃事件以及日益严重的网络攻击，使得信任与隐私问题变得愈加严峻；3D 打印技术如果用于武器生产，将对国家安全、社会稳定造成严重威胁；基因编辑技术所导致的基因选择将引发深刻的伦理问题，对该技术的滥用将产生意想不到的后果。

鉴于科技发展可能带来的巨大风险，科研人员在开展科学研究时，必须具有负责任的意识。如果科研人员肆意开展科学研究，则有可能给社会伦理、个人隐私、国家安全带来巨大的风险，甚至带来毁灭性打击。

▶ 发达国家培养高素质科技人才的经验

当前，美国等发达国家均高度重视高素质科技人才的培养，针对学生、刚进入科研生涯的年轻人员、优秀青年人员、资深人员、高端人员等不同阶段的人员，制定了科学、系统的培养措施。

加强STEM教育，尤其是计算机技能的教育，为培养高质量科技人员提供后备军。STEM是科学（Science）、技术（Technology）、工程（Engineering）和数学（Mathematics）四门学科英文首字母的缩写，STEM教育是为了提高学生关于科学、数学和技术的本质认识和素养，对培育未来的科技人才至关重要。美国前总统奥巴马指出："美国的未来领导地位取决于今天我们如何教育我们的学生——特别是在STEM领域。"当前，各国政府都高度重视STEM教育并采取多种措施加以推进。

科技管理部门深度参与STEM教育。STEM教育既涉及科技也涉及教育，因此，不仅教育管理部门参与STEM教育，科技管理部门也深度参与其中，如美国STEM教育的参与部门包括教育部以及国家科学基金会、航空航天局、国防部、能源部、卫生部等众多科技相关部门，英国的STEM教育由商业、创新与技术部和教育部共同管理，澳大利亚的STEM教育由政府首席科学家办公室和教育委员会共同负责等。这是因为科技管理部门在长期的科技工作中，更加了解科技人才需要具备何种能力、素养和技能才能更好地满足科技经济社会发展的需要。值得注意的是，美国甚至建立了由国家科技统筹机构来牵头协调 STEM 教育的体制。美国科技统筹机构——国家科技委员会下设了 STEM 教育委员会，负责制定国家 STEM 战略，并协调、监督和评估各部门的 STEM 教育计划。

出台国家层面的 STEM 战略。当前，一些国家和地区从战略高度对 STEM 进行了顶层设计，如美国出台了《STEM 教育战略》，澳大利亚出台了《STEM 学校教育国家战略 2016—2026》，苏格兰出台了《STEM 教育和培训战略》，北爱尔兰出台了《STEM 战略：通过 STEM 获得成功》。以美国为例，继 2013 年发布五年期的《STEM 教育战略》之后，STEM 教育委员会于 2018 年发布了新一期战略，对未来五年的重点进行了规划：一是培养学生的创新创业能力，为此，政府要支持教育者开展创新创业教育和知识产权保护教育，要资助开展科技节、网络安全竞赛、机器人挑战赛等活动，鼓励学生全方位地应对真实世界的挑战，并应用所学知识开展创新；二是提升学生的数字化和计算技能，为此，政府要提供更便捷的数据获取方式，并将其应用到 STEM 课程中，要提升数字素养，开展网络安全教育，中小学要面向学生开设计算思维培养的相关课程；三是提升学生的跨学科研究能力，鼓励他们参与解决国家、国际社会面临的问题，应对现实世界的挑战，利用跨学科知识解决问题，不断提升综合素养。

强调对数字技能的培养。鉴于数字技术在国家科技、经济、社会发展中的极端重要性，各国高度重视对数字技能的培养。除了在 STEM 教育中强调数学和计算机科学之外，很多国家或组织还出台了专门计划。例如，欧盟近年来发布了《欧盟数字技能宣言》《欧洲新技能议程》和《数字教育行动计划（2018—2020年）》等多个文件，要求各成员国制定国家数字技能战略，2021年欧盟又提出要将6亿欧元专门用于数字技能的发展，确保到2025年有70%的成年人拥有基本的数字技能；意大利的《数字技能国家战略》提出，要使拥有先进数字技术的意大利公民比例翻一番，将信息与通信技术专业（ICT）的毕业生人数增加三倍等；英国政府的《提高成人基本数字技能》《提高成人数字技能计划》则提出了成人数字技能资格标准，以推进英国数字技能教育改革。

完善对青年科研人员的培养。青年是科技创新队伍中的生力军，25～45岁的科学家最富有创造力和创新精神。当前，很多国家都设立了多项支持青年科研人员的计划，在研究实践中对其加强培养。

对于刚进入职业生涯的科研人员，各国设立了一系列有针对性的计划，促使其尽快具备独立开展研究的能力。以美国国立卫生研究院（NIH）为例，该机构设立了10多个针对刚进入科研生涯的科研人员的计划：指导研究科学家职业发展计划（Mentored Research Scientist Career Development Award）的资助对象是博士后或处于科研生涯早期的科研人员，他们将在一位经验丰富的导师的指导下，开展3～5年的研究工作，从而为独立开展研究做好准备；职业生涯过渡计划（Career Transition Award）的目标是促进处于科研生涯早期的科研人员向能够独立开展研究的阶段过渡，该计划分为两个阶段：第一阶段是指导研究阶段，第二阶段是独立研究阶段；独立之路计划（Pathway to Independence Award）旨在通过向优秀的博士后或接受指导的临床医生提供支持，帮助他们过渡到独立的研究职位。

针对优秀的青年科研人员，很多国家或组织都设立了专项资助计划，鼓励其挑战新的领域以取得独创性成果。2016年，日本政府拨款10亿日元实施卓越研究员计划,在研究机构中为40岁以下的优秀青年科研人员(临床医学领域43岁以下)配备稳定的职位,引导青年人才挑战新领域研究,取得独创性研究成果。欧洲研究理事会于2013年设立了巩固基金(Consolidator Grants),资助对象是博士毕业并有7~12年研究经历的科研人员,旨在资助优秀的年轻科研人员巩固和完善自己的研究团队和研究计划,资助金额一般最多不超过200万欧元,执行期限最多不超过5年。英国于2018年6月启动了"未来领袖学者计划"(Future Leaders Fellowships),针对处于职业生涯早期且非常杰出的研究与创新人员,为其持续提供资金和资源,以便促使其未来成为高端科研人员或领袖学者。该计划资助金额一般不超过120万英镑/人,旨在资助青年科研人员和创新创业人员探索新的研究领域和创新路径,鼓励跨学科、跨部门的科学发现。

注重顶尖科学家对年轻人员的引领作用。顶尖科学家拥有渊博的学识,精通学科前沿,掌握了科学的研究方法,他们在培养杰出青年科研人员方面发挥着极其重要的作用。纵观诺贝尔奖100多年的历史可以发现,有师徒关系的获奖者比例高达40%以上,著名的诺贝尔化学奖得主卢瑟福更是培养了高达14位诺贝尔科学奖得主,日本进入21世纪后获得诺贝尔奖人员的井喷现象也得益于优秀的师承关系。

很多国家或组织出台高端科技人员资助计划,以期在产出世界一流成果的同时,培养后备卓越人才,如日本的"最尖端研发支援计划"、欧洲研究理事会的"高端科研人员资助计划"、澳大利亚的"桂冠科学家计划"、美国国立卫生研究院的"高级科学家研究和职业辅导计划"、南非的"首席科学家计划"等。这些计划明确要求项目负责人把一定的时间用于人才培训,如美国国立卫生研究院的"高级科学家研究和职业辅导计划"明确要求,项目负责人要把四分之一的时间用于人才培养；澳大利亚的"桂冠科学家计划"把研究人才培养和研究团队建设作为一项重要的指标进行评估。

同时，很多国家还通过多种方式让顶尖科学家为青年科技人员提供指导。德国最大的联邦研究资助机构——德国研究联合会启动了后备人才科学院计划，支持青年学者在资深科学家带领下独立开展科学研究、自主管理项目，有效提升了研究能力。英国皇家工程院启动了新兴技术讲席计划，支持工程生物学、机器学习、神经网络、量子技术、再生医学、机器人等新兴技术领域的优秀科研人员开展研究。对于获得资助的科研人员，英国皇家工程院将为其指派一名院士作为导师，在其受资助期间提供独立的专家建议和指导。这样有助于科研人员更好地提升自己的研究能力，更快地进入高端科研人员的行列。

塑造良好的科研环境，让科研人员能够潜心开展研究。各国政府都在不断完善相关制度，确保长期稳定的科研资助，简化和优化科研管理程序，塑造一个良好的环境，从而让科研人员没有后顾之忧地潜心开展研究工作。

一是提高科研项目资助率。针对很多优秀科研人员因科技计划资金有限而不能获得资助的情况，一些国家的科研资助机构提出要提高项目资助率。如法国科研署提出要将项目资助率提高到30%左右，尽可能让所有优秀科研人员都能够得到资助。二是延长项目的期限，为科研人员提供长期稳定的资金支持。当前，很多国家延长了科研项目的期限（有些长达7～10年），采用"M+N"的灵活资助方式，在M年对科研项目的执行情况进行评估，评估结果好的项目，国家将继续给予其N年的资助。三是延长科研机构科研人员的定期聘任合同。针对青年科研人员因"非升即走"机制而把精力聚焦在短平快项目研究而非高质量项目研究这一问题，一些国家正在采取措施延长科研人员的聘任期限。如德国《科技人员定期聘任合同法》规定，公立科研机构科研人员的定期聘任合同的最长期限放宽至 12～15 年，让科研人员减少后顾之忧；2016 年，德国推出了青年科学家晋升计划，额外资助 1000 名终身教授职位，在大学中形成传统教授职位晋升道路之外的职业发展路径，增加德国青年科学家的职业机遇。

▶ 我国科技人才队伍建设的现状及原因分析

近年来，我国科技人才队伍量质齐升，人才竞争力不断提高。按照欧洲工商管理学院（INSEAD）最新发布的《全球人才竞争力指数》报告，我国 2021 年全球人才竞争力的排名已经上升至第 37 位，较 2013 年的 47 位提升了 10 位。然而，与发达国家（尤其是美国）相比，我国在科技人才队伍建设方面还存在很多不足的地方。

我国科技领域本科生数量是美国的两倍，博士生数量略低于美国。科技领域本科生的数量代表着科技人才池的大小，博士生数量则代表着人才池的水平。自 1999 年实施大学扩招政策以来，我国培养的大学生数量开始快速增长。2003 年，我国每年培养的科学和工程领域的本科生（这里是指第一学位为科学工程领域）超过美国，之后保持年均 10% 的快速增长速度（图 3-2）。根据最新可获得的数据，我国每年授予 170 万个科学工程领域学士学位，欧盟为 100 万个左右，美国为 80 万个左右。

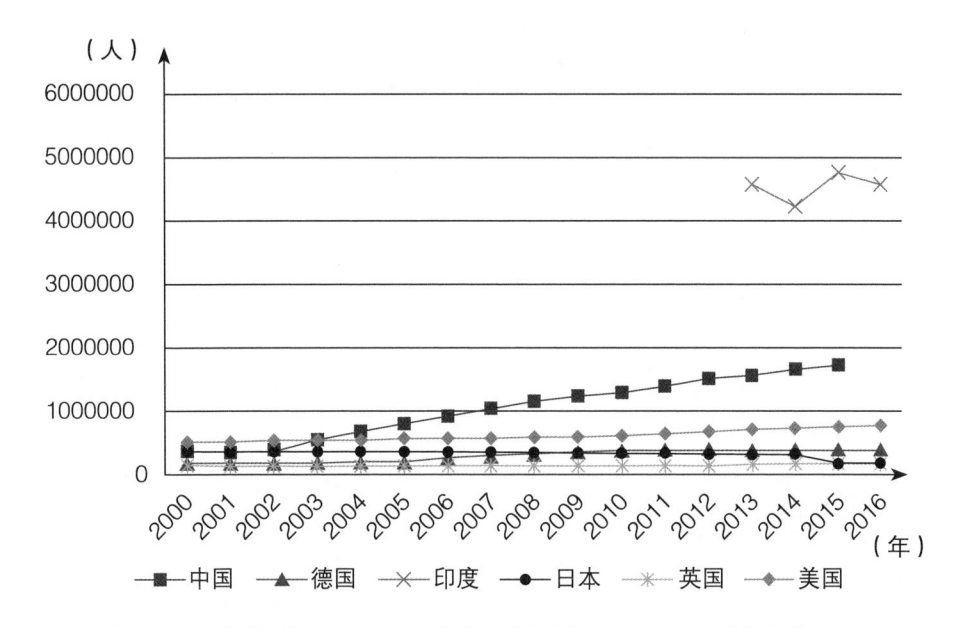

图 3-2　主要国家 2000—2016 年授予的科学工程领域学士学位的数量

数据来源：美国科学与工程指标 2020。

尽管我国每年培养的本科生数量远高于美国，但培养的博士生数量却比美国少。根据最新数据显示，美国 2016 年授予的科学工程领域博士学位数约为 4 万人，我国约为 3.4 万人（图 3-3）。

我国科研人员数量比美国多三分之一，但高端人才数量较美国仍有很大的差距。我国拥有数量最多的科研人员（表 3-1），2019 年科研人员（全时当量）约为 211 万人年，比美国多三分之一左右（2018 年约为 155 万人年），更是远超过日本（约 68 万人年）和德国（约 45 万人年）。

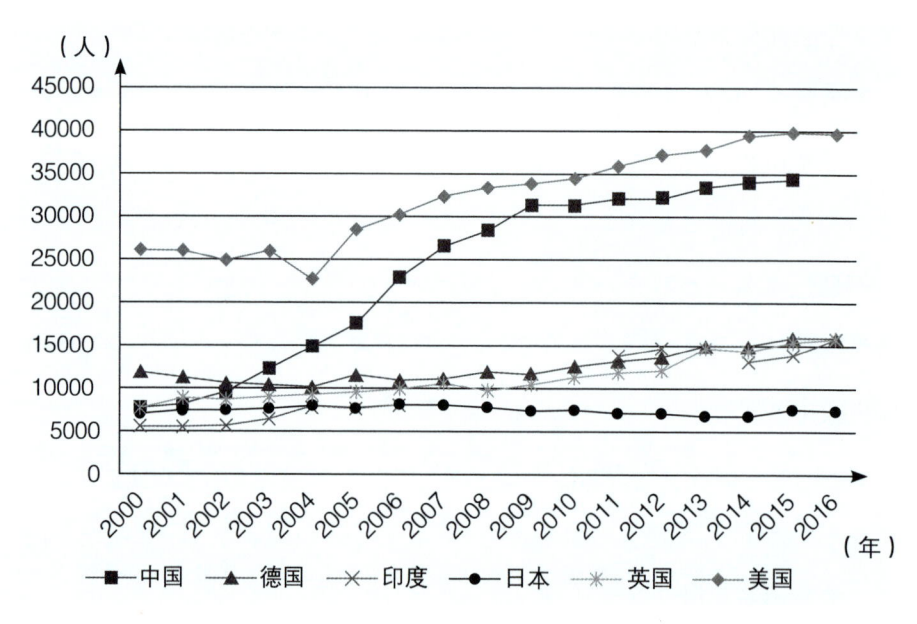

图 3-3 主要国家 2000—2016 年授予的科学工程领域博士学位数量

数据来源：美国科学与工程指标 2020。

表 3-1 主要国家科研人员全时当量数（单位：人年）

	2005 年	2014 年	2015 年	2016 年	2017 年	2018 年	2019 年
德国	272148	351923	387982	299605	419617	433685	450697
日本	680631	682935	662071	665566	676292	678134	681821
美国	11040179	1340103	1369457	1372091	1435905	1554900	
欧盟 27 国	1374762	1503434	1565746	1616028	1710326	1788622	1854755
中国	1118698	1524280	1619028	1692176	1740442	1866109	2109460

数据来源：经济合作与发展组织《主要科技指标 2021》数据库。

尽管我国科研人员数量众多，但高端人才的数量却相对较少。在科睿唯安 2021 年发布的"高被引科学家"名单中，中国大陆有 935 人次入选，仅为美国（2622 人次）的三分之一左右。我国拥有的世界顶尖科学家数量更是少之又少。在科睿唯安2020年和2021年发布的"引文桂冠奖"榜单中，美国获奖人数为26人，我国无一人获奖，而这些获奖者被认为是诺贝尔奖级别的科学家和潜在的诺贝尔奖获得者。

在人工智能等一些新兴技术领域，我国人才问题更加突出，存在人才总量不足、高端人员短缺、顶尖人员极度缺乏的现象。当前，我国人工智能科研人员数量占全球的11%，而美国占48%；美国信息技术与创新基金会根据H指数排名统计的国际前10%人工智能科研人员中，我国有977名，而美国有5158名；马可波罗智库的研究显示，2018年参加NeurIPS大会的前1%人工智能人才中，有60%在美国机构工作，在我国机构工作的只有1%。

我国科技人才队伍之所以存在大而不强的问题，主要是教育机制、科研资助和科研环境等方面原因造成的。

首先，从教育方式来看，STEM教育是培养学生具备基本科技素养和创新能力的基础，而我国对STEM教育的重视程度还很不够。我国STEM教育的主管部门是教育部，科技部、工信部等其他部门的参与程度很低，没有出台国家层面的STEM战略，对STEM教育缺乏顶层设计和规划，这导致我国在推进STEM教育时存在诸多问题：教学方式单一，以被动学习为主，不仅使学生兴趣索然，也不利于培养其主动提出问题的能力；教学内容老套，教学知识陈旧，不利于学生了解最新的信息技术、人工智能等前沿知识；考试和日常评价中过于注重对知识的熟练掌握而不是对知识的理解和应用的考查，不利于培养学生解决问题的能力；考试标准过于注重规范表达和标准答案，不利于学生科学思维和创新意识的培养。

其次，从科技计划管理机制来看，当前，我国科技计划项目经费大约占政府科技资金投入的一半，成为我国科研人员接受资助的主要渠道。然而，我国科技计划管理机制更注重科研成果的产出，而不是人才的培养：一是科技计划中缺少人才培养计划，除了博士后基金外，我国缺乏由资深科研人员对青年科研人员提供指导的人才计划；二是项目资助比率持续降低，以自然科学基金为例，2014—2019 年，面上项目（一般项目）获得资助率从 25.4% 降至 19%，青年项目更是从 25.3% 降至 17.9%，资助率的走低使得青年科研人员必须不断从不同渠道申请项目；三是研究项目结题的考核重点往往放在是否产生了预期的研究成果，对于人才培养的考核较少，这导致项目负责人在研究过程中一般也把重点放在出研究成果上面，对于人才培养的考虑较少。

再次，从科研环境来看，还存在一些对科技人才发展和培养不友好的地方。一是科研人员收入较低，这导致我国最优秀的应届生大多进入了金融行业、投资领域而不是科技领域。在高考志愿填报中，最受高考状元们欢迎的专业包括计算机、经管和金融；毕业后选择就业职位时，即使清华大学理工科毕业生的首选也是金融投资，而不是科学研究。二是我国科研经费使用中重物不重人现象严重，资金可以大量用于科研设备、资料等的购买上，但是不能大量用于人员身上。根据经济合作与发展组织（OECD）的统计数据，我国研发经费中用于人员的经费所占比例仅为 28%，不仅远低于美国（66%）、法国（61%）、德国（60%）、日本（38%）、韩国（43%）等发达国家，也远低于俄罗斯（55%）和南非（57%）等发展中国家。三是我国高校和科研机构对人员的评价周期相对较短且重视量化指标，绝大多数的考核周期是一年一次，考核最看重的指标仍是论文发表的期刊类别、数量以及科研项目级别和经费数量，这导致多数科研人员倾向于选择容易出成果、发论文的跟踪性、重复性、修补性的研究，而不是潜心专注于某个问题，长期持续开展研究。四是科研管理程序复杂，导致科研人员把大量的时间用于琐碎的项目管理上，而真正用于研究的时间大大缩短。

▶ 对策建议

当前，针对我国的科技人才培养问题，习近平总书记提出，要"全方位培养、引进、用好人才""走好人才自主培养之路""加快建设世界重要人才中心和创新高地"。为此，我们亟须加强高素质科技人才的自主培养。值得注意的是，人才自主培养并非封闭环境下的自主培养，而是开放环境下的自主培养，是根据国际科技发展形势需要、围绕我国发展需求而进行的科技人才培养，是立足于国内资源并尽可能利用国际科技资源而开展的人才培养。对新形势下我国高素质科技人才自主培养的具体建议包括以下几个方面。

一是从国家战略高度对 STEM 教育进行顶层设计。要改变我国当前仅把 STEM 作为一种教育体系内部理念的现状，从国家战略高度对其进行顶层设计。建议国家科技领导小组牵头，科技部、教育部、工信部、发改委等相关部委联合研究制定 STEM 教育战略，加大资源投入，加强对创新精神、批判精神等的培养，减少对知识、数字熟练程度等机器更具优势的能力的培养；要设计完整系统的培养方案，根据学生不同年龄段的特点，设计适当的课程内容和教学方式，保证人才培养的连续性；针对科学教师数量严重不足的问题，要制定 STEM 教师发展指南，增加合格 STEM 教师的数量；向学生传输科学研究要有益于人类社会的观念，要让"负责任的科学研究"理念植根于学生内心；创新培养方式，鼓励高校与科研机构或企业联合培养学生，将工作领域需要的知识与技能融入学校课程之中，让学生从单纯的知识学习者转变为问题解决者。

二是塑造良好的环境，吸引更多优秀人员进入科研领域并能够潜心开展研究。改变科研经费中重物不重人的现象，增加科研经费中对人的资助比例，合理合法地增加科研人员的收入，让科研成为一个有吸引力的行业，吸引更多优秀人才进入科研领域；适当拉长科研项目的资助时限和周期，探索对优秀项目的连续资助机制；完善科研人员评价指标，落实代表作评议，探索国际同行评议，鼓励科研人员把重点放在开展高质量原创研究上；完善和落实以信任为前提的科研经费管理机制，优化科研管理流程，简化程序，最大限度降低对科研活动的干扰，让科研人员把宝贵的时间用于科研活动本身。

三是完善对青年科研人员的培养和使用。加大对青年科研人员的支持力度，探索灵活、多样的培养和使用模式，加快将其培养成为卓越的科技人才。第一，针对青年科研人员职业生涯不同阶段出台相应资助计划，包括从导师指导下的计划到职业生涯过渡计划再到独立开展研究的计划；第二，增加对青年科研人员的资金支持，提高其申报项目的成功率，并加大对青年人才的持续性经费支持，从而避免其因缺少科研经费而沦为其他科研人员附庸的情况发生；第三，改变对青年科研人员的短期考核和评价机制，建议将考核和评价周期延长至5年，给予其较为稳定的科研环境，让其在最富创造力的阶段把时间和精力放在原创性、高回报的研究上。此外，要高度重视顶尖科学家在培养青年科研人员中的作用，要通过设立项目、实验室、研究小组等方式，让顶尖科学家对优秀青年科研人员给予研究方向、研究方法等方面的指导，让优秀青年人才尽快成长为卓越科技人才。

参考文献

[1] Catherine Jewell, Economics and Statistics Division, WIPO. The Global Innovation Index 2014: The Human Factor in Innovation[R/OL]. (2014-8-13)[2021-12-25].https://www.globalinnovationindex.org/gii-blog/2014/global-innovation-index-2014--the-human-factor-in-innovation--b117.

[2] IBM Research. Science & Technology Outlook 2021[R/OL]. (2021-01-12)[2021-12-25].https://research.ibm.com/downloads/ces_2021/IBMResearch_STO_2021_Whitepaper.pdf.

[3] Committee On Stem Education Of The National Science & Technology Council. Charting a Course for Success: America's Strategy for Stem Education[N]. The Physics Teacher,2019(57): 126. https://doi.org/10.1119/1.5088484.

[4] The Scottish Government. Science Technology Engineering Mathematics Education and Training Strategy for Scotland[R/OL]. (2017-11-06)[2021-12-25].https://dera.ioe.ac.uk/30414/1/00526536_Redacted.pdf.

[5] Department for Employment and Learning.Success through STEM : STEM strategy: in response to the "Report of the STEM Review": helping to empower future generations through science, technology, engineering and mathematics to grow a dynamic, innovative economy[R/OL]. (2012-07-03)[2021-12-25]. http://dera.ioe.ac.uk/id/eprint/10407.

[6] 宿庆,张文兰,夏小刚,等.服务于人才培养的STEM教育——《制定成功路线：美国STEM教育战略》的解读与启示[J].现代教育技术,2020,30(01):114-120.

[7] 隆云滔,李怡洁.提升数字技能的世界经验及对我国的启示[R/OL].(2021-07-13)[2022-10-25].http://www.xj.gov.cn/info/10701/71247.htm.

[8] National Institutes of Health. Mentored Research Scientist Development Award[R/OL].(2020-05-06)[2021-12-25]. https://grants.nih.gov/grants/guide/pa-files/PA-19-126.html#:~:text=The%20objective%20of%20the%20NIH%20Mentored%20Research%20Scientist,behavioral%20or%20clinical%20sciences%20leading%20to%20research%20independence.

[9] 李奋生.华裔诺贝尔自然科学奖得主的获奖因素及启示——基于拔尖创新人才培养的思考[J].科技创业月刊,2014,27(10):14-17.

[10] 窦林.诺贝尔物理学奖获得者的合作与传承[J].物理教师,2016,37(06):75-79.

[11] 程如烟.各国高端科技人才资助计划管理浅析[J].世界科技研究与发展,2012,34(01):178-180.

[12] 周建中,徐芳.打造新时期青年科技人才脱颖而出的制度与环境[J].中国科技人才,2021(02):1-7.

[13] 王金花.德国高层次科技人才开发政策和措施[J].全球科技经济瞭望,2018,33(07):5-10.

［14］National Science Foundation. Science and Engineering Indicators 2020[R/OL].(2020-01-15)[2021-12-25].https://ncses.nsf.gov/pubs/nsb20201/.

［15］科睿唯安. 2021年度全球"高被引科学家"名单[R/OL].(2021-11-15)[2021-12-25].https://clarivate.com/highly-cited-researchers/.

［16］Daniel Castro, Michael McLaughlin, Eline Chivot. Who Is Winning the AI Race: China, the EU or the United States?[R/OL].(2019-08-19)[2021-12-25].https://datainnovation.org/2019/08/who-is-winning-the-ai-race-china-the-eu-or-the-united-states/.

［17］Sheehan Matt. Chinese AI Talent in Six Charts[R/OL].(2019-06-04)[2021-12-25].https://www.strategicstudyindia.com/2019/06/chinese-ai-talent-in-six-charts.html?m=0.

［18］薛姝, 张文霞, 何光喜. 从科研人员角度看当前我国基础研究存在的问题[J]. 科技中国, 2021(10):1-4.

生态视角下科普高质量发展路径研究

"科普生态体系调查研究"课题组

（执笔：王丽慧　尚甲　李思琪）

科普生态是各类科普参与主体通过良性完备的机制，实现高效协同，开放共享，共建共赢，以推动科普迈上高质量发展新台阶的复杂体系，是一个地区科学普及高质量、高效益、可持续发展能力的综合体现。从生态学的角度看，任何一种有机体都必须依赖周围的生物或非生物，同周围环境进行物质交换才能处于稳定的平衡状态，科普也是如此。科普作为经济社会发展的重要构成部分，涉及多类主体，并与社会环境形成互动，并非单一的存在，而是处于多层次、复杂的系统中。

习近平总书记指出："科技创新、科学普及是实现创新发展的两翼，要把科学普及放在与科技创新同等重要的位置。"面对新时代、新机遇、新挑战，真正实现科普与科技创新同等重要，需要变革科普理念与方式，以深化科普供给侧改革为重点，提升科普产品水平和服务供给能力，不断满足公众多样化多层次的科普需求，持续提升公众的科学素质，以高素质创新大军服务经济社会发展。为实现上述目标，需要形成多元主体参与的、共建共治共享的现代科普治理体系，激发全社会的创造智慧和创新热情，提升科普产品和服务能力，推动科普高质量发展。

▶ 科普生态构成要素及运行机制

科普涉及参与主体、政策、机制、环境等多方面的内容。建设良性科普生态，就是基于对科普主体、科普机制、科普环境、科普效果等层面相关要素的充分认识，把各构成要素间通过作用机制形成的组合关系看作一个有"生命"活力的生态系统。

科普生态的结构如图3-4所示：核心层由科普工作的主体构成，主要是提供高质量的科普产品和服务供给；支持层为科普的运行机制，主要为支撑科普的供给、组织动员和统筹协调；环境层是影响和支撑科普发展的综合社会因素，包括政策环境、社会环境、公众态度等；效果层既是科普的最终目标，也是建设良性科普生态的意义所在。

图3-4所示的系统中包括科普所涉及的基本要素，从政府、科学共同体、企业、媒体等主体，到支撑科普运行的科普的资源建设、组织动员、统筹协调等运行机制，再到影响科普的环境，构成从供给到产出的复杂系统。

科普生态中主体是核心要素，相当于生态环境中的物种、种群，是生态中最活跃的要素，除政府力量外，科普生态主体还应包含广泛的社会主体、如市场化的企业主体、专业化的高校、科研院所，以及肩负传播责任的媒体，更重要的是原本作为科普受众的公众，在科普生态中的角色也应升级为

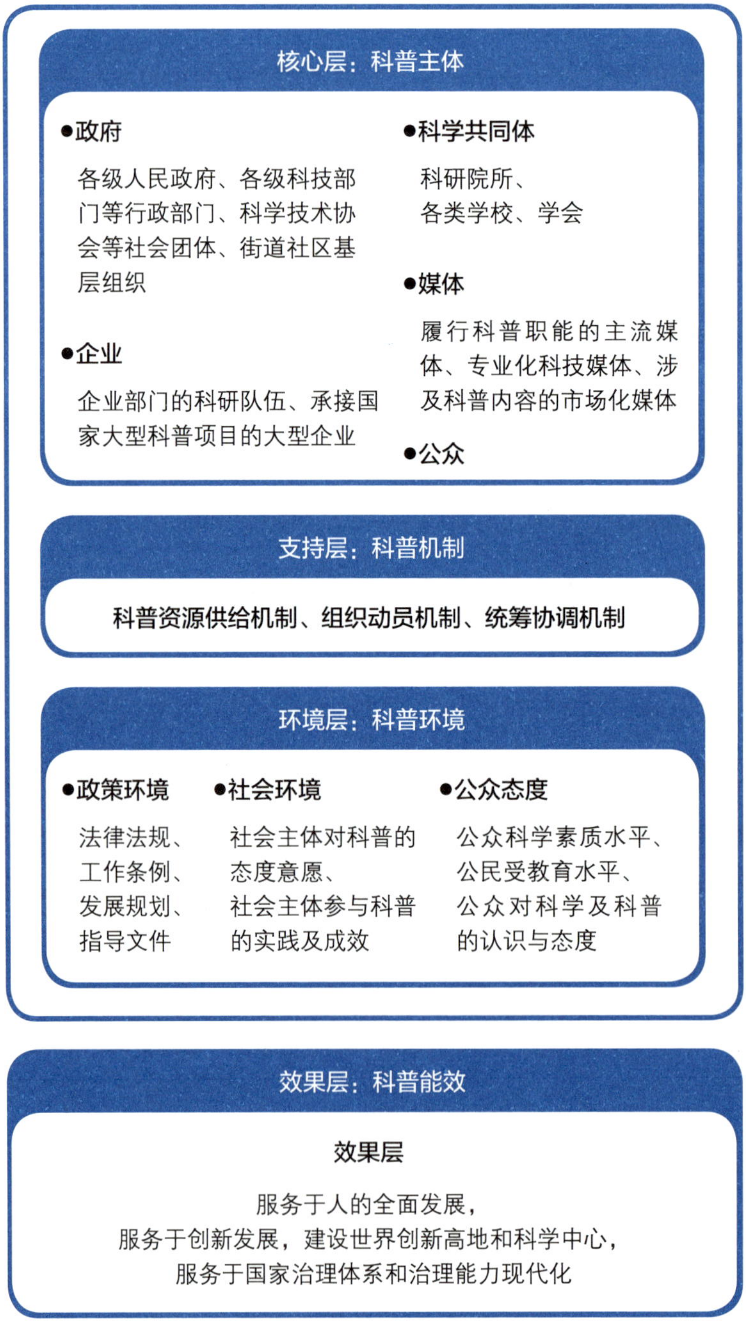

核心层：科普主体

- **政府**
  各级人民政府、各级科技部门等行政部门、科学技术协会等社会团体、街道社区基层组织

- **企业**
  企业部门的科研队伍、承接国家大型科普项目的大型企业

- **科学共同体**
  科研院所、各类学校、学会

- **媒体**
  履行科普职能的主流媒体、专业化科技媒体、涉及科普内容的市场化媒体

- **公众**

支持层：科普机制

科普资源供给机制、组织动员机制、统筹协调机制

环境层：科普环境

- **政策环境**
  法律法规、工作条例、发展规划、指导文件

- **社会环境**
  社会主体对科普的态度意愿、社会主体参与科普的实践及成效

- **公众态度**
  公众科学素质水平、公民受教育水平、公众对科学及科普的认识与态度

效果层：科普能效

效果层

服务于人的全面发展，
服务于创新发展，建设世界创新高地和科学中心，
服务于国家治理体系和治理能力现代化

图 3-4 科普生态的结构

参与主体，影响科普运行的各方面和各环节。

科普运行机制保障各主体间的协调合作和整个科普体系的顺畅运转，科普资源供给机制对于整个科普生态运行体系的作用在于引导各方主体发挥资源优势，提升供给侧的科普生产能力、科普支撑能力和科普服务能力。组织动员机制对于整个科普生态运行体系的作用在于以合理的制度和举措激发各主体的积极性和创造性，各级政府做好组织、协调和投入保障，高校、科研院所、企业等发挥活力，形成协同推进工作模式。统筹协调机制对于整个科普生态运行体系的作用在于依据实际情况对科普工作进行规划谋篇，保证决策的科学性和精准性，协调各方责任，发挥各方优势。

科普环境是指科普事业高质量发展所依托的社会氛围，主要表现为政府支持力度、社会主体参与力度和公众的认知与态度。同时，科普方面的法律法规、事业发展规划和事项决定通知等各级政策，各类社会主体对科普事业的认识和参与意愿，以及公众对科技发展和科学普及的理解，均关系到科普的变革升级是否有一个良好的软环境。

综上，各主体积极参与，依托良好的社会环境，通过完善的机制高效协同、共建共享，形成动态、开放、共赢的科普生态，最终实现科普服务于人的全面发展、服务于创新发展、服务于国家治理体系和治理能力现代化的目标使命。

▶▶ 建设良性科普生态面临的问题

首先，从社会环境来看，存在社会主体参与科普的意愿不强、能力有限、效果不佳等问题。人民论坛杂志社与中国科普研究所开展的"科普生态体系调查"结果显示，一是公众的主体意识仍有待提升，缺乏自主内生动力。公众的管理依赖性较强，共建参与意识较弱，倾向于认为培育良好科普生态是政府的事情，"国家投入"被公众视为影响科普的最关键因素。二是部分科技工作者投身科普的积极性不够，或科研和管理任务繁重令其不得不集中精力完成纳入绩效考核机制的工作内容，没有精力参与科普工作。精力投入不足、科普能力不足以及物质激励不足是制约科技工作者参与科普的最大障碍。部分相关单位尚未建立起有效的科普工作激励引导机制，缺乏方式手段上的创新，客观上存在组织不够、经费不足、缺乏专人负责等情况，这些都严重制约和影响了科技工作者参与科普工作的积极性。三是大部分媒体从业者认为媒体能否有效实现科技内容的有效传播，取决于多因素共同配合，特别是单位领导的重视程度，且受访媒体单位均表现出对于"专业科普人才"的需求。

其次，从公众态度来看，部分公众对科普的相关认知不清晰，态度评价较为负面，行为倾向上表现为参与科普的行为不充分。一是公众自主了解科技知识与参观科普场馆的兴趣缺乏、动力不足。二是公众对现有科普基础设施认知不清晰、评价较低。三是公众对社区科普服务价值的认同度与实际社区科普服务供给不匹配。四是公众的科普消费需求在市场上难以得到充分满足，具体表现为品类不够多元、内容不够优质、定价不够合理。五是公众对当前获知科普内容的渠道信任不足，普遍认为当前科普环境存在着丰富度不够、权威性不足、真实性不高等问题。

最后，从科普生态的整体运行来看，科普供给侧与需求侧匹配度不足导致科普整体效率没能充分发挥。一是在公众获取科技信息的渠道方面，通过移动社交媒体了解科技知识成为公众的首选；在公众对各渠道获知科普内容的信任度上，相较科研机构发布、专业媒体报道等渠道，公众对自媒体发布的科技内容信任度最低，媒体流量为王的认知判断已经不符合公众对高质量科普内容的期待。二是作为科普主力军、科技事业领航者的科学家群体存在自身角色认知与公众期待难以调适的现实状况，科学家仅专注于科研工作已经不符合公众视角下科学家角色的定位，公众认为科学家做科普才是"专业的人做专业的事"。三是公众参与科学缺乏有效的组织和参与机制，在实践层面上主要体现为缺乏参与效果反馈，导致参与有效性较低，进而降低公众参与意愿。

生态视角下科普高质量发展的路径

第一，进一步推进科普资源建设。一是提升科技资源的科普转化功能，鼓励各类实验室、重大科技基础设施和创新创业基地等开展面向社会的科普活动，把握公众对科普服务精准化的需求，支持和指导高校、科研机构、企业、科学共同体等利用科技资源开展科普工作。二是完善科普产品及服务市场化机制，大力发展科普产业，在政府引导下逐步建立由市场配置资源的良性产业体制，出台政策规范，保障科普产业健康成长，依托各类新技术创新培育新兴科普产业业态，推动科普产品及服务多元化发展。三是提高企事业单位和个人创作开发科普原创作品的积极性，动员科技工作者开展创作、教育、传播、推广和宣传等科普工作。四是宣传、网信部门加强对媒体科学传播行为的引导与规范，推动科学家与各类媒体的良性互动，整合利用好流量倾斜以带动专业化高质量的科普创作。

第二，进一步完善科普参与主体的动员及激励机制。对于科技工作者，完善科研人员与教师参与科普工作的管理机制，设立相关的绩效奖励、职称加成等奖酬机制，通过体制机制创新保证其精力和时间支配，充分释放其科普主动性和创造力。对于科普工作者，重视专业人才的培养，为全职从事科普工作的人员设置必要的职称晋升通道，设立科普工作奖项，加强舆论宣传，提高科普工作者的社会地位，提升科普工作的社会认同程度。对于企业，合理规划、科学布局科普产业发展方向，加强市场调查和需求刺激，加大贷款贴息、税收减免、政府补贴等优惠政策力度。对于自主开展科普的社会组织和个人，给予税收减免、审批简化、优先合作等优惠支持。

第三，进一步优化政策制度和社会环境。推进落实科技决策前的协商制度，加强政府与各社会主体的交流，理解、倾听其利益表达与价值诉求，将各社会主体有机纳入相关决策流程中，例如增加政府听证问询，市场化主体将受众调查作为产品创新的必要前提等。改善科普社会环境，着力畅通科普各个环节对话机制，接洽资源、共建平台，实现产品和资源的最优化，从社会实际需求出发，加强对各类科普主体供给侧内容创作与渠道展现的培训和指导。充分发挥科协组织、科研院所、学会等科学共同体的资源优势，打造科普领域权威智库，在科普的供给升级、需求研判、理念方式变革等重大议题上做好智力支撑，为科普高质量发展营造良好的氛围。

参考文献

［1］人民日报评论员.全国科技创新大会两院院士大会中国科协第九次全国代表大会在京召开 习近平发表重要讲话[N].人民日报,2016-05-31(1).

［2］中国科学技术协会.全民科学素质行动规划纲要（2021—2035年）[M].北京：人民出版社,2021.

第四章

数字技术与国家治理的融合转型

  加快推动国家治理体系和治理能力现代化是党中央积极适应新形势新要求提出的时代命题。大数据与人工智能技术的深化应用使得政府知识复用的条件渐趋成熟,为数字政府的智能化治理奠定了基础。积极推动我国国家治理的智能化转型,必须主动提高智能治理的法治性、人文性、标准性和国际引领性。

构建文明型智能治理：占据新时代国际智能治理制高点

杨立华

北京大学政府管理学院公共政策系主任、长聘教授、博士生导师，北京大学公共治理研究所学术委员会副主任、国家治理研究院研究员、国际公共管理研究会副会长

▶ 导言

随着现代信息技术飞速发展，人类进入前所未有的数字时代、大数据时代，甚至智能时代。习近平总书记指出，当前，以互联网、大数据、人工智能等为代表的现代信息技术日新月异，新一轮科技革命和产业变革蓬勃推进，智能产业快速发展，对经济发展、社会进步、全球治理等方面产生重大

而深远的影响。新技术革命为人类开辟了物质世界、精神世界之外的第三世界，即数字世界，并使三个世界互联互通。相应地，人类社会需要在治理上不断以信息化、数字化、智能化适应和满足时代要求，加快数字治理、数据治理和智能治理等的建设。本文主要集中讨论智能治理，即利用信息技术等实现治理的自动化、能动化以及相对的自我学习和改进。智能治理作为一种新型治理方式确实为人类带来了诸多益处，它不仅提高了治理的便捷性、高效性和可行性，也使许多过去很难或无法做到的事情通过数字建模等方式在现在得以实现。然而，任何事物都具有正反两面性，智能治理在带来诸多益处的同时，也必然可能带来弊端，而这恰是我们在享受智能治理益处时必须诚实面对并着力解决的问题。尤其是，只有更好地避免、控制这些弊端或者相对减轻其负面影响，我们才能更好地享受智能治理的益处。否则，如果放任这些弊端发展，则可能导致在采用、进行智能治理时弊大于利，甚至出现智能治理的"异化"，这样反而背离了人类追求智能治理的初衷。这是我们必须高度重视的问题。

智能治理在本质上是一种以科学技术为驱动或导向的治理，本文将从技术导向的智能治理所内含的几对天然矛盾、推进智能治理过程中需审慎对待的几个重要问题以及如何通过建设文明型智能治理来解决这些问题等方面依次进行论述。

▶ 技术导向的智能治理内含的几对天然矛盾

以科学技术为驱动或导向的智能治理天然包含科技这把"双刃剑"所带来的益处和弊端。因此，我们在积极追求并推广智能治理的时候，应该同时甚至提前对可能产生的弊端及负面影响有所察觉，并尽力预防、规避或降低，以便更好、更持续地享受智能治理带来的诸多好处。智能治理内含天然矛盾，而智能治理的益处和弊端正源于其天然矛盾并与之相伴相生，对智能治理的不断完善尤其是对本文所提出的文明型智能治理而言，最重要的矛盾包括以下六对。

开放和隐私的矛盾。智能治理的前提是信息化、数字化，只有信息化和数字化才能为智能治理的智能提供最基本的信息条件。但是，信息化和数字化也带来了管理客体尤其是个人相关信息的开放化、透明化，这种开放化、透明化如不加管制引导而任其无限发展，势必会影响甚至侵犯个人隐私或相关权利。例如，基于大数据或其他智能化方式的各种数据信息的收集和共享，确实为治理的智能化提供了诸多新便利和新可能，但是，这些被收集的信息一旦被非法使用，就极易侵犯公民个人隐私权等基本人身权。如何有效处理这一问题，是当下我国智能治理所面临的一项重大挑战。

控制和自由的矛盾。从现代科学的角度来讲，智能治理作为一种技术治理，其更好地发挥作用的前提事实上依赖于其对各种治理环境以及治理主体、客体、工具和方式等的控制程度，并且其实现的可控制程度越高，智能化治理的水平也就越高。然而，智能治理所要求的这种可控制性也可能被使用或掌控智能治理的主体（包括人）用来实现其对治理对象（包括人）的控制，而显然这种控制可能会损害治理对象（包括人）的相关权利和自由。例如，现在名目繁多的智能化追踪，通过对人的行为的有效监控，增强了智能化治理的可能性和有效性，然而一旦使用不当，也可能会侵犯被监控人的隐私，限制或影响被监控人的合理、合法行动，甚至可能会被不法机构或个人利用，进行违法犯罪活动。

科学和权利的矛盾。智能治理作为一种以科学技术为驱动和导向的治理，其科学性往往被人们所倚重，并被上升为人们所认可和追求的现代价值，从而导致过于强调其工具理性而忽视其价值理性。事实上，智能治理在带来治理的科学性以及因治理的科学性而衍生的诸多好处的同时，往往会因其科学性而侵犯人的某些基本权利。例如，在2019年发生的南京建邺区环卫工人"手环事件"，就曾引起争议和讨论。在这一事件中，智能手环不仅可以显示时间、通话和定位，还可以在环卫工人工作期间原地停留20分钟时自动发出"加油"的语音，提示环卫工人继续工作。这不仅是管理人性化和人文化的问题，还涉嫌侵犯他人隐私权所包括的多项基本权利。

技术和人文的矛盾。这种矛盾源于人的需求的多样性。虽然智能治理因其技术性可以给人类生活带来诸如便利、快捷、更多可能等好处，但是技术性带来的好处也可能是以牺牲人的生活的人文性和精神性为代价的。也就是说，智能治理可以随着技术进步不断完善而使我们的生活更加便捷，但是也可能因为技术性而使我们失去以往生活中某些传统的人文性和精神性幸福。

便捷和安全的矛盾。作为一种治理方式，智能治理确实可以为人类带来诸多便捷，但由于智能治理在本质上是一种技术治理，必须依靠技术产品或手段来实现，而技术产品或手段则隐含着因产品质量、产品技术等不足或不适而给个人、社会甚至人类整体安全带来负面影响的可能（包括对人身健康、环境等多方面的负面影响）。例如，各种人工智能产品或手段可能会因材料问题、性能问题或功能问题等对相关人士造成人身伤害；人工智能产品或手段可能会落入不法分子之手，被利用并威胁、危害他人、社会甚至人类整体的安全。在人工智能所涉安全问题上，著名物理学家斯蒂芬·霍金曾明确警告，"人工智能的全面发展可能导致人类的灭绝"。因此，对人工智能的治理，也是智能治理的应有之义，应予以加倍重视。

效率和幸福的矛盾。技术导向的智能治理固然可以大大提高治理效率，而效率也可以被看作是现代社会相对于传统社会的一个基本特征。一方面，高效率极大地改进了人类社会，改善了人类生活，避免了因低效而产生的诸多困难和痛苦，提高了人类的幸福感；但另一方面，效率对人类幸福感的提升并不总是线性和正向的，在很多情况下，效率可能使人类丧失从前"低效"生活的某些幸福，也可能成为绑架人类不断无目的前进的帮凶。例如，现在社会生活的快节奏无疑是技术效率的结果，而智能治理将进一步提高这一效率。然而，过于高效率的生活不仅可能使人感觉压力巨大，也可能在很多方面降低生活的幸福感。

▶ 推进智能治理过程中需审慎对待的几个重要问题

从上述智能治理所包含的天然矛盾可以看出，智能治理在为人类社会带来便利、效率等益处的同时，也有可能出现弊端，这些弊端主要是对个人、群体而言。如果在智能治理的运用和推进过程中对其内含的天然矛盾不加以足够重视、协调和引导，则可能出现超越个人或群体的更大范围、更高层面的消极后果。

审慎对待西方社会对技术专权的刻板印象与偏见。正因为没有严格或合理限制规范的技术治理可能会带来诸多弊端，因此从整体上看，国际话语和学术体系对技术在国家和社会治理中的应用一般保持比较高的敏感性和警惕性，持质疑态度者的一大顾虑就是新技术治理可能带来相对集权或专权的结果。智能治理比一般技术治理更为先进、作用影响更大，持质疑态度者对其也就抱有更高的敏感性和警惕性。因此，如果我们在全面推进智能治理前，不能很好地消除这些疑虑，就可能会使很多人，尤其是西方社会的很多人对我国智能治理产生误解，从而盲目、偏颇地认为智能治理必然会以侵犯人的隐私、自由等权利为代价，以致加深对我国国家治理的刻板印象与偏见，影响我国的国际形象。

审慎对待智能治理的天然矛盾，能更好地促进我国智能企业业务的国内外推广。由于智能治理所包含的天然矛盾以及没有严格或合理限制和规范所可能出现的弊端，国际上不乏对我国智能治理相关技术与产品的抗拒，加之以美国为首的西方国家对我国高科技的政治打压，极大地影响了我国智能企业技术、产品与相关业务的国际推广，制约了智能治理相关企业全球发展战略的实现。这一点，从美国和欧洲一些国家最近几年对我国华为、大疆等高科技企业无所不用其极的打压和限制中可见一斑。

审慎对待将智能治理固有矛盾与政治体制相关联的倾向。改革开放以来我们取得一切成绩和进步的根本原因，归结起来就是：开辟了中国特色社会主义道路，形成了中国特色社会主义理论体系，确立了中国特色社会主义制度，发展了中国特色社会主义文化。中国特色社会主义政治制度是我国在各方面取得伟大成就、国际地位不断提升的基本政治保证和制度保障。然而，由于我国制度与西方制度具有本质差异，加之西方国家固有的偏见，导致西方社会对我国制度的认同具有难度，进而可能影响我国国际战略，影响开创全球开放合作新局面。在我国独特的政治体制下，智能治理可以为推进国家治理体系和治理能力现代化提供"精兵利器"，但是，恰恰因为智能治理的高效性，也可能使很多本来就对我国政治体制存有偏见以及易受影响的人，将智能治理的一些固有矛盾想当然地看作是我国政治体制的固有弊端,并胡乱猜测、乱加指责。这不但会影响我国的国家形象,而且会影响我国在双边、地区、全球层面开展广泛合作。

审慎对待西方社会将智能治理上升为"文明冲突"的倾向。美国政治学家萨缪尔·亨廷顿曾经提出著名的文明冲突论,强调不同文明之间在根本上的不可调和的冲突性。这种极端性论断当然有待商榷,这与中华文明历来所强调和主张的"和而不同"的价值观截然不同。我们还是要坚持如费孝通先生所提出的不同文明之间应"各美其美、美人之美、美美与共、天下大同"的包容性主张。只有在各种文明相互间的交流互鉴中,才能真正实现习近平总书记所强调的"让世界文明百花园群芳竞艳"。智能治理在推进我国国家治理体系和治理能力现代化的同时,也将成为中华文明的一部分。鉴于智能治理的上述天然矛盾和可能带来的问题,如果我们不能积极、有效地预防或处理,就可能使其他文明,尤其是西方文明,在评价中华文明时,拿对智能治理的批评、批判做文章,把其天然矛盾偷梁换柱,无限上升为对中华文明的批评、批判,进而影响中华文明的国际形象及其国际吸引力、影响力和竞争力。

▶ 文明型智能治理建设的基本路径

鉴于智能治理本身包含的天然矛盾,且若无有效的规范引导可能带来的弊端及更大的消极后果,因此,我们在积极推动智能治理的同时,甚至之前,就应该真正意识到这些问题,并通过多种路径或措施确保可以有效控制乃至解决其天然矛盾，以避免出现更大的消极影响；同时，我们也要通过积极构建文明型智能治理占据国际智能治理制高点，以更好地推动智能治理的应用和发展，并使智能治理更好地为我国国家治理体系和治理能力现代化服务，为早日实现中华民族伟大复兴的中国梦服务。所谓"文明型智能治理"，在本质上就是要让智能治理变得更加符合人类的需要和需求，更加符合人类的整体和长远利益，更加具有人文性和文明性，其主要构成集中体现在以下六个方面。

加强智能治理相关法治建设，构建法治型智能治理。智能治理所内含的天然矛盾需要国家乃至全球建立完备、严密的法律法规体系来有效引导控制，规约其使用和推广。只有这样才能真正保证在发挥智能治理优势和益处的同时，更好地保护公民的隐私、自由等权利，更好地提高智能治理的人文性，更好地保证智能治理的安全、健康发展和其对人们生活幸福感的有效促进。所有这些，在整体上都要求我们必须积极加强智能治理的法治建设，真正建立现代化的法治型智能治理。习近平总书记在中国科学院第二十次院士大会、中国工程院第十五次院士大会、中国科协第十次全国代表大会上的讲话中也明确指出："科技是发展的利器，也可能成为风险的源头。要前瞻研判科技发展带来的规则冲突、社会风险、伦理挑战，完善相关法律法规、伦理审查规则及监管框架。"

加强智能治理的人文引领，构建人文型智能治理。本质上是技术治理的智能治理的一个突出特征就是缺乏人文性。为避免智能治理的这一弊端，必须加强智能治理的人文功能，提高人文关怀和人文引领，通过人文治理引领智能治理，真正建立起人文型智能治理。只有真正建立了人文型智能治理，才能在更好地发挥智能治理的科学治理和技术治理的优势和特长的同时，减少其对人文的忽视和损害，避免导致治理的偏颇、走样和失灵。北京市海淀区城市大脑建设过程中，其"海淀城市大脑智能运营指挥中心"的设计思路就是"简洁、环保、人文、智慧"，可见人文在智能治理中的重要性已经开始得到重视。但是，怎样才能使认识真正落地，真正实现具有丰富内涵和形式的人文型智能治理，才是更为关键的问题。习近平总书记提出："要深度参与全球科技治理，贡献中国智慧，塑造科技向善的文化理念，让科技更好增进人类福祉，让中国科技为推动构建人类命运共同体作出更大贡献！"

加强智能治理的民主参与，构建民主型智能治理。技术导向的智能治理本身具有机械性、控制性等特征，可能损害治理的人文性和人的基本权利，若其被掌握智能治理技术、系统和体系的管理者异化使用，如加强对被管理者的监控和控制等，就可能导致更大范围的问题，甚至危害整个国家、社会乃至人类的广泛利益。为此，要限制甚至杜绝智能治理的相关弊端，就必须加强智能治理的民主性，不仅要在智能治理的开展过程中更好地保障人的隐私、自由等相关基本权利，而且应该扩大不同主体在智能治理各领域、各层次、各时段的系统性、多样性参与、监督和制约，从而建立真正的民主型智能治理。只有真正建立了民主型智能治理，才能更好地防止智能治理可能导致的过度控制、专权、专断或专制风险，才能更好地让智能治理为人民、国家、社会、民族，乃至全人类服务。

加强智能治理的安全性、环保性和健康性，建设安全、环保和健康型智能治理。智能治理包含着安全、环保和健康问题，因此要建设更加友好和符合人类根本利益的智能治理，必须从多方面积极加强智能治理的安全性、环保性和健康性，建设安全、环保和健康型智能治理。所谓安全就是要避免对人类个体或群体的身体、生命、健康等产生危害；所谓环保就是更具体到对环境的影响，要避免对个体、自然、社会环境的污染和破坏；所谓健康则是更具体到对生命的影响，要保证不仅不对个体和群体的身体、心理健康等产生威胁或危害，而且可以更好地促进个体和群体各方面的健康。因此，要建设安全、环保和健康型智能治理，不仅要关注智能治理对公民个体和群体的身体和心理等各方面的影响，也要关注其在个体、群体、社会、国家、人类整体等不同层级的影响，还要关注其在不同时间段的影响。同时，需要通过建立融合纵向（不同层级）和横向（不同部门或社会主体）两个体系的整体性监管和促进机制来保证智能治理的安全性、环保性和健康性的持续提高。

始终坚持智能治理"以人民为中心"的根本原则，建设人民型智能治理。当前智能治理在很多情况下基本由政府主导。正因如此，智能治理可能基于政府的立场、角度，由政府的需求和需要驱动。这就导致智能治理可能在某些时候、某些范围脱离人民立场，忽视人民的需求和需要，甚至背离人民利益，而这显然与我们党和政府全心全意为人民服务的宗旨相违背。对此，我们应当高度重视。例如，一些政府部门开发App或智能管理系统，或是为了应付完成上级部门下达的相关任务，或是为了展示政绩，或是为了和其他部门或地方竞争，而并未真正从人民实际的需求出发。推出后利用率不高或弃置不用，造成极大浪费。因此，智能治理必须真正实现从"以政府为中心"向"以人民为中心"的转变，真正实现从人们的需要和需求出发规划、决策和执行，真正实现为人民服务的目的。同时，要通过各种措施和方法积极赋权人民、赋能人民，大力提高人民的参与度和主导度，努力建立真正的人民型智能治理。只有真正建立了人民型智能治理，才能真正保证智能治理的人民立场。

引领制定智能治理国际标准，建设标准型和国际引领型智能治理。要有效改变我国在积极推动智能治理时可能会遭遇的被动局面，就必须采取更加积极有为和主动出击的措施，在积极推动建设法治型、人文型、民主型、安全环保健康型、人民型智能治理的同时，也要立足国际智能治理制高点，积极引领制定智能治理的国际通用标准。以最高的国内和国际标准来规约国内智能治理，积极建立标准型智能治理，并以此标准引领、推动国际智能治理发展，进而建立国际引领型智能治理。如此，不仅可以改变我国在智能治理的国际舆论方面长期被动应付的局面，使很多有关我国智能治理的谣言和污蔑不攻自破，而且可以变被动为主动，通过主动出击和制定高标准，占据新时代国际智能治理制高点，为我国智能治理企业的发展和相关产品、技术的国际推广，为我国国际倡议的实现，为党和国家国际形象的建立，以及为实现中华民族伟大复兴的中国梦提供更多助力。

综上所述，只有文明型智能治理，即法治型、人文型、民主型、安全环保健康型、人民型、标准型和国际引领型智能治理的综合体，才能真正控制或消除智能治理作为技术治理的固有矛盾，才能有效控制其可能出现的消极作用甚至更大的负面影响，从而更好地发挥其优势，更好地为我国国家治理体系和治理能力现代化，为早日实现中华民族伟大复兴的中国梦服务；也只有文明型智能治理，才能够让我们真正站在新时代智能治理的制高点，尤其是国际制高点，引领国际智能治理的推广、发展和进步，为构建人类命运共同体和国际社会治理服务。

当然，要建立真正系统的文明型智能治理，除了上述内容，也必须从构成文明的不同组成部分，例如文化、价值、制度、行为、器物等多个层面，全层次、全方位加以构建。具体而言，就是要构建文化文明型智能治理（例如和中华文化契合的智能治理）、价值文明型智能治理（例如和社会主义核心价值观吻合且更能促进其发展的智能治理）、制度文明型智能治理（例如通过制度文明建设加强智能治理，并通过这一治理促进制度文明的进一步发展）、行为文明型智能治理（例如要积极规约各种智能系统、产品等的不文明行为，倡导和推行相关文明行为）、器物文明型智能治理（例如智能治理相关器物应该包含文化和文明元素，显示文化和文明精神，并加强智能治理的文化性和文明性）。作为文明型的智能治理，内要和中华文明、中国历史文化和传统等相契合，外要和人类文明、人类历史文化和传统等相适应。所有这些，应是文明型智能治理的应有之义。

▶ 结语

数字技术的快速发展，使得人类社会加速进入了物质世界、精神世界和数字世界并存的三元共生世界。在此世界当中，加快推进智能治理，既是时代发展的要求，也是推进我国国家治理体系与治理能力现代化、在国际治理中赢得主动的重大机遇，将为早日实现中华民族伟大复兴的中国梦提供新助力。但是，技术导向的智能治理包含着天然矛盾并可能带来弊端和消极影响。因此，要积极适应以互联网、大数据、人工智能等为代表的现代信息技术日新月异的发展，要积极推动我国国家治理的智能化转型，就必须主动加快建设文明型智能治理，提高智能治理的法治性、人文性、民主性、安全环保健康性、人民性、标准性和国际引领性，占据国内和国际智能治理制高点，从而不仅有效引领我国智能治理的推广和发展，也引领国际智能治理的发展和进步。

参考文献

［1］习近平. 习近平向 2019 中国国际智能产业博览会致贺信[N]. 人民日报,2019-08-27(1).

［2］马克思. 1844 年经济学哲学手稿[M]. 中共中央马克思恩格斯列宁斯大林著作编译局，译. 北京：人民出版社,2000: 53-61.

［3］霍金. 人工智能可能使人类灭绝[J]. 走向世界,2015(01):13.

［4］塞缪尔·亨廷顿. 文明的冲突与世界秩序的重建[M]. 周琪,等译. 北京：新华出版社,1999: 361.

［5］费孝通. 费孝通论文化自觉[M]. 呼和浩特：内蒙古人民出版社,2009:262.

［6］习近平. 深化文明交流互鉴 共建亚洲命运共同体[N]. 人民日报,2019-05-16(2).

［7］习近平. 在中国科学院第二十次院士大会、中国工程院第十五次院士大会、中国科协第十次全国代表大会上的讲话[C]. (2021 年 5 月 28 日)[2021-12-25].

［8］杨立华. 文明治理和治理文明：中国国家治理现代化的新方向[J]. 教学与研究,2020(01):40-51.

数字治理的"填空"与"留白"

郑磊

复旦大学国际关系与公共事务学院教授、数字与移动治理实验室主任、上海"一网统管"城市数字治理实验室主任

数字治理近年来正在各地如火如荼地推进，是将现代数字化技术与治理理论融合的一种新型治理模式，涉及政府、市场和社会等多种主体。数字治理不仅是技术问题，更是治理问题，不是数字和治理的简单叠加，而是两者之间的融合转型，既需要大数据、互联网、人工智能等前沿数字技术的赋能，更需要治理手段、模式和理念的创新。现有研究表明，只靠技术的单兵突进和刚性嵌入，而缺少理念的更新、制度的变革、组织的转型、法治的规范和伦理的关切，数字治理不仅不能充分借助技术的能量，实现对治理的有效优化，还可能带来一系列副作用，影响人的体验和感受，抑制人的自主性和参与度，损害人的权益和尊严。

因此，推进数字治理不仅需要考虑建什么和怎么建等技术性、操作性问题，更需要思考为谁而建、为什么建、由谁来建以及什么不应该建等原则性、根本性问题。本文通过文献梳理和实践观察对数字治理"填空"与"留白"进行了初步提炼和总结，以期为政府实践者提供参考，也为学界的未来研究提出建议。

▶ 数字治理需要填哪些"空"？

在利用数字技术赋能治理的过程中，经常看到的一种现象是：数字技术很先进，数字化很热门，所以"我"应该赶紧用技术来做点什么，然后就在自身需求和真实问题都还未真正理清，也未充分征求各方意见的情况下，就仓促启动，投入巨大，拼命"憋大招"，盲目"抄作业"。最终，在讲完各种"美好故事"和一番"大干快干"之后，结果却收效甚微，基层干部和人民群众不仅没有获得感，还被折腾得人仰马翻，最后不了了之。很快，又在更新一波技术热潮下进入又一轮"建设"，开始重复同样的故事。

上述过程普遍未能充分考虑以下出发点和基本问题：数字治理要为谁而建？他们有什么需求没有被满足？他们有什么问题没有被解决？由谁来建？用什么样的技术有可能满足这些需求和解决这些问题？投入产出比是否合理？还可能会影响到哪些人？无论技术多么先进，数字治理都应该在起点处填上以下几个"空"。

缺少面向人民群众的需求导向和问题导向。数字治理需要首先充分考虑"为谁而做"和"为何而做"的问题，数字治理的目标是实现治理体系和治理能力的现代化，满足人民对美好生活的向往。因此，数字治理应以人民群众的实际需求和真实问题为起点来进行规划和建设。然而，目前许多地方的数字治理应用或缺乏需求和问题导向，或基于自以为是的假需求和自我空想的伪问题而建设，为了数字化而数字化，结果是中看不中用，数字治理成了"数字炫技"，既没有满足公众的真实需求，也不解决实际的治理问题，甚至还由于技术的强行替代和刚性嵌入而人为制造出更多的新问题，把数字治理搞成了"数字折腾"。

有学者发现，"提供的服务不需要、需要的服务找不到"的现象十分普遍，这类数字治理应用不是出于"便民"目的，而是出于政府自身的功利需要，为了树立数字化的形象而开发，完全成为一种装饰，究其原因，主要存在以下两种"驱动力"。

第一，迫于上级压力而开发。基层政府为了服从上级要求而进行建设的例子大量存在。压力型体制下的绩效考评主体单一，基层数字治理改革成效的评价权由上级独揽，公众的满意度与获得感难以受到切实关注。为集中资源和精力完成上级安排的项目，基层丧失了因地制宜进行决策的自主性，也不能兼顾民众的需求偏好。

第二，为盲目跟风或攀比而建设。不少数字治理项目是盲目跟风"抄作业"的结果，"别人做了咱也得做"。有研究发现，能够独立思考的系统远远少于跟风套用的系统，原因在于独立思考不仅要花费更多精力，还要承担更大风险。还有些数字治理项目则是为了攀比和竞争而建设，为突出所谓"特色"而一味求新，置"普适举措"于不顾。一项实证研究显示，府际竞争和府际学习对地方政府网站发展水平有显著影响，而公众压力的影响却并不显著。

缺少立足公共利益的结果导向。数字治理应立足公共利益，注重实际效果，让各类用户尤其是人民群众感到实用、管用、爱用、受用。然而，研究发现，一些数字治理项目的实际结果背离了满足公共利益的目标，或是实质性的目标为表象化的指标所替代。

有些数字政府绩效评估强化了技术和经济效益导向，却弱化了政府的公共属性。例如，电子眼、电子警察等道路违法抓拍设备设置的初衷是规范行车行为，维护城市交通秩序，而在现实中，有些电子抓拍装置以罚款为目的，以罚代管，成了"敛财工具"。这不仅偏离了最初的执法宗旨，甚至起到了阻碍交通的反作用。

还有一些数字治理绩效评估一味强调对表象和有形产出的测量，却忽略了真正重要的目标。基层数字治理的指标与基层政府和基层干部的考核硬性关联，带来的结果是投机取巧应付考核，例如某县政府干部去贫困户家花5分钟摆拍上传网络即算"完成"工作；线下跑腿少了，线上"跑腿"时间却在增多；对服务事项的数据录入与流程痕迹的硬性要求，带来了线上服务数据完整、线下处理却不到位的问题；社交媒体替代了现场服务、检查督促和调查研究，取代了干部与人民群众面对面的沟通、交流与互动，线上满是"很感谢、已知晓"，但线下再无后文，"通知……收到……汇报"全在网上进行，工作成了"从群里来到群里去"，干部进了微信群而远离了人群。总之，种种"互联网+"形式主义导致干部脱离群众，破坏了基层政治生态、消解了政府公信力，使数字治理成了政府部门单方面的"数字自嗨"，而广大社会公众却未能从数字治理中得到实在的获得感和幸福感。

缺少全面和可持续的成本收益意识。许多数字治理项目投入了大量人力、财力和物力，然而资金和资源总是有限的，数字治理项目需要充分考虑其成本收益比，不能只因局部和短期收益，就不计成本和代价地投入，带来巨大的"数字浪费"。以大数据为例，有学者指出，只有当用户的使用价值大于数据处理的机会成本时，大数据应用才是划算的，否则数据就只是垃圾而不是资源。

数字治理的成本不仅包括开发成本，还包括运行成本。前者包括软件开发成本、硬件成本和其他成本，后者包括运行费用、管理费用和维护费用等。此外，还可能包括扩大数字鸿沟、威胁网络信息安全等外部性成本和社会代价。

然而，在一些数字治理项目中，局部、短期考量替代了全面、可持续的成本收益思维。管理者对电子政务投入的资金成本和时间成本估计不足，一方面高估了电子政务所能节约的成本，另一方面又低估了推进数字化所要增加的成本，形成的资源能力往往远超实际应用的需要。平时资源利用率可能不到20%，但是真正高峰时期却用不上，结果是养兵千日"闲着"，用兵一时"崩溃"。有研究指出，近年来政府虽然在电子政务方面的人力物力投入不断加大，但对公共治理的"效果"带来的实质性改善十分有限，产生了内卷化问题。

缺少社会公众和中小企业的充分参与。数字技术有利于促进个人、组织与政府三者协作共治的社会治理，然而，在实践中，社会参与更多表现为企业，尤其是大型巨头企业的参与，而普通社会公众和中小企业的参与程度却总体偏低。数字治理应从满足公众需求的视角出发，而不是从推广企业技术的视角出发。但在实践中，相对于科技企业与政府的密切合作，个人参与技术治理较为罕见。数字治理建设更多的只是政府与供应商之间的事情，而作为终端用户的公民并没有作为重要的主体纳入系统之中。由于缺乏公众参与机制，企业提供公共产品和服务只对政府负责，而不是对公众负责，公众的真实需求和实际问题常常被忽视、掩盖或扭曲。

技术厂商因掌握了技术主导权而占据着更为主动的地位，导致了城市数字化方案易为商业利益所左右，科技资本与数字寡头展示了其非凡的商业游说手腕与价值观输出能力，在全球智慧城市建设中获得了巨大的收益，政企合作型技术治理中的政府购买技术服务、政府用数据换技术、政府用管理权换技术、企业无偿协助政府等模式，可能会推动巨型互联网企业借助行政权力形成垄断，挤压中小型新技术企业的生存空间，破坏政务技术市场的运行生态，造成在数字治理过程中出现"数字垄断"的风险。

▶ 数字治理需要哪些"留白"？

技术是由人发明和使用的，其最终目的也应是为人服务的，而不是相反。作为新兴事物，数字治理既拥有广阔的发展前景，也存在许多不确定性和潜在风险，因此，在推进数字治理的过程中，应对未知心怀敬畏，不应过高估计技术的能力和政府之手的力量，也不应过低估计人与社会的复杂性，应始终以人为本，为人的参与、意愿和尊严以及市场和社会留出必要空间。

给人的参与留一些空间。数字技术不是万能的，拥有了数据不等于无所不知，数字赋能也不等于数字万能，技术不能也不应完全取代人的参与。然而，在数字治理实践中，社会各方往往对数字技术的能力估计过高，却低估了人的价值，忽视了人的主体性、创造力和同理心。

人的主体性价值在技术与算法的精确计算下成为庞大数据空间中的若干

字节,"数字利维坦"催生出技术权威与算法独裁。然而,算法实质上是对于过往人类社会模式特征的总结,其在提高人类社会运行效率的同时,也不可避免地复制并延续了当前社会的既有格局与特征,出现"自我强化困境",不利于变革与创新的发生。此外,数据本身也存在一致性偏低、时效性不足、关联性较差、精准性欠佳等问题,过度数据化可能会带来数据过度搜集与挖掘、过度解读与主观偏差、过度信仰与依赖、过度弥散与渗透等问题。

在基层数字治理实践中,也出现了过分推崇工具理性而忽视人的主体价值的现象。部分基层政务服务建设主体重视数字化技术平台的建设,却忽视行政人员内部的协调、部署和考核,人工智能的应用也存在弱化一线工作人员对权力运作的过程和结果进行控制的风险。无论是西方智慧城市探索,还是中国城市数字化转型实践,教训和经验都提示着一个重要方向:必须尊重人的主体性价值。

给人的意愿留一些空间。技术的进步还可能进一步加大政治、经济和社会的不平等,政府应在弥合数字鸿沟,促进"数字包容"上发挥更大作用。数字技术本身是冰冷和僵硬的,一些数字治理应用被强制推行和硬性嵌入,未给予市民自愿选择不同服务方式的权利,而缺少线下服务渠道和传统服务方式的托底,使一些特殊群体如老年人、低收入人群以及残障人士在数字设备的获得和使用能力上明显处于弱势,对他们所能享受的公共资源产生一定的"挤占效应",甚至导致数字优势群体对数字弱势群体的"资源掠夺",出现系统性的社会排斥现象。这不仅未给这些人群带来获得感,还给他们造成了"被剥夺感",影响了公共服务提供的均等化和包容性。

此外,不仅对数字弱势群体,即使对数字化能力较强的群体来说,有一些线下的"感受"也是线上的"效率"所无法取代的,一刀切地将公众推向在线服务,而缺少人工服务选项的支撑,也会给他们带来事实上的不便。因此,在数字时代,有温度、有情感的服务不应退场,"完全不见面、一次也不跑、全程数字化、没有人"的服务不一定就是最好的服务,公众有选择多种服务方式,包括线下纸质服务方式的权利,有不被"数字化"的权利。

给人的尊严留一些空间。随着移动互联网、物联网以及各类智能技术在政府经济各领域的普遍应用,数据安全和个人信息保护也面临着巨大挑战。因此,数字治理在提升治理能力的同时,需要给人的尊严和自由留下必要的空间,把握好数字治理的尺度、边界和法治底线。

作为一种技术性侦查工具,公共视频监控在给社会带来一定程度的安全感的同时,其负面效应也正在显现。借助人工智能系统,政府可以对每一个社会个体进行全方位、立体化、全天候的完全监督,公民隐私在监控社会中无所遁形,其私人领域被进一步压缩,全景式数据监控对秩序唯美主义的过度追求使个体被简单数据化和物化的趋势愈发明显。从"健康码"到"文明码",数字化的公权力在其天然扩张性的驱使下向其最大边界滑动,延伸到社会和个人生活的精细之处,直至将个体异化为被数字控制的对象。此外,由于算法嵌入了主观价值,也可能和人类一样具有偏见,从而限制了民众的自由选择。算法基于社会整体"大数据集"而形成"规则集"并应用于具体场景的过程,暗含着以整体特征推断个体行为的基本逻辑,从而造成"算法歧视"。

给市场和社会留一些空间。数字治理的目标是将技术赋能于政府、企业和社会公众等多元主体,重塑三者之间的关系,构建政府、市场和社会多方参与、协同共治的生态体系。因此,数字治理还应给市场和社会的自组织、自运行留出必要空间。

在数字技术的作用下，政府能够以比以往更便捷的方式、更低的成本实时获得市场主体的行为数据、经营数据。然而，如在实践中过于强调全流程、全方位、"天罗地网"式地介入市场获取数据，数字政府应有的"扶持之手"则有可能演变成"掠夺之手"，市场主体的安全感以及创新活力也会受到严重抑制。同时，事无巨细地制定全方位的数字社会行为规则也可能制约言论的表达和创造力的释放。近年来，机械、呆板的技术程序对乡土化治理规则造成了一定影响，导致非正式的、灵活的、乡土化的村庄社会规则难以发挥作用。

在数字时代，政府还有必要向社会公众开放其采集和储存的数据，供社会进行增值利用和创新应用，以释放数据的公共价值，推动经济增长和社会发展。从新冠肺炎疫情防控中国家和各地卫健委推出的实时疫情动态，到"7·20"河南暴雨中网友接力更新的"救命文档"，均显示出市场和社会中的个体和组织利用数字技术解决现实问题的责任感和创造力，印证了"共同生产"模式在数字治理中的适用性和巨大潜力。

▶ 结语

数字是手段，治理是目的，不应本末倒置。当前，我国在推进数字治理的过程中亟须在多方面"填空"补齐，包括面向人民群众的需求导向和问题导向、立足公共利益的结果导向、全面和可持续的成本收益意识以及社会公众和中小企业的充分参与等，解决好为了谁、依靠谁的问题。否则，数字治理不仅无法服务目标人群，达成预期目标，还可能导致"数字炫技""数字折腾""数字浪费""数字自嗨"和"数字垄断"。

同时，推进数字治理不仅要考虑应该做什么，更要考虑不应该做什么，给人的参与、意愿和尊严以及市场和社会留出必要的空间，维护人的主体性，激发人的创造力，发挥人的同理心，尊重人的选择，重视人的感受，而不是忽视人或取代人，从而做到有所为有所不为，不为也是一种智慧，"留白"也是一种引领。

由此，学界对数字治理开展研究，不能天然地就假设技术是个好东西，因而只关注技术为什么没有被用起来？为什么没有被采纳或没有扩散开？存在哪些促进和阻碍技术应用的因素？还应进一步探究和思考：为什么要利用数字技术赋能治理？其出发点和初心是什么？背后的实际驱动力和推动者有哪些？技术实际上是如何在治理过程中被使用的？被用来做了什么？成本收益比如何？产生了哪些正反两方面的实际结果？存在哪些风险和副作用？从而将数字治理研究引向纵深，为有效、规范、有温度和可持续地推进数字治理提供学术支撑。

复旦大学国际关系与公共事务学院博士研究生张宏对本文亦有贡献。

参考文献

［1］黄建伟,陈玲玲.国内数字治理研究进展与未来展望[J].理论与改革,2019(01):86-95.

［2］郑磊.数字治理的效度、温度和尺度[J].治理研究,2021,37(02):5-16,2.

［3］屈晓东.数字政府视角下网上行政审批的特点、困境与突破策略[J].理论导刊,2018(12):54-58.

[4] 钟伟军.公民即用户：政府数字化转型的逻辑、路径与反思[J].中国行政管理,2019(10):51-55.

[5] 赵玉林,任莹,周悦.指尖上的形式主义：压力型体制下的基层数字治理——基于30个案例的经验分析[J].电子政务,2020(03):100-109.

[6] 李齐.信息社会简约高效基层管理体制的构建[J].中国行政管理,2018(07):63-70.

[7] 姜赟.网上政务为何变成了"装饰品"[J].人民公仆,2015(05):9.

[8] 胡小明.大数据应用的误区、风险与优势[J].电子政务,2014(11):80-86.

[9] 朱玲.我国数字政府治理的现实困境与突破路径[J].人民论坛,2019(32):72-73.

[10] 马亮.电子政务发展的影响因素：中国地级市的实证研究[J].电子政务,2013(09):50-63.

[11] 张丽,陈宇.基于公共价值的数字政府绩效评估：理论综述与概念框架[J].电子政务,2021(07):57-71.

[12] 杰瑞·穆勒.指标陷阱：过度量化如何威胁当今的商业、社会和生活[M].闾佳,译.上海：东方出版中心,2020:36.

[13] 陈荣卓,刘亚楠.城市社区治理信息化的技术偏好与适应性变革——基于"第三批全国社区治理与服务创新实验区"的多案例分析[J].社会主义研究,2019(04):112-120.

[14] 王法硕.社交媒体信息超载如何影响公务员工作投入？[J].电子政务,2020(11):48-58.

[15] 张紧跟. 警惕"互联网+政务"披上形式主义外衣[J]. 人民论坛,2019(25):39-41.

[16] 余哲西,郭妙兰. 直击指尖上的形式主义、官僚主义五大病症[J]. 中国纪检监察,2019(15):44-45.

[17] 何彦彬,白庆华. 从公共产品视角分析电子政务建设的成本效益[J]. 情报杂志,2007(11):97-100.

[18] 文庭孝,龚蛟腾,刘晓英. 电子政务建设的效益分析[J]. 情报科学,2005(10):32-37.

[19] 李宗磊. 别让电子政务成为下一个泡沫[J]. 信息化建设,2014(10):30-32.

[20] 纪霞. 我国电子政务的现状及发展对策研究[J]. 商业经济,2013(18):92-93,101.

[21] 曹凯. 电子商务的今天就是电子政务的明天[J]. 计算机与网络,2014,40(20):6.

[22] 王翔. 我国电子政务的内卷化:内涵、成因及其超越[J]. 电子政务,2020(06):63-72.

[23] 孟天广. 政府数字化转型的要素、机制与路径——兼论"技术赋能"与"技术赋权"的双向驱动[J]. 治理研究,2021,37(01):5-14,2.

[24] 单勇. 跨越"数字鸿沟":技术治理的非均衡性社会参与应对[J]. 中国特色社会主义研究,2019(05):68-75,82,2.

[25] 王亚玲. 公众参与:智慧城市向智慧社会的跃迁路径[J]. 领导科学,2019(02):115-117.

[26] 钱学胜, 唐鹏, 胡安安, 等. 智慧城市技术驱动反思与管理学视角的新审视 [J]. 电子政务, 2021(04):30-38.

[27] 郑春勇, 朱永莉. 论政企合作型技术治理及其在重大疫情防控中的应用——基于中国实践的一个框架性研究 [J]. 经济社会体制比较, 2021(02):57-66.

[28] 梅杰. 技术适配城市：数字转型中的主体压迫与伦理困境 [J]. 理论与改革, 2021(03):90-101.

[29] 贾开. 人工智能与算法治理研究 [J]. 中国行政管理, 2019(01):17-22.

[30] 崔宏轶, 冼骏. 政务数据管理中的"数据可用性"——痛点及其消解 [J]. 中国行政管理, 2019(08):55-60.

[31] 金华. 国家治理中的过度数据化：风险与因应之道 [J]. 中共天津市委党校学报, 2021,23(01):55-63.

[32] 黄建伟, 陈玲玲. 中国基层政府数字治理的伦理困境与优化路径 [J]. 哈尔滨工业大学学报（社会科学版）, 2019, 21(02):14-19.

[33] 李晓方, 王友奎, 孟庆国. 政务服务智能化：典型场景、价值质询和治理回应 [J]. 电子政务, 2020(02):2-10.

[34] 张成福, 谢侃侃. 数字化时代的政府转型与数字政府 [J]. 行政论坛, 2020,27(06):34-41.

[35] 徐芳, 马丽. 国外数字鸿沟研究综述 [J]. 情报学报, 2020, 39(11):1232-1244.

[36] 本清松, 彭小兵. 人工智能应用嵌入政府治理：实践、机制与风险架构——以杭州城市大脑为例 [J]. 甘肃行政

学院学报,2020(03):29-42,125.

[37] 李延舜.公共视频监控中的公民隐私权保护研究[J].法律科学（西北政法大学学报）,2019,37(03):54-63.

[38] 郭春镇.对"数据治理"的治理——从"文明码"治理现象谈起[J].法律科学（西北政法大学学报）,2021,39(01):58-70.

[39] 周荣超.智慧城市建设中的算法歧视及其消除[J].领导科学,2021(06):100-103.

[40] 徐梦周,吕铁.赋能数字经济发展的数字政府建设：内在逻辑与创新路径[J].学习与探索,2020(03):78-85,175.

[41] 鲍静,贾开.数字治理体系和治理能力现代化研究：原则、框架与要素[J].政治学研究,2019(03):23-32,125-126.

[42] 郑磊.开放政府数据研究：概念辨析、关键因素及其互动关系[J].中国行政管理,2015(11):13-18.

以知识复用促数字政府效能提升

王芳

南开大学商学院教授、博士生导师，南开大学网络社会治理研究中心主任

近20年来，我国电子政务不断深化发展。从一站式服务到"指尖办理"，从"万里审批图"到"秒办秒批"和"不见面审批"，从"条块分割"到"块数据"管理，数据共享使得政府的整体性治理效能不断提升，在行政许可、市场监管、社会治理、精准扶贫、智慧城市建设等方面取得了显著成效，大大提升了人民群众的获得感和幸福感。同时，政府在公共服务和社会治理过程中也积累了大量的经验教训和宝贵知识。其中，大部分知识和数据以电子文件与数字档案的形式保存起来，形成结构化的数据库。

大规模积累的数据的价值大致可以分为两种：第一种是信息价值，涉及凭证价值、事实认定、身份识别等，主要通过数据的查询与检索来实现；第二种是知识价值，需要通过数据挖掘、关联分析、因果推断和可视化来实

现，适用于情境感知、决策支持、政策制定、应急响应、风险预警、趋势预测等。知识复用可以降低政府治理成本，提升政府治理效能。大数据与人工智能技术的深化应用使得政府知识复用的条件渐趋成熟，为数字政府的智能化治理奠定了基础。

▶ 知识的分类

知识来源于人类对客观现象和实践经验的总结提炼，代表了一定时期内和一定条件下个体或群体对现象的正确认识和对规律的正确把握。认识论哲学家致力于研究知识的组成部分、来源、限度以及知识的正当性问题。他们分析知识的本质，以及它与类似概念如真理、信仰和正当性的关系。在管理学领域，达文波特（Davenport）与普鲁萨克（Prusak）提出，"知识是一个流动的组合，由框架经验、价值观、背景信息和专家见解组成，为评估和整合新的经验与信息提供了框架"。在情报学领域，知识被认为是通过信息分析活动获得的关于现象或事物变化的规律或模式，通过文献得以记录和传承。袁翰青教授在1964年发表的《现代文献工作的基本概念》一文中指出："文献工作是将分散知识记录起来的工作，特别是文献中新发现的知识单元，经过学术分析与抽出之后，用一定的方法组织起来，对使用者提供最大的便利，能随时被检索到并参考利用。"相比于描述事实的数据和动态传递的信息，知识揭示了复杂现象背后的关系或规律，具有更强的系统性、稳定性、简约性和传承性。知识可以指导个体或组织在面对复杂现象时准确把握问题、制定有效的解决方案、采取合理的行动或对未来进行正确预测。

经济合作与发展组织将知识划分为知道"是什么、为什么、怎么做和是谁的"四大类。英国内阁办公室治理小组负责人瑞克罗夫特（Rycroft）提出政府知识的 7 条原则：知识是有价值的财产，知识需要合适的环境才能茁壮成长，知识在必要和可能的地方被捕获，知识被自由地寻求和分享，知识通过复用而增值，知识支撑个体学习，知识支持组织学习。根据知识能否被清晰地表述和有效地转移，可以将知识划分为经过书面文字、图表、公式、声音、动作等符号编码的显性知识和隐藏在人脑中尚未被符号表述的隐性知识两大类。隐性知识和显性知识在相互转化中产生价值，包括隐性知识的社会化、外化和显性知识的融合与内化四个阶段。一方面，个体在自身经验和已有知识结构的基础上，通过学习、理解将组织内外的显性知识内化为隐性知识，并进一步转化为生产力；另一方面，个体通过展示、写作、演讲等活动将隐性知识转化为显性知识，促进知识的共享与传播。在 5G 时代，视频传播和可视化技术将更多隐性知识以简洁、直观、生动的形式表示出来，大大提高了知识的可获取性和可理解性。

▶ 知识的复用

知识复用是指组织或个人运用特定的方法或技术手段对已有知识进行重复利用以实现特定目标并使知识增值的过程，既包括显性知识的复用，也包括隐性知识的复用。就个体而言，复用他人已经学习、创造和证明的知识可以节省时间和金钱，最小化风险，提高效率。就组织而言，知识是重要的资产，是具有一定的普适性、可迁移性和可复用的事实、模式与判断，涉及创新复用、技术复用、设计复用、软件复用等。

知识复用是企业知识管理的重要目标，一般指企业组织借助信息技术实现知识的再利用，包括知识管理系统、知识库、本体，等等。马库斯（Markus）认为知识复用的重点是知识管理系统和知识库，通常称为组织记忆系统，并提出四种知识复用情况，包括共享工作的生产者，共享工作的实践者，寻求专业知识的新手以及二次知识的挖掘者。迈赫扎克（Majchrzak）等人将知识复用界定为组织或个体对已有知识库进行挖掘、搜索、再概念化和再利用的行为。其中，知识库是知识复用的基础。赵（Zhao）等人在知识流的背景下对知识复用进行了动态分析，将学术研究领域的知识复用分为四个阶段，即知识搜索、知识评价、知识重组和知识创造，并以此为核心建立了一个知识重用机制模型。贝卡尼（Berkani）和奇克（Chikh）研究了知识复用的两个子过程：一是实化过程，将隐性知识和引出知识转化为新的引出知识。二是标引过程，运用本体进行标引使已有的知识可复用。

迈赫扎克（Majchrzak）等人对六个创新案例中知识复用的过程进行研究，确认了创新复用的三种主要活动：重新认识问题和方法，包括决定寻找其他人的想法以供复用；搜索和评估他人的想法以供复用；发展选定的想法。斯腾霍姆（Stenholm）等人在文献研究的基础上，构建了一个以支持技术复用能力的12种实践为特征的框架，并归纳出四类成功因素：战略（平台思维）、过程（支持技术集成）、文化（创建可复用资产）、信息技术（管理知识）。张（Zhang）等人在研究复杂机械装置设计复用策略的基础上，开发了基于实例的设计工具和设计知识管理工具。李（Li）等人构建了一个元学习框架，用于帮助安全管理人员共享风险知识，预测建筑业各类事故中工伤的风险。丘克（Cheuk）等人基于案例研究发现了影响知识复用的六个情境因素，包括目的、时间压力、语言、可及性、作者和日期，其中知识创建和复用的目的不匹配最有可能降低知识复用的有效性。亚历克斯·贝内特（Alex Bennet）与戴维·贝内特（David Bennet）运用神经科学的研究方法发现，知识动员建立在人脑神经元放电的联想网络的基础上，专家和利益相关者之间的协作不仅有助于为当前问题提供具体的解决方案，而且为社区的持续改进、协作和可持续性奠定了基础。

桑库尔（Sandkuhl）将知识复用技术总结为基于模块的技术、基于参考体系结构的技术和基于模式的技术，具体包括语义、知识工程、任务、信息需求、知识架构、本体架构、知识形式化、交互模式、知识转换、工作流模式等。张（Zhang）等提出了一种基于图的知识复用方法，用于支持新产品开发中的知识驱动决策。在大数据时代，各种记录与翻译技术使得知识的积累迅速增加，数据挖掘、本体、知识图谱、图数据库、机器学习等知识发现、组织、表示和推理技术的发展，提高了知识发现的效率和准确性，而互联网与社交媒体的空前发达又使得知识的扩散与传播更为广泛，从而为知识复用奠定了良好的基础。

▶ 政府知识复用的三个层次

信息与知识活动贯穿于政府的政治、经济、社会与文化职能之中，具体体现为数据收集、文件编制、情报分析、决策制定、新闻宣传、效能评估等一系列工作环节。政府在国家治理与自身运行的过程中，通过档案文献、历史研究和专家积累传承与利用知识。鲁宾斯坦·蒙塔诺（Rubenstein-Montano

等人通过对美国社会保障局知识管理的研究，提出知识管理可以成为解决"政府灰色化"和导致政府组织专业知识流失的其他因素的有力工具。黄璜提出，引入现代信息技术建立知识管理系统，有助于提高政府知识管理的效能，促进建立学习型、科学型、敏捷型和创新型的政府。阿布·沙纳布（Abu-Shanab）与谢哈巴特（Shehabat）的研究发现，政府知识管理可以调节互联网技术基础设施并管理电子政务项目是成功的预测。美国陆军情报部门陆军经验教训中心在将独特的知识复用过程融入其运作模式时，强调知识的收集、提炼和传播、学科专家的作用以及技术的促进作用。李杨与翁士洪的研究发现，地方政府应破除对单方知识的路径依赖，鼓励知识碰撞；寻求"中间道路"，建立常态化知识交换渠道；进行反思性的制度构建，推动行政知识迭代。

知识复用可以提高政府决策的能力和效率，降低决策中重复收集和分析信息的成本，是政府从数字化治理向智能化治理转型的必要条件，对于政策制定、公共服务、应急响应、社会治理、市场监管、文化发展以及其他专业领域的管理决策具有重要价值。

政府知识复用可以简单划分为三个层次。第一，档案文件的调用、查阅与编研。目前，我国数字档案馆建设取得显著成效，纸质档案文件通过数字化扫描和进一步的数据化逐渐转化为知识密集型的结构化数据。社保、学籍、婚姻等民生档案的异地远程查档十分便利，大大提升了公共服务和社会治理效率。浙江政务服务网查档功能开通后，市民到浙江、江苏、安徽、上海等地任一档案馆，或通过"浙里办"App，都可查阅自己的档案信息，实现了"一窗受理、一站查档、百馆联动"，极大地方便了群众办事。城建、水利、设备、研发等科技档案在生产建设、科技创新中的复用可以提高设计效率和标准化程度。2020年1月23日，为建设应急传染病医院火神山医院，武汉市城乡建设局向中国中元国际工程有限公司紧急调用2003年抗击"非典"时小汤山医院的全套设计图纸。当晚，中国中元国际工程有限公司组织医疗建筑设计各专业的专家团队与武汉方面设计人员直接对接，24小时提供技术支持，充分发挥了科技档案作为显性知识的价值和专家团队隐性知识的价值。

第二，结构化政府数据的查询与利用。政府数据中心、跨部门数据共享交换平台和政府开放数据网站的建立，大大促进了数据的查询、分析和利用。尽管政府跨部门数据共享存在种种障碍，但仍然取得了可观的进展。当前，贵州已经建成省级数据共享交换平台，打造数据共享资源池，形成了"上联国家、横联厅局、下联市州"的共享交换体系，部门间累计共享交换数据2.06亿余批次，共计7397亿余条，为数字政府建设提供了有力支撑。

第三，基于大数据的知识抽取、组织、管理和复用。随着数据的不断积累，数据的存储和管理成本也在上升。2020年9月26日，国家"东数西算"产业联盟在甘肃省兰州市成立，以推动大型数据中心向可再生能源丰富，气候、地质等条件适宜的区域布局，实现"东数西算"。此外，用户对数据的重复分析、利用也造成了一定程度的浪费。为应对这些问题，有必要对数据分析的知识性结果进行组织管理和复用。从知识工程的视角来看，知识是从数据中提炼出来的事实、概念、关系、模式和方法，是对数据的简化和提炼。相对于数据，知识的问题针对性更强、表达更简约、结构更稳定、普适性更强，同时，知识存储、传递和利用的成本也更低。比如，原国家安监总局建设了政府垂直行业知识库，提供基于安全生产事故数据的准实时统计和精准检索，以及多维度的安全生产事故态势分析，同时构建基于本体和关联规则的全国安全生产监督管理语义网络，运用自然语言处理技术将历史性安全生产事故信息进行汇聚分类和相似性判断,为相似事故的决策人员提供参考。

另外,在特定情境下,如新冠肺炎疫情期间,相关领域的专家和社会公众通过互联网贡献了大量知识,但存在着不完整、不准确、碎片化、真假难辨等问题。因此,政府有必要在疫情发生过程中高度重视知识库建设,将疫情发生期间所获得的经验、教训和知识系统地记录、组织与管理,以便为未来决策提供参考。比如,当新冠肺炎疫情暴发时,政府急需"非典"以及以前曾经发生过的大规模传染性疫情防控和应对的知识作为参考。目前,一些地方政府网站在政民互动栏目下设立了"知识库"专栏,主要是为市民提供政策法规和日常办事的咨询服务信息。但是,这些地方政府自身知识库的建设尚未得到足够重视。

实现政府知识复用的条件

政府提高知识复用的能力和水平需要具备以下条件。

不断提高收集、管理高质量数据的能力。数据是知识抽取的基础,高质量的数据是获取正确知识的前提。有研究表明,可信的数据源是保证数据质量的重要条件。因此,应从建立可信的数据源入手,不但要提高政府数据的真实性、完整性、可靠性和可用性,而且应该建立元数据质量标准,增强数据描述的深度,从而提高数据的可发现性和可复用性。

加强知识抽取,构建领域知识库与知识管理系统。知识库和知识管理系统是知识复用的前提。尽管知识管理在企业中已经较为成熟,但在政府组织中尚未得到足够重视。目前，面向开放共享的政府数据描述已经取得显著成效，但面向知识复用的知识抽取、标引、组织和存储还远未提上议事日程。此次新冠肺炎疫情表明，人类社会的发展面临着极大的不确定性，对于自然灾害、事故灾难、公共卫生事件和社会安全事件等，建立面向应急管理的知识库和具备智能化知识推荐功能的知识管理系统是十分必要的。政府部门有必要制定优先建立知识库的清单，分批次建立政府知识库，以便为知识复用和未来人工智能技术的应用奠定基础。

构建领域专家库。除了知识库，专家知识也是知识复用的重要内容。建立健全各个领域的专家库，包括领域专家、退休或调离的领导、技术精英等，与政府决策人员形成良好的社群协作关系，不仅有利于促进知识共享，同时也可以促进政策传播，增进公众对政府的信任。

构建综合性知识地图。本体、知识图谱等基于图的技术已经成为知识管理和复用的必备条件。为了提高政府的整体性治理能力，有必要充分复用图神经网络等技术，构建基于多模态数据源的综合性知识地图，为智慧城市的治理提供依据。

提升政府部门知识复用的意识和能力。从文献调研来看，一些政府部门主要关注数据的开放共享与利用，尚未充分树立知识复用的意识，对相关知识的抽取、总结、组织、存储和复用的意识还相当薄弱。随着数据的不断增加，数据的存储、检索与分析成本将不断提高，对于集约化的可复用知识的需求将不断提升。为此，政府部门应当增强知识复用意识，提升知识复用的能力。具体包括了解知识复用的重要性，增强数据分析能力，掌握知识库的建设维护和检索利用的方法与技术。

部分地方政府知识复用的障碍

数据基础设施有待加强。政府应基于自身的或其他数据资源,对数据中蕴含的知识及其适用场景进行抽取、组织和表示,以备重复使用。由于目前数字档案的数据化程度还比较低,数据描述缺乏统一标准,知识标引和抽取工作尚未展开,导致基于数据的知识发现、组织与复用进程仍然比较缓慢。

突发事件应急知识管理与复用系统尚未建成。当前,一些省市已经建立了基于大数据的应急指挥中心,但主要用于数据共享与协同办公,而针对重大火灾爆炸事故、安全生产事故、自然灾害、公共卫生事件和社会安全事件的知识库建设尚未提上议程,个别在建项目规模小、分散性强、知识覆盖面窄,可用性有限。因此,应急管理需要持续做好多方面的知识储备,以备不时之需。尤其是随着应急人员的调岗离开,新加入人员需要迅速掌握专业知识。如果有专业知识库作为支撑,将会事半功倍。总体来看,在应急管理领域,数据与知识复用的准备工作还远不能满足潜在需求。

跨部门数据共享面临障碍。随着块数据等数据集成方案在政府的深化应用,政府数据的跨部门共享取得了突破性进展,数据的关联比对在社会治理、精准扶贫、市场监管、行政许可审批等方面发挥了显著作用。但目前个别地方政府存在着数据"垂直向上集中、水平共享困难"的问题。上级部门虽然拥有较大的数据共享权限,但主要从事统筹性治理和研究性业务,对于下级部门的知识支持力度不够。受数据使用权限的限制,少数基层部门主要局限于使用本部门提交的数据,部门间的数据共享存在拖延、滞后、数据交付完整性低等问题。数据共享不力导致一些部门在制定创新规划与科技发展战略时缺少及时充分的数据支持,要么拍脑袋想当然,要么模糊将就;另外，个别部门则不得不重复收集和管理数据，造成资源浪费。

政府数据质量有待提高。通过课题组对 75 个城市的调研发现，目前，少数地方政府存在同类数据采集和发布标准不统一，元数据繁简不一，部门间共享交换的数据粒度精细不一，数据集不完整、关联性差、连续性不足等问题。在新冠肺炎疫情期间，个别地方政府在公开流调信息的过程中对个人信息和隐私保护意识淡薄，缺少规范指导，一些流调信息公开了不必要的个人信息，甚至引发网络暴力。从长远来讲，低质量的数据集难以支撑高质量的知识发现，成为知识复用的障碍。

一些政府部门的知识复用意识不强。目前，政府对知识的获取和传递主要依靠部门领导的经验和专家知识。关键岗位领导的升迁与调换可能带走一些重要的隐性知识，新任领导到岗后学习的任务重、难度大，甚至影响到"一张蓝图绘到底"的业务延续性。当前，少数省市的数字政府建设主要集中于数据的采集、融合与共享，尚未充分考虑到知识的抽取、组织、存储与管理，知识复用意识薄弱。比如，在一些省市"十四五"规划制定过程中，相当多的部门临时寻找专家进行简单咨询，缺少对以往所积累知识的系统研习与创新利用。

▶ 促进政府知识复用的对策建议

知识复用可以提高政府决策的质量和效率，是实现数字政府智能化治理的前提。为了促进政府知识复用，笔者提出以下对策建议。

重视知识管理，提高政府知识复用意识。随着数据的不断积累和集中管理，政府需要提高知识复用意识，重视知识发现与管理。在医疗卫生、应急管理、科技创新、城市建设、水利、农业、生态、气象等专业领域，数据的持续积累具有重要的知识价值。对突发事件、重大项目中产生的知识予以抽取、组织和存储，可以复用于公务员培训、危机预警、应急管理以及异地支援等特定场景之中。

充分利用知识组织和知识发现技术，提高政府的知识复用能力。数字政府向智能政府的转型意味着政府在知识的收集、组织、表示、管理、发现和共享方面达到较高水平，知识积累达到较大规模，在技术应用、组织结构和制度供给上做好了知识复用的准备，从而大大提高了智能化治理的水平。为了实现这一目标，需要在数字政府的基础上，充分利用大数据、人工智能、知识表示与知识发现技术，建设政府知识管理系统，在重要岗位上实现知识的适时共享、自动推荐和智能问答，为政策制定、公文撰写、应急指挥、公共服务、社会治理等场景提供智能化的知识与智力支持。

防范数据垄断风险，扩大基层政府部门的数据使用权限。目前，政府数据主要是垂直向上集中，基层部门使用权限有限，跨部门共享依然存在较大困难。但是，基层部门往往又直接面对各种困难，需要及时应对各种问题。层层上报、层层许可的数据共享方式存在效率低、信息滞后、易失真等种种问题。为解决这一问题，一方面，需要扩大基层政府的数据使用授权，在保证数据安全的前提下，增加相关部门适时共享所需数据的权限；另一方面，也需要建立专门领域的知识库和专家库。由于知识的抽象程度高，与个人或部门的现实利益冲突较小，因此，可以加大共享力度，实现赋能基层政府部门和一线业务人员的目标。

加强数据治理，提高政府数据质量。政府数据质量的提升是高质量知识发现的前提。为此，需要进一步提高政府数据治理水平，通过制定各类数据质量标准和数据安全管理规范，提高政府数据的完整性、一致性、准确性、精细度、安全性、可用性、易用性和关联性，为知识管理与复用奠定基础。

促进跨部门知识共享，提高整体性治理能力。跨部门数据共享可以提升政府行政效率，降低行政成本，而跨部门知识共享则可以通过促进信息和知识在不同部门之间的扩散、共享，提高政策的协同性。为此，应当加大政府各部门之间以及政府与其他组织机构间的知识共享，通过会议交流、专家咨询、构建专家库等方式促进隐性知识的流动与共享，提高决策的科学性和政策的协同性。

参考文献

[1] Paul K. Moser. The Oxford handbook of epistemology[M].New York,United State:Oxford University Press,2002: 3-24.

[2] Davenport T.H., Prusak, L.Working Knowledge: How Organizations Manage What They Know[M].Massachusetts, United State:Harvard Business School Press,2000.

[3] 林申清.现代文献学定义综述[J].大学图书馆学报，1990(01):26-33,38.

[4] HM Government. Knowledge Principles for Government[R]. (2016-07).

[5] Michael Polanyi. Personal Knowledge: Towards a Post-Critical Philosophy[M]. New York,United State: University Of Chicago Press,2015.

[6] 王芳, 杨晶晶.社会资本对公务员知识共享影响的实证研究 [J].情报学报,2013,32(07):742-751.

[7] Lynne Markus M. Toward a Theory of Knowledge Reuse: Types of Knowledge Reuse Situations and Factors in Reuse Success[J]. Journal of Management Information Systems,2001,18(01): 57-93.

[8] Majchrzak Ann, Wagner Christian, Yates Dave. The Impact of Shaping on Knowledge Reuse for Organizational Improvement with Wikis[J]. MIS Quarterly,2012,37(2):p455-A12.

[9] Zhao Jianyu, Xi Xi, Li Baizhou, et al. Research on Radical Innovation Implementation through Knowledge Reuse Based on Knowledge Flow: A Case Study on Academic Teams[J]. Information & Management,2020,57(08):103260.

[10] Lamia Berkani, Azeddine Chikh. A Process for Knowledge Reuse in Communities of Practice of E-learning[J].Procedia - Social and Behavioral Sciences,2010,2(2):4436-4443.

[11] Ann Majchrzak, Lynne P. Cooper, Olivia E. Neece. Knowledge Reuse for Innovation[J].Management Science,2004,50(2): 174-188.

[12] Daniel Stenholm, Daniel Corin Stig, Lars Ivansen, et al. A Framework of Practices Supporting the Reuse of Technological Knowledge[J]. The environmentalist,2019(2): 128-145.

[13] Zhang Dongmin, Wu Yanyun, Huang Ye. Design Knowledge Reuse Strategies for Complex Equipment Design[J].Applied Mechanics and Materials,2012:190-191,74-77.

[14] Li Xin, Zhu Rongchen, Ye Han, et al. Meta Injury: Meta-learning Framework for Reusing the Risk Knowledge of Different Construction Accidents[J].Safety Science,2021,140:105315.

[15] Ka Po Cheuk, Saša Baškarada, Andy Koronios. Contextual Factors in Knowledge Reuse[J]. VINE Journal of Information and Knowledge Management Systems,2017,47(2):194–210.

[16] Alex Bennet, David Bennet. The Fallacy of Knowledge Reuse: Building Sustainable Knowledge[J].Journal of Knowledge Management,2008,12(5):21–33.

[17] Kurt Sandkuhl. Knowledge Reuse: Survey of Existing Techniques and Classification Approach[J].Lecture Notes in Business Information Processing,2015,205:126–148.

[18] Zhang Chao, Zhou Guanghui, Lu Qi, et al. Graph-based Knowledge Reuse for Supporting Knowledge-driven Decision-making in New Product Development[J]. International Journal of Production Research,2017(23):7187–7203.

[19] Bonnie Rubenstein-Montano, Judah Buchwalter, Jay Liebowitz. Knowledge Management: A U.S. Social Security Administration Case Study[J].Government Information Quarterly,2001,18(3):223–253.

[20] 黄璜.论政府知识管理及其目标选择[J].中国行政管理,2010(10):61–64.

［21］EmadAbu-Shanab, Issa Shehabat. The influence of Knowledge Management Practices on E-government Success: A Proposed Framework Tested[J]. Transforming Government People Process and Policy,2018, 12(2): 286–308.

［22］Alton Y. K. Chua, Wing Lam, Shaheen Majid. Knowledge Reuse in Action: the Case of CALL[J].Journal of Information Science,2006,32(3): 251–260.

［23］李杨,翁士洪.战"疫"如何决策：治理模式转换及地方政府决策的知识运用逻辑[J].领导科学论坛,2021(01):20-36,59.

［24］王燕民,戴莉,王睿.档案助力抗击疫情医院建设[J].中国档案,2020(03):22-23.

［25］Wang Fang. Understanding the dynamic mechanism of inter-agency government data sharing[J].Government Information Quarterly,2018,35(4): 536–546.

［26］王芳,储君,张琪敏,等.跨部门政府数据共享：问题、原因与对策[J].图书与情报,2017(05):54-62.

［27］常荔.政府跨部门知识共享的协同机制研究[J].情报杂志,2018,37(11):164-172.

第五章
智能制造是中国发展的新名片

智能制造作为新一轮工业革命的核心技术，不仅是中国制造业变革的核心，也是转型升级的制高点与未来发展方向，是建设制造强国的必然选择。必须深层次制定与落实创新驱动发展战略，将更大的力度投入于对智能制造的发展与应用上，力求实现中国制造业产业的创新式发展与智能化升级。

中国智能制造发展现状和未来挑战

刘玉书

中国人民大学重阳金融研究院研究员

王文

中国人民大学重阳金融研究院执行院长、丝路学院副院长、教授，兰州大学马克思主义学院教授、博士生导师

智能制造是工业 4.0 时代最重要的特征，本文主要就当前中国智能制造发展现状和存在的风险做综述性研究。

▶ 智能制造的基本概念

关于智能制造的定义，目前不同国家在表述上有一些差异。本文采用中国工业和信息化部对智能制造的定义："智能制造是基于新一代信息通信技

术与先进制造技术深度融合，贯穿于设计、生产、管理、服务等制造活动的各个环节，具有自感知、自学习、自决策、自执行、自适应等功能的新型生产方式。"该定义代表了中国政府对智能制造的权威认知。

日本工业界在1989年提出智能制造系统时，首次提出了"智能制造"的概念；美国1992年实施旨在促进传统工业升级和培育新兴产业的新技术政策，其中涉及信息技术和新制造工艺、智能制造技术等。综合已有文献看，美日是智能制造的先行者。到2013年，德国在汉诺威工业博览会上正式推出旨在提高德国工业竞争力的"工业4.0"项目，智能制造作为国家战略已经开始受到全球各国的关注。从德国工业4.0的相关文献看，其战略的核心是智能制造技术和智能生产模式，旨在通过"物联网"和"务（服务）联网"两类网络，把产品、机器、资源、人有机联系在一起，构建信息物理融合系统（CPS），实现产品全生命周期和全制造流程的数字化以及基于信息通信技术的端对端集成，从而形成一个高度灵活（柔性、可重构）、个性化、数字化、网络化的产品与服务的生产模式。结合我国工业和信息化部对智能制造的定义可以看出，智能制造是工业4.0的核心。本文因篇幅限制，只聚焦智能制造相关内容，不对工业4.0作更为全面的展开研究。

通过表5-1可以看出，智能制造与传统制造有明显区别。这些区别主要体现在四个方面。一是制造设计更突出客户需求导向，在技术手段上可以做到虚拟与现实相结合，可实现需求与设计的实时动态交互，设计周期更短。二是加工过程柔性化、智能化，生产组织方式更加个性化，检测过程在线化、实时化，人机交互网络化，加工成型方式多样化。三是制造管理更加依赖信息系统，例如更多借助计算机信息管理技术，更多人机交互的指令管理模式，涵盖上下游企业甚至整个产业链的数据交互和管理沟通等。四是智能制造的产品服务可以做到涵盖整个产品生产周期，真正实现产品从制造到终结的全闭环管理，能够极大提高产品适应市场的能力，更充分满足客户的个性化需求。

表 5–1 智能制造与传统制造的异同

分类	传统制造	智能制造	智能制造的影响
设计	常规产品 面向功能需求设计 新产品周期长	虚实结合的个性化设计、个性化产品 面向客户需求设计 数字化设计、周期短、可实时动态改变	设计理念与使用价值观变化 设计方式变化 设计手段变化 产品功能变化
加工	加工过程按计划进行 半智能化加工与人工检测 生产高度集中组织 人机分离 减材加工成型方式	加工过程柔性化，可实时调整 全过程智能化加工与在线实时监测 生产组织方式个性化 网络化人机交互智能控制 减材、增材多种加工成型方式	劳动对象变化 生产方式变化 生产组织方式变化 加工方法多样化 新材料、新工艺不断出现
管理	人工管理为主 企业内管理	计算机信息管理技术 机器与人交互指令管理 延伸到上下游企业	管理对象变化 管理方式变化 管理手段变化 管理范围扩大
服务	产品本身	产品全生命周期	服务对象范围扩大 服务方式变化 服务责任增加

资料来源：陈明、梁乃明：《智能制造之路：数字化工厂》，北京：机械工业出版社，2017年，第 40 页。

我国智能制造发展基础和支撑能力明显增强

我国智能制造发展迅速、发展战略清晰。2016 年 12 月 8 日，我国工业和信息化部、财政部联合制定的《智能制造发展规划（2016—2020 年）》（以下简称《规划》)颁布。根据《规划》，2025年前，我国推进智能制造发展实施"两步走"战略。第一步，到2020年，智能制造发展基础和支撑能力明显增强，传统制造业重点领域基本实现数字化制造，有条件、有基础的重点产业智能转型取得明显进展；第二步，到2025年，智能制造支撑体系基本建立，重点产业初步实现智能转型。

《规划》要求到2020年实现四个具体目标。

智能制造技术与装备实现突破。研发一批智能制造关键技术装备，具备较强的竞争力，国内市场满足率超过50%。突破一批智能制造关键共性技术。核心支撑软件国内市场满足率超过30%。

发展基础明显增强。智能制造标准体系基本完善，制（修）订智能制造标准200项以上，面向制造业的工业互联网及信息安全保障系统初步建立。

智能制造生态体系初步形成。培育40个以上主营业务收入超过10亿元、具有较强竞争力的系统解决方案供应商，智能制造人才队伍基本建立。

重点领域发展成效显著。制造业重点领域企业数字化研发设计工具普及率超过70%，关键工序数控化率超过50%，数字化车间/智能工厂普及率超过20%，运营成本、产品研制周期和产品不良品率大幅度降低。

宏观地看，制造业是数字经济的主战场。近年来，制造业企业数字化基础能力稳步提升，制造业企业设备数字化率和数字化设备联网率持续提升。根据前瞻产业研究院《高质量发展新动能：2020年中国数字经济发展报告》的数据，2019年，规模以上工业企业的生产设备数字化率、关键工序数控化率、数字化设备联网率分别达到47.1%、49.5%、41.0%，工业企业数字化研发设计工具普及率达到69.3%。数字化率指标直接反映了我国智能制造转型升级的进展速度。

我国已经形成系列先进制造业产业集群。表5-2是截至2020年上半年，我国已经形成的主要先进制造业集群。根据赛迪研究院对我国先进制造业集群空间分布的研究成果，我国已形成以"一带三核两支撑"为特征的先进制造业集群空间分布总体格局。环渤海核心地区主要包括北京、天津、河北、辽宁和山东等省市，是国内重要的先进制造业研发、设计和制造基地。其中，北京以先进制造业高科技研发为主，天津以航天航空业为主，山东以智能制造装备和海洋工程装备为主，辽宁则以智能制造和轨道交通为主。长三角核心地区以上海为中心，江苏、浙江为两翼，主要在航空制造、海洋工程、智能制造装备领域较为突出，形成较完整的研发、设计和制造产业链。珠三角核心地区的先进制造业主要集中在广州、深圳、珠海和江门等地，集群以特种船、轨道交通、航空制造、数控系统技术及机器人为主。中部支撑地区主要由湖南、山西、江西和湖北组成，其航空装备与轨道交通装备产业实力较为突出。西部支撑地区以川陕为中心，主要由陕西、四川和重庆组成，轨道交通和航空航天产业形成了一定规模的产业集群。

表5-2 我国主要先进制造业集群

先进制造业领域	集群地域	集群产业
新一代信息技术	深圳电子信息产业集群	全球重要的电子信息产业基地
	武汉光芯屏端网产业集群	中国光电子产业基地
	合肥智能语音产业集群	中国智能语音产业基地
高端装备制造	西安航空航天产业集群	中国大中型飞机研制生产的重要基地
	长沙工程机械产业集群	中国工程机械行业的"母体"
	株洲轨道交通产业集群	中国最大的轨道交通装备制造产业基地
先进材料制造	宁波石化产业集群	规模居全国七大石化产业基地前列
	苏州纳米新材料产业集群	全球最大的纳米技术应用产业集聚区

（续表）

先进制造业领域	集群地域	集群产业
生物医药制造	北京中关村生物医药产业集群	领跑全国生物医药产业
	上海张江生物医药产业集群	全球瞩目的生物医药产业创新集群
	江苏泰州生物医药产业集群	中国唯一的国家级医药高新区

资料来源：赛迪研究院：《世界级先进制造业集群白皮书》，2020年9月14日，第45页，http://www.199it.com/archives/1121499.html，2020年9月21日引用。

▶ 中国制造业主要领域发展情况：以工业互联网、工业机器人、高端数控机床和半导体产业为例

新一代信息技术与智能制造的结合：工业互联网发展迅速。新一代信息技术与制造业的深度融合发展，是推动制造业升级的重要引擎。其中，工业互联网又是这个融合过程中的核心。工业互联网与我国智能制造发展呈正相关。2018年、2019年我国工业互联网产业经济增加值规模分别为1.42万亿元、2.13万亿元，同比实际增长分别为55.7%、47.3%，占国内生产总值比重分别为1.5%、2.2%，对经济增长的贡献分别为6.7%、9.9%。2018年、2019年我国工业互联网带动全社会新增就业岗位分别为135万个、206万个。从这个数据来看，中国工业互联网的发展已经形成全新的动能。

工业互联网发展存在三大痛点。我国工业互联网仍处于发展初期，标准架构还在探索之中，商业模式尚不成熟，技术、人才、安全等方面存在瓶颈和短板，推广应用的艰巨性和复杂性并存，需要保持耐心、稳中求进。具体而言，存在三大问题。

一是数据流动与融合问题。主要体现在三个方面。首先，是设备互联互通和信息孤岛问题。例如，一条生产线涉及大量不同的设备底层通信和数据交互协议等，要实现设备之间有效的数据流动和融合，难度较大。其次，在目前的人工智能发展阶段，对依托工业生产所产生的大数据进行智能化自动决策依然是有难度的。最后，工业互联网设备的专用软件难以通用也是当前工业互联网发展的一个较大瓶颈。

二是对成本和安全问题考虑不足。一方面，存在成本问题。例如，工业互联网安全涉及专业人员、数据中心、云计算等方面的成本。另一方面，存在安全挑战。例如，工业互联网的数据泄露和网络攻击风险等。

三是工业互联网的盈利模式依然需要摸索。工业互联网行业标准多，涉及各个制造业的垂直领域，专业化程度高，难以找到通用的盈利和发展模式。

2020年6月30日召开的中央全面深化改革委员会第十四次会议就工业互联网发展提出了明确要求。会议强调，加快推进新一代信息技术和制造业融合发展，要顺应新一轮科技革命和产业变革趋势，以供给侧结构性改革为主线，以智能制造为主攻方向，加快工业互联网创新发展，加快制造业生产方式和企业形态根本性变革，夯实融合发展的基础支撑，健全法律法规，提升制造业数字化、网络化、智能化发展水平。由此看来，从2020年开始，在未来一段时期内，工业互联网会是智能制造最为关键的国家战略。

▶ 工业机器人和高端数控机床

我国工业机器人发展迅速。政策方面，我国对工业机器人的支持具有长期性和持续性的特点。1959年，美国人乔治·德沃尔（Goeorge Devol）与约瑟夫·恩格尔伯格（Joseph Engelbarger）联手制造出第一台工业机器人，标志着机器人技术进入制造业。我国在1972年开始工业机器人研究，与美国相差仅约10年。1982年，中国科学院沈阳自动化研究所研制出我国第一台工业机器人。20世纪80年代，我国工业机器人发展主要涉及喷涂、焊接等工业流水线上机械手的研发。"863计划"启动后，我国开始大力支持工业机器人技术发展。"十五"规划（2001—2005年）期间，我国开始发展危险任务机器人、反恐军械处理机器人、类人机器人和仿生机器人等。"十一五"规划（2006—2010年）期间，开始重点关注智能控制和人机交互的关键技术。到"十二五"规划（2011—2015年）期间，"智能制造"开始正式全面提上国家战略。2016年，《机器人产业发展规划（2016—2020年）》发布，开始进一步完善机器人产业体系，扩大产业规模，增强技术创新能力，提升核心零部件生产能力，提升应用集成能力。

技术方面，我国机器人技术发展迅速，但工业机器人关键零部件国产化率依然有很大的上升空间。2011—2020年，国内机器人技术相关的专利数量快速增加，年平均申请量为17009.2件，年平均增长率为39.53%，最高年增长率为79.67%（2016年），2018年的年度申请量最高，申请数量为37853件。我国机器人专利数量的快速增长，说明了自2011年以来我国机器人技术的快速发展。但我国工业机器人关键零部件技术国产化率依然较低，制约着我国工业机器人产业的发展。如表5-3所示，根据头豹研究院的数据，我国工业机器人机械本体国产化率为30%、减速器国产化率为10%、控制器国产化率为13%、伺服系统国产化率为15%；而在我国工业机器人生产成本结构中，伺服系统、控制器与减速器这三大核心零部件的成本占比超过了

70%。核心零部件因为技术壁垒高，国产化程度低，主要依赖进口，因而成本占比较高。例如，中国工业机器人制造企业在采购减速器时，由于采购数量较少，难以产生规模效应，面临国际供应商议价权过高问题，相同型号的减速器，中国企业采购价格是国际知名企业的两倍。

表 5-3　工业机器人关键零部件国产化率和中国工业机器人生产成本结构

工业机器人关键零部件	国产化率	关键零部件在中国工业机器人生产中所占成本
机械本体	30%	23%
减速器	10%	35%
控制器	13%	12%
伺服系统	15%	24%
其他	—	6%

数据来源：彭昕：《2021年中国工业机器人产业链专题研究报告》，头豹研究院，2021年7月，https://www.leadleo.com/report/details?id=610cdd55c4ba995f57a75645，2021年9月18日引用。

需求方面，国家政策的支持和智能制造的加速升级，使工业机器人市场规模持续迅速增长。根据2019年8月中国电子学会发布的《中国机器人产业发展报告2019》，我国生产制造智能化改造升级的需求日益凸显，工业机器人需求依然旺盛，我国工业机器人市场保持向好发展，约占全球市场份额三分之一，是全球第一大工业机器人应用市场。另外，如图5-1所示，从长期来看，制造企业对工业机器人仍有巨大需求，机器人价格下行的态势也将延续。在"量增价降"综合因素作用下，工业机器人本体销售额平稳增长，预计到2023年将达265.8亿元。此外，随着部分西方国家对华扼制战略的推进，我国工业机器人在快速发展的同时，也在加快工业机器人伺服电机、减速器、控制器等关键部件的国产替代。工业机器人核心部件国产化，也将成为未来发展的重要趋势。

图 5-1　2014—2023 年中国工业机器人本体销售额及增长率

注：E 代表预计。
数据来源：申靓、沙鑫：《2020—2021 年中国工业机器人发展报告》，皮书数据库，http://dwz.win/asgw，2021 年 9 月 3 日访问。

销售方面，从我国工业机器人销售情况看，我国工业机器人国产替代在加速，国际市场竞争力在加强。一是我国国产工业机器人销量逐步增长，国产替代加速。根据前瞻产业研究院的研究报告，随着我国机器人领域的快速发展，我国自主品牌工业机器人市场份额也在逐步提升，与外资品牌机器人的差距在逐步缩小。例如，2019 年，我国自主品牌工业机器人在市场总销量中的比重为 31.25%，比 2018 年提高了 3.37 个百分点。另据民生证券研究的研究报告，"2011—2020 年，国内工业机器人销量复合增速达 25.1%；其中国产工业机器人销量由约 800 台增加至约 5 万台，复合年均增长率达 58.3%，高于国内整体销量增速约 33 个百分点；同期国产工业机器人市场渗透率上升约 26 个百分点。"二是国内工业机器人出口增长迅速，国际市场份额在提升。2015—2020 年，我国国内工业机器人出口量由 2015 年的 1.2 万台提升至 2020 年的 8.1 万台，复合年均增长率达 46.5%；出口量在全球占比由 4.6% 提升至 20.4%，增长约 16 个百分点。

<u>高端数控机床依然是我国的短板</u>。高端数控机床与我国工业机器人的发展密切相关，但目前我国高端数控机床发展依然相对落后，这也是制约我国智能制造业发展的重要短板。如表 5-4 所示，2019 年全球排名前 10 的数控机床企业中，来自日本的山崎马扎克公司以 52.8 亿美元的营收排名第一，德国通快公司以 42.4 亿美元排名第二，德日合资公司德玛吉森精机以 38.2 亿美元排名第三，其后分别为马格、天田、大隈、牧野、格劳博、哈斯、埃玛克，这 10 家高端机床企业没有一家是中国的。

表 5-4　2019 年全球前 10 数控机床企业排名

排名	企业名称	国家	营收（亿美元）
1	山崎马扎克公司	日本	52.8
2	通快公司	德国	42.4
3	德玛吉森精机公司	德国 & 日本	38.2
4	马格公司	美国	32.6
5	天田公司	日本	31.1
6	大隈公司	日本	19.4
7	牧野公司	日本	18.8
8	格劳博公司	德国	16.8
9	哈斯公司	美国	14.8
10	埃玛克公司	德国	8.7

资料来源：赛迪顾问：《2019 年 TOP10 数控机床榜单发布，中国企业无一上榜！》，2020 年 4 月 24 日，https://www.dx2025.com/archives/81495.html.2021 年 9 月 4 日访问。

我国对进口机床有着较大的需求。根据海关总署披露的数据，2015—2019年，我国进口的数控机床合计达29914台，进口总额达978亿元。此外，我国高端机床及核心零部件仍依赖进口，截至2021年，国产高端数控机床系统市场占有率不足30%。国产精密机床加工精度目前仅能达到亚微米，与国际先进水平相差1~2个数量级。因此，在供需矛盾之下，我国高端机床的自主化、国产替代任务依然艰巨。

具体而言，我国高端数控机床主要存在四个方面的问题。一是高端机床的精密数控系统主要来源于日本、德国，国产数控系统主要应用于中低端机床，国产高端机床精密数控系统自主供给依然缺乏；二是主轴主要来源于德国、瑞士、英国等国，国产企业已具备一定生产能力，但技术仍需迭代提升；三是丝杠主要来源于日本，国内相关技术虽然较多，但技术水平有待提升；四是刀具主要来源于瑞典、美国、日本等国，国产刀具材料落后，寿命和稳定性不高，平均寿命只有国际先进水平的30%~50%。

▶ 半导体发展进展

我国半导体市场需求占全球第一，但国内供给能力有限。我国半导体行业发展非常迅速，影响力也越来越大。根据Statista全球统计数据库的数据，截至2012年，我国半导体市场需求份额首次过半——占全球半导体总需求的52.5%。根据赛迪顾问2021年6月1日公布的《2021全球半导体市场发展趋势白皮书》的数据："从区域结构来看，中国已经连续多年成为全球最大的半导体消费市场。2020年，中国在国际市场中占比最高达到34.4%。美国、欧洲、日本和其他市场的市场占比份额分别为21.7%、8.5%、8.3%和27.1%。"

但是，同时我国半导体自给自足能力严重不足。根据中国半导体行业协会公布的可查数据，2016年中国集成电路进口额度达2271亿美元，而同年我国石油进口原油38101万吨，金额为1164.69亿美元，集成电路进口额远超石油进口额。中国半导体生产一直不能满足国内半导体消费需求。根据法资知名市场调查公司博圣轩（Daxue Consulting）2020年10月的数据，"自2005年以来，中国一直是半导体的最大市场。然而，在2018年，中国的半导体消费总量中，只有略多于15%是由中国生产提供的"。根据美国彭博社的数据，2020年中国芯片的进口额攀升至近3800亿美元，约占我国国内进口总额的18%。到2021年上半年，国内半导体领域的供应缺口依然未缩小。根据我国海关总署的数据，2021年1月至5月，我国进口集成电路2603.5亿个，同比增加30%。由此看来，截至2021年上半年，国内半导体供给能力依然有限。

我国部分半导体产业领域已具备国际竞争力，但缺乏高端芯片生产能力。图5-2是半导体产业价值链的结构图（按数字芯片流程绘制）。半导体产业的整个生产制造过程可以分为三个部分：分布式设计、制造和封测。2021年3月1日，国新办举行工业和信息化发展情况新闻发布会。工业和信息化部党组成员、总工程师、新闻发言人田玉龙在回答记者提问时介绍："'十三五'期间中国集成电路产业的发展总体是非常骄人的，产业规模不断增长。据测算，2020年我国集成电路销售收入达8848亿元，平均增长率达20%，为同期全球集成电路产业增速的3倍。技术创新上也不断取得突破，制造工艺、封装技术、关键设备材料都有明显大幅提升。"

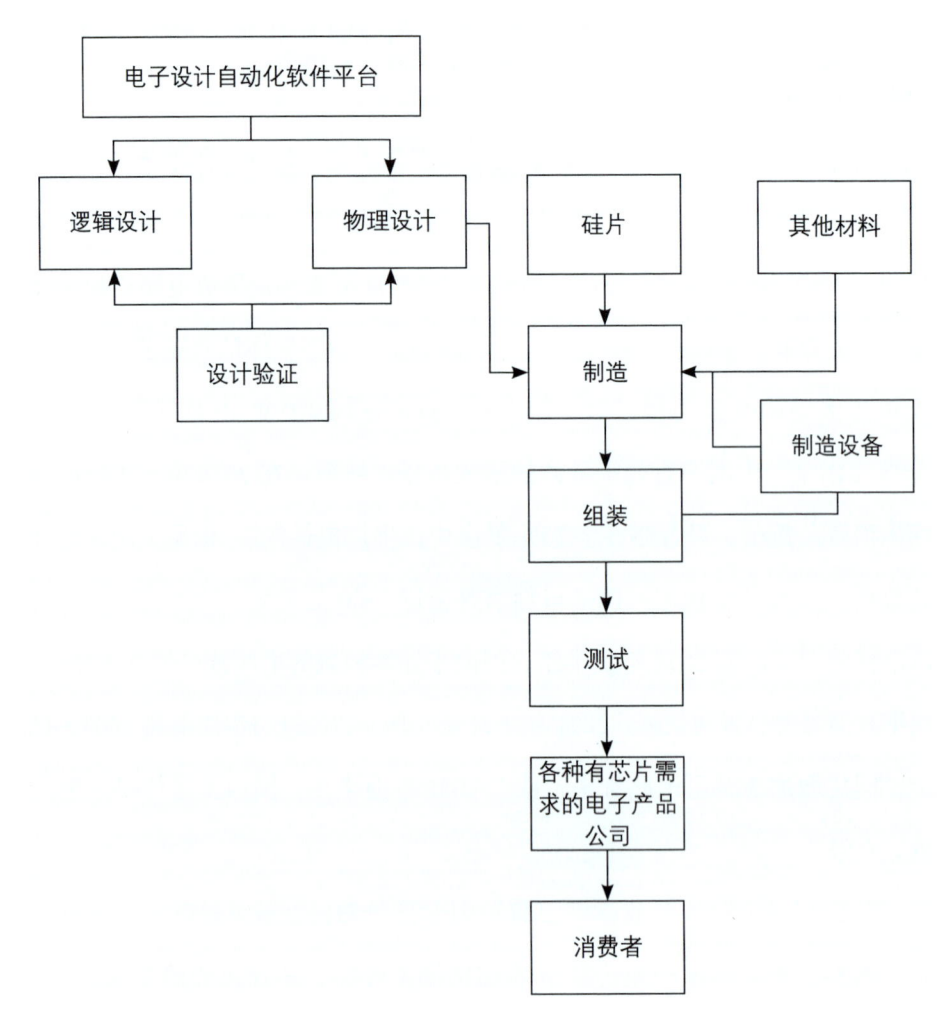

图 5-2　半导体产业价值链（以数字芯片为例）

在半导体产业制造领域，国产自主创新替代在全面加速。根据国盛证券 2020 年 6 月的报告，我国国内半导体制造已基本完成从无到有的建设工作。例如，中微公司介质刻蚀机已经打入 5 纳米制程；北方华创硅刻蚀进入中芯国际 28 纳米生产线量产；屹唐半导体（Mattson）在去胶设备市场的占有率居全球第二；盛美半导体单片清洗机在海力士、长存、中芯国际等产线量产；沈阳拓荆 PECVD 打入中芯国际、华力微 28 纳米生产线量产；2018 年原子层沉积技术通过客户 14 纳米工艺验证；精测电子、上海睿励在测量领域突破国外垄断等。但总体来看，目前我国缺乏 7 纳米及以下的高端芯片的稳定、规模化生产能力，华为当前遇到的困境也很大程度上根源于此，我国距离实现高端芯片的量产还有很长的路要走。

我国晶圆生产能力发展迅速，已形成相对完整的半导体产业链，但产业结构失衡。我国在半导体生产材料——晶圆制造方面取得了长足进步。截至 2020 年 12 月，中国大陆晶圆产能占全球晶圆产能 15.3% 的份额，已超越北美（北美占全球晶圆产能的 12.6%），成为全球第四大晶圆制造地区（第一名为中国台湾，占 21.4%；第二名为韩国，占 20.4%；第三名为日本，占 15.8%）。

半导体材料制造的快速发展，对我国整个半导体产业链的提升有非常重要的作用。例如，海思半导体有限公司是我国集成电路设计企业的龙头，2016 年销售额达 260 亿元，是国内最大的无晶圆厂芯片设计公司。海思半导体有限公司的业务包括消费电子、通信、光器件等领域的芯片及解决方案，代表产品为麒麟系列处理器等。2020 年 10 月 22 日，华为在 HUAWEI Mate 40 系列全球线上发布会上发布的麒麟 9000 芯片，采用了 5 纳米工艺制程。据报道，麒麟 9000 在多个参数上超越骁龙 865、苹果 A14 等竞争对手。但是，麒麟的加工生产仍然需要海外公司代工，因此麒麟芯片的供应会受到美国的芯片禁令等国际因素的影响。我国在半导体产业结构上还存在发展不均衡的问题，难以完全自给自足。

当前，全球半导体产业链细分趋势非常明显。较诸之前设计、制造和封测在同一公司完成的垂直整合制造模式，这三个环节已经形成相对独立的专业企业分工。全球半导体产业链走向分工的过程也是半导体产业链全球化的过程。以 1996 年为分水岭，在此之前，中国半导体产业受制于国际和国内政治因素，与全球半导体产业发展的"摩尔定律"速度完全脱节。但在 1996 年之后，通过"908""909"工程等系列战略推动，加上进入 21 世纪以来全产业链的系列配套发展，我国半导体产业体系已经取得了长足进步，当前中国已跃升为晶圆代工产业全球第二大国。从中国半导体产业技术发展进程看，中国半导体制造工艺从落后 3 代以上，缩小为仅落后 1~2 代。

同时，我们也要看到，在芯片制造环节，虽然有"908""909"工程以及最近十余年来国家的大力推动，但中国集成电路产业的落后依然不容置疑。必须承认，整体的产业结构严重失衡，设计企业少而弱，制造方面虽有半导体巨头纷纷设厂，但大都以封装测试为主，而且由于国外政策的限制，制造工艺均落后于国外。至于制造设备，几乎完全依赖进口。这些问题我们依然要面对，而且还需要深入分析和挖掘原因。

▶ 我国智能制造发展面临的问题及对策建议

智能制造业人才紧缺，需加快培养相关人才。我国智能制造面临人才缺口大、培养机制跟不上、现有制造业人员适应智能制造要求的转型难度较大等问题。

一是整体人才缺口大。我国教育部、人力资源和社会保障部、工业和信息化部联合发布的《制造业人才发展规划指南》预测，到 2025 年，高档数控机床和机器人有关领域人才缺口将达 450 万，人才需求量也必定会在智能制造的不断深化中变得更大。

二是人员流动性大，且刘易斯拐点后人口红利在缩小。不仅是人才缺口大，制造业人员流动性也很大。根据中金公司的调研，在跨过刘易斯拐点后，制造业劳动力市场中需求方的议价能力下降。例如，有纺织企业反映，2012年以来企业在国内就面临基层员工招不进来、大专生留不下来的情况；另外，有些汽车配件企业希望可以留住熟练工人，但新冠肺炎疫情暴发后，部分四川、重庆的工人可能选择不再回来，过去几年的产业内迁也使很多中西部劳动力选择就近就业。

三是智能制造转型升级创造的新职位需要新型技术人才，但传统就业人员并不一定能在短期内转型并适应新职位需求。以工业互联网为例，中国工业互联网研究院的研究表明，工业互联网相关职业在不断涌现。2019年、2020年国家发布的29个新职业中，与工业互联网相关的达到13个，如大数据工程技术人员、云计算工程技术人员，占新增职业的44.8%。要胜任这些新职位需要较高、较新的知识储备，原有传统制造业领域的工程技术人员要满足这些新岗位的技能需求，需要时间培养。

以上都是智能产业结构升级过程中难以避免的问题。要解决这些问题，可从两方面着手。一方面，建立更为健全的在职教育体系，提供在职教育的认可度和含金量。制造业是就业的重要领域，相关人员的转型升级是迈向智能制造的前提。在人才缺口较大的情况下，在职人员"边干边学"是制造业智能化人才培养比较务实的路径。同时，用人单位也要抛弃对在职学习的成见和歧视，避免"唯学历论"，要根据制造业实际需求和个人能力来选用人才。

另一方面，制造业人才使用面临"Z世代"挑战。"Z世代"是美国及欧洲的流行用语，意指1995—2009年出生的人，又称网络世代、互联网世代，统指受互联网、即时通信、短信、MP3、智能手机和平板电脑等科技产物影响很大的一代人。面对时代变化，制造业传统的用人管人方式需要转变，使年轻一代能够留得下来、干得下去，能够越干越有希望。

工业互联网的安全问题需引起高度重视，进一步细化明确责任体系。工业互联网作为智能制造的"血脉"，其安全性直接关系到智能制造的安全。工业互联网和制造系统具有高度集成的特征，而这些集成使智能制造系统更容易受到网络威胁的攻击。2019年7月，工业和信息化部等十部门联合印发了《加强工业互联网安全工作的指导意见》（以下简称《指导意见》），提出"到2020年年底，工业互联网安全保障体系初步建立""到2025年，制度机制健全完善，技术手段能力显著提升，安全产业形成规模，基本建立起较为完备可靠的工业互联网安全保障体系"两大目标。

当前，我国工业互联网面临的威胁较为严峻。2020年1—6月，国家工业互联网安全态势感知与风险预警平台持续对136个主要互联网平台、10万多家工业企业、900多万台联网设备进行安全监测，累计监测发现恶意网络行为1356.3万次、涉及2039家企业。如表5-5所示，截至2020年6月，我国工业互联网虽然总体安全态势平稳，未发现重大工业互联网安全问题，但对工业互联网基础性设备和系统的攻击正在增多，攻击范围、深度都在扩大，未来工业互联网面临严峻安全挑战。

表5-5 我国工业互联网安全问题态势（2020年上半年）

工业互联网安全态势	说明
恶意攻击增加	恶意攻击主要以异常流量、非法外联、僵尸网络三类为主，其中异常流量中包含大量扫描、嗅探行为，这是攻击前信息搜集的行为，安全隐患不容乐观

（续表）

工业互联网安全态势	说明
网络攻击集中于基础性行业	攻击主要集中在制造业等基础性行业领域，仅计算机、通信和其他电子设备制造业遭受攻击次数就将近288万次
境外攻击增加	我国工业互联网遭受攻击近半来自境外。监测发现僵尸网络行为305万起，控制端近7成位于境外
联网工业设备漏洞多，"带病运行"情况普遍	2020年上半年发现946个漏洞，涉及212个工控系统，其中HMI、ERP和PLC漏洞占总数的92%
零日漏洞（"oDay"）安全隐患	部分公共厂商PLC设备零日漏洞问题依然存在，设备存在失控风险
勒索软件威胁加剧	勒索病毒可通过工业网络传播并威胁整个供应链
车联网成为攻击新领域	车联网安全漏洞问题逐渐突出，用户数据和个人隐私面临泄露风险

资料来源：根据中国信息通信研究院、工业互联网产业联盟2020年9月发布的报告《2020年上半年工业互联网安全态势综述》及相关资料整理。

工业互联网安全问题难以避免地会随着智能制造升级发展而不断变化，因此建立相关的防范体制机制是关键所在。《指导意见》指出，到2020年年底，"制度机制方面，建立监督检查、信息共享和通报、应急处置等工业互联网安全管理制度，构建企业安全主体责任制，制定设备、平台、数据等至少20项急需的工业互联网安全标准，探索构建工业互联网安全评估体系"。由此可见，工业和信息化部等我国相关主管部门对工业互联网安全问题的复杂性和多部门协同联防联控的重要性有充分认识。细化工业互联网各领域、各环节的责任体系，是多部门合作防控的首要问题。因此，在加强相关标准建设的同时，也要进一步细化相关安全体系的职责，将防范工作落实到具体的主管部门。

半导体、高端数控机床、工业机器人核心零部件等的国产替代需要我国提高自主创新能力，建议进一步深化科研体制改革、加强科研机构与产业界的联动，通过提高国家系统自主创新能力来推动关键领域的技术瓶颈突破。半导体、高端数控机床、工业机器人核心零部件等领域在技术路径上是密切相关的。例如，这三个领域在传感器、控制系统、各种智能芯片模块方面均有相似或共同的技术栈。我国要提高这些领域的国产替代率，不是依靠个别技术突破能够实现的。半导体、高端数控机床、工业机器人核心零部件的国产替代突破需要依托国家系统创新能力的提升，这将是一个长期的过程。在国家层面，目前这几大领域主要依靠相关部委和地方产业政策的支持，但缺乏中央的统一战略。建议立足于国家整体系统创新能力的提高，从中央层面明确具体的责任人，统筹半导体、高端数控机床、工业机器人核心零部件等领域自主创新问题。通过中央层面的统筹，在不断改革中建立与解决当前半导体、高端数控机床、工业机器人核心零部件"卡脖子"问题相适应的国家系统自主创新机制，建立制度化的创新突破能力，推动我国智能制造迈上新的台阶。

加快智能制造升级发展，需进一步激活民营企业活力，完善相关市场竞争和退出机制。一方面，未来我国企业的智能制造转型升级，在国企做大做强的同时，民营制造业发展的动能不容忽视。图 5-3 是 2011—2020 年我国国有、外资和民营企业工业增加值变化趋势。图中表明，我国民营企业较之国有企业和外资企业，整体上保持了较强的价值创造活力。2018 年以来，我国对于行政性政策对民营企业的影响问题已有较深入的认知，特别是政策刚性对民营企业生命力的影响问题，需要长期警醒。此外，我国智能制造同时也要为小微民营企业预留发展空间，引导和促进小微企业形成或者融入产业链。

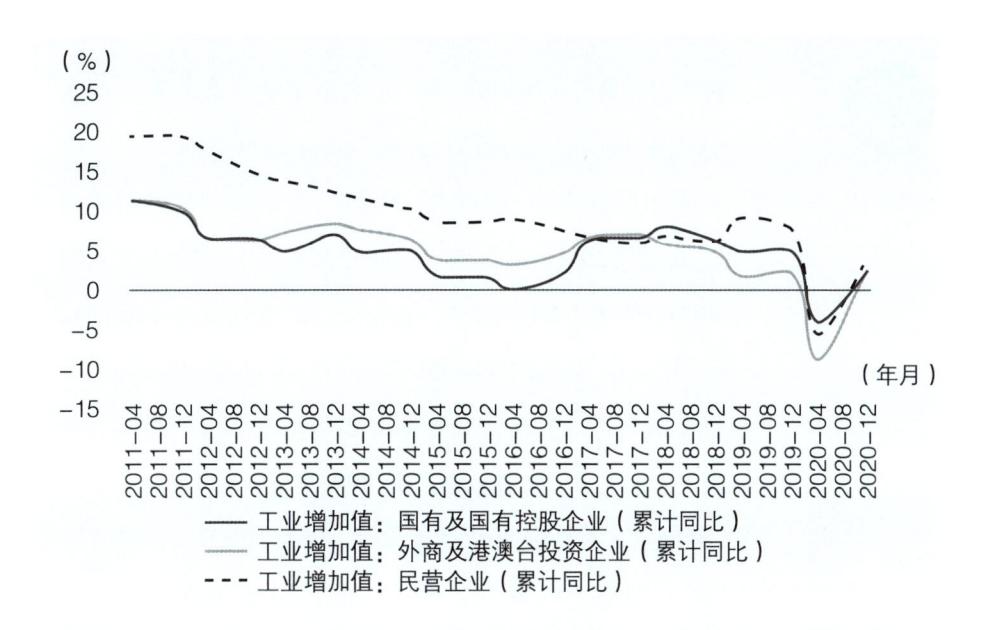

图 5-3 2011—2020 年我国国有、外资和民营企业累计（月）同比工业增加值变化

资料来源：Wind。

另一方面，我国大部分制造业领域已经不是幼稚产业，保护与竞争、政策支持和市场退出机制等需要并行推进。以半导体产业为例，我国半导体芯片需求当前已经占据全球第一，除了芯片制造还与国际发展存在较大差距，我国在晶圆材料生产、封测和电子产品制造方面的全球竞争中已经具备较强的竞争力。结合美国的半导体产业经验，在发展早期，行业是需要产业政策扶持的，但是随着产业自身发展的不断成熟，行业要逐步从产业政策推进向产业政策与贸易政策相结合的方式过渡，适当引进竞争机制，淘汰落后产能，为有竞争力的企业提供更好的创新空间。因此，我国半导体行业最终仍需面对与美国等发达国家在全球的较量，长期的竞争与较量将是常态。

参考文献

［1］姚锡凡,景轩,张剑铭,等.走向新工业革命的智能制造[J].计算机集成制造系统,2020,26(09):2299-2320.

［2］工业和信息化部,财政部.两部门关于印发智能制造发展规划（2016—2020年）的通知[R/OL].(2016-12-08)[2021-09-17].https://www.miit.gov.cn/ztzl/rdzt/znzzxggz/wjfb/art/2020/art_35cb8480b880493a9e57250d11d28c55.html.

［3］建投研究院.投资新视野Ⅰ：智能制造（京东阅读电子版）[M].北京：社会科学文献出版社,2016: 23,33.

［4］李松涛.李克强为什么要提工业4.0 [R/OL].中国政府网,(2014-10-11)[2021-09-04].http://www.gov.cn/xinwen/2014-10/11/content_2763019.html.

［5］前瞻产业研究院.高质量发展新动能：2020年中国数字经济发展报告[R/OL].(2020-08-19)[2021-09-04].https://bg.qianzhan.com/report/detail/2008191709558723.html.

［6］赛迪研究院.世界级先进制造业集群白皮书[R].(2020-09-14)[2021-09-04].http://www.ccidwise.com/plus/view.php?aid=17050&tyid=3.

［7］中国信息通信研究院.工业互联网产业经济发展报告（2020年）[R].(2020-03-24)[2021-09-04].

［8］郜小平,姚翀,许隽,等.工业互联网发展痛点三问[N].南方日报,2020-05-15(AB04).

［9］任彦,强薇.机器人来了，是对手还是帮手[N].人民日报,2014-08-27(22).

［10］胡哲.中国机器人是这样长大的[N].人民日报,2017-06-27(24).

［11］陈近泽.中国机器人[J].知识就是力量,2001(05):12-13.

［12］机工情报.世界主要国家机器人研发投入情况[R/OL].(2020-08-04)[2021-09-27].http://mkc.ckcest.cn/topic/news-detail.html?name=welding&channelId=11&pkId=449545.

［13］哈工大机器人（合肥）国际创新研究院,中智科学技术评价研究中心.中国机器人产业发展报告（2020～2021）[M].北京：社会科学文献出版社,2021：285-324.

［14］彭昕.2021年中国工业机器人产业链专题研究报告[R/OL].头豹研究院,(2021-08-23)[2021-09-18].https://www.leadleo.com/report/details?id=610cdd55c4ba995f57a75645.

［15］中国电子学会.中国机器人产业发展报告2019[R/OL].机器人在线,(2019-10-03)[2021-09-04].http://www.imrobotic.com/news/detail/17088.

［16］申靓,沙鑫.中国工业机器人发展报告（2020～2021）[R/OL].皮书数据库,[2021-09-03].http://dwz.win/asgw.

［17］朱茜.2021年中国工业机器人行业全景图谱[R/OL].前瞻产业研究院,(2021-06-29)[2021-09-18].https://www.qianzhan.com/analyst/detail/220/210629-87ed81bf.html.

［18］关启亮,徐昊.工业自动化浪潮加速,国产机器人崛起[R/OL].民生证券,(2021-06-10)[2021-09-18].https://pdf.dfcfw.

com/pdf/H3_AP202106101497143266_1.pdf?1623342884000.
pdf.

[19] 赛迪顾问. 2019 年 TOP10 数控机床榜单发布，中国企业无一上榜！[R/OL]. (2020-04-24)[2021-09-04]. https://www.dx2025.com/archives/81495.html.

[20] 吴科任. 国内企业向工业母机价值链中高端迈进 [N]. 中国证券报, 2021-08-24(A07).

[21] 中研网. 高档数控系统国内市场占有率达 30% 2020 年金属加工机床订单量增长了 16%[Z/OL]. (2021-01-29)[2021-09-04]. https://www.chinairn.com/hyzx/20210129/120425971.shtml.

[22] 王磊, 卢秉恒. 中国工作母机产业发展研究 [J]. 中国工程科学, 2020,22(02):29-37.

[23] 赛迪顾问. 数控机床系列研究–系列二：数控机床产业链剖析及发展建议 [R/OL]. (2019-05-24)[2021-09-27]. https://www.sohu.com/a/316268959_378413.

[24] Daniel. Chinese share of the global semiconductor consumption market from 2003 to 2015[R/OL]. Statistics, (2020-11-24)[2021-09-27]. https://www.statista.com/statistics/238226/chinese-share-of-world-semiconductor-market.

[25] 孙卓昇. 2021 全球半导体市场发展趋势白皮书 [R/OL]. (2021-06-01)[2021-09-04]. http://www.mtx.cn/#/report?id=684670.

[26] 中商产业研究院. 2016 年 1—12 月中国进口原油数据统

计 [R/OL]. 中商情报网 ,(2017-01-13)[2017-05-18]. http://www.askci.com/news/chanye/20170113/ 16041387814.shtml.

[27] Daxue Consulting. China's Semiconductor Industry: 60% of the global semiconductor consumption[R/OL]. (2020-10-25)[2021-09-04]. https://daxueconsulting.com/chinas-semiconductor-industry.

[28] Bloomberg. China Stockpiles Chips, Chip-Making Machines to Resist U.S.[R/OL] (2021-02-03)[2021-09-04]. https://www.bloomberg.com/news/articles/2021-02-02/china-stockpiles-chips-and-chip-making-machines-to-resist-u-s.

[29] 郑震湘 , 佘凌星 , 陈永亮 . 证券研究报告：半导体设备专题 - 国产替代进展提速 [R]. 国盛证券 ,(2020-06-30).

[30] Icinsights. Taiwan Maintains Edge as Largest Base for IC Wafer Capacity[R/OL].(2021-07-13). https://www.icinsights.com/news/bulletins/Taiwan-Maintains-Edge-As-Largest-Base-For-IC-Wafer-Capacity/.

[31] 马强 , 李飒 , 程欣 . 人口老龄化对制造业转型升级的影响 [J]. 沈阳工业大学学报 (社会科学版),2020,13(04):318-323.

[32] 林露 . 未来五年高档数控机床和机器人领域人才缺口将达450万[R/OL].人民网， (2020-07-30)[2021-09-04]. http://finance.people.com.cn/n1/2020/0730/c1004-31804358.html.

[33] 中国工业互联网研究院 . 工业互联网人才白皮书（2020年版）[R]. (2020-06).

［34］潘树琼.Z世代：伴网而生活在当下[J].网络传播，2020(04).

［35］中国政府网.十部门关于印发加强工业互联网安全工作的指导意见的通知[A/OL].(2019-09-28)[2021-09-04].http://www.gov.cn/xinwen/2019-08/28/content_5425389.html.

［36］中国信息通信研究院,工业互联网产业联盟.2020年上半年工业互联网安全态势综述[Z].2020.

数字经济与制造业融合发展：路径与建议

史宇鹏

中央财经大学中国互联网经济研究院副院长，中央财经大学经济学院教授、博士生导师

▶ 数字经济的内涵与发展现状

经过几十年的经济高速增长，我国已经迈入高质量发展的新阶段，开启了"十四五"建设的新征程。"十四五"时期是我国全面建成小康社会、实现第一个百年奋斗目标之后，乘势而上开启全面建设社会主义现代化国家新征程、向第二个百年奋斗目标进军的第一个五年。为了实现第二个百年奋斗目标，我们必须要坚持新发展理念，构建新发展格局；大力发展实体经济，推进实体经济提质增效。

制造业是大国之基，是实体经济的重中之重。经济的高质量发展，离不开制造业的高质量发展，要依靠科技创新，提高制造业的生产效率和供给质量。近年来，以互联网、大数据、人工智能为核心的数字技术迅猛发展，数字经济与实体经济加速融合，已经从生产、消费、流通等各个环节创新了经济发展模式，改写了经济面貌，成为全球广泛关注的重大课题。2016年二十国集团（G20）峰会上通过的《二十国集团数字经济发展与合作倡议》指出，数字经济是以使用数字化的知识和信息作为关键生产要素、以现代信息网络作为重要载体、以信息通信技术的有效使用作为提升效率和优化经济结构重要推动力的一系列经济活动。简单地说，数字经济就是以数字技术为核心带动整个经济活动过程并创造效益的经济模式。与传统经济活动相比，数字经济对市场的反应速度快、边际成本低、资源消耗少、环境污染小。数字经济具有创新、绿色、共享等诸多优点，非常符合新发展理念的要求，能够在短期内提升产出效率，有利于经济社会的长期可持续发展。特别是2019年以来，新冠肺炎疫情的暴发与蔓延对全球经济造成了巨大冲击，数字经济成为对冲疫情影响、提振经济活力的重要力量，受到世界各国的高度重视。

随着技术创新的不断涌现和广泛应用，数字技术在经济的消费端、生产端与流通端不断扩张、延伸，数字经济在改造传统产业、提升生产效率方面的重要作用也日益凸显。具体来说，数字经济一方面通过"产业数字化"对各传统产业进行数字化整合与再造，带动传统产业提质增效、焕发活力；另一方面则通过"数字产业化"将数字化的知识和信息转化为生产要素，形成最终产品，培育新产业、新业态，并为资本、劳动力、技术等其他生产要素提供广阔的发展平台。产业数字化与数字产业化相互促进，共同推动数字经济与实体经济向更深、更广的层次融合。同时，数字经济规模也逐步发展壮大，根据中国信息通信研究院的最新测算，2019 年我国数字经济增加值规模从 2005 年的 2.6 万亿元增加至 2019 年的 35.8 万亿元，位居世界第二，占国内生产总值的比重达到 36.2%，对整体经济增长的贡献率高达 67.7%。

▶ 数字经济与制造业融合发展的意义与关键

与蓬勃发展的数字产业相比，我国制造业在经历了长期高速增长之后，随着国内外经济形势的变化，一些深层次的问题开始逐渐暴露。高投入、高产出、高污染的"三高"生产方式，导致资源利用效率不高，环境污染严重；粗放式、外延式的发展方式，导致重复投资现象严重，产能过剩问题突出；创新投入不足，导致供给质量不高，关键技术受制于人；过度依赖出口拉动，导致对国际市场变化高度敏感，国内超大规模市场尚未得到充分利用。由此可见，我国制造业大而不强、全而不优的局面仍未完全转变，产业安全存在严重隐患，影响和制约了经济发展质量。进入 21 世纪以来，我国经济发展面临的内外部环境发生了很大变化，国内人口红利逐渐消失，资源约束日益趋紧；国际政治经济秩序中不确定性、不稳定性因素增多，贸易保护主义、逆全球化有所抬头。在百年未有之大变局下，应充分利用互联网、大数据、云计算等新一轮数字技术带来的"数字红利"，加快推进数字经济与制造业融合发展，加快提升制造业的生产效率和经济效益，保证我国经济行稳致远。

制造业是立国之本、强国之基，在当今逆全球化趋势兴起的形势下，制造业对稳定国家经济社会的意义尤为重大，是国家经济的命脉所系。党中央、国务院历来高度重视发展制造业，以及数字经济与实体经济特别是制造业的融合发展。2017年4月，习近平总书记在广西考察期间指出，"我国是个大国，必须发展实体经济，不断推进工业现代化、提高制造业水平"。2017年10月，在中国共产党第十九次全国代表大会上，习近平总书记强调，"加快建设制造强国，加快发展先进制造业，推动互联网、大数据、人工智能和实体经济深度融合"。2019年9月，习近平总书记在郑州考察时再次强调，"中国必须搞实体经济，制造业是实体经济的重要基础，自力更生是我们奋斗的基点。我们现在制造业规模是世界上最大的，但要继续攀登，靠创新驱动来实现转型升级，通过技术创新、产业创新，在产业链上不断由中低端迈向中高端。一定要把我国制造业搞上去，把实体经济搞上去，扎扎实实实现'两个一百年'奋斗目标"。2021年3月，李克强总理在政府工作报告中提出，要"加快数字化发展，打造数字经济新优势，协同推进数字产业化和产业数字化转型"。当前，基于互联网、大数据、云计算、人工智能等技术的数字经济日益与基础设施建设、消费需求、企业供给等实体经济活动紧密结合，有力推进了制造业的数字化转型。

数字经济与制造业的深度融合，关键在于数据要素的深度开发与使用，其核心是在数字技术的支撑下，围绕数据的收集、传输、加工与使用，带动产业链各环节的数字化转型，实现制造业的提质增效。在数字经济与制造业深度融合的过程中，数据成为土地、劳动力、资本、技术之外的全新生产要素，参与、改造乃至引领生产过程各环节，为制造业的转型发展注入了新的动能。数字经济时代，制造业不再简单地以物理投入的先后顺序来安排生产，而是更多地利用数字经济的独特优势，依靠数据流、信息流来协调生产。数据本质上是一种可以用来提高预测精准性的重要信息，接触和使用数据有助于帮助企业降低生产成本、扩大经营规模。数据具有即时性、共享性、边际成本趋近于零等特征，可以带动资本、劳动、土地等其他生产要素的效率提升，从而实现规模经济。具体到生产各环节，在生产决策时，企业可以利用数据获知用户的个性化需求，设计定制化产品，避免产品同质化，提高供给效率；在生产过程中，数据作为投入要素能够提升生产的智能化、协同化，提高其他生产要素的边际回报率；在产品销售过程中，对接供需双方的数据能够减少商品错配率，优化分配效率，尽量避免产品积压和产能过剩。充分发掘数据在生产各个阶段的潜在效能，将成为打造我国制造业产业竞争优势的重要抓手。

▶ 数字经济推动制造业高质量发展的具体路径

数据要素蕴含的巨大价值，为数字经济从多个维度推动制造业提质增效、实现高质量发展奠定了坚实的基础。在产品层面，数字经济使生产能够更好地满足个性化、定制化的消费需求，提高供给效率，避免产能过剩；在技术层面，数字经济能够推动实现智能生产和网络协同，提高供需匹配效率和全要素生产率；在组织层面，数字经济优化了企业内部与企业之间的组织结构，有力推动了虚拟企业、柔性生产等新型高效组织形式的快速发展。

第一，在产品层面，数字经济推动生产的定制化、多样化。在传统生产模式中，企业在市场竞争的压力下，为了充分利用规模经济带来的成本优势，往往生产的是标准化、无差异的产品，消费者的个性化需求很难得到满足。随着互联网、大数据、人工智能等数字技术的兴起与大规模应用，企业定制化、多样化生产的成本大幅下降，满足消费者个性化需求成为可能。从消费者角度而言，数字技术的发展降低了搜寻成本，消费者更容易发现并购买到符合自己需求的产品，获得个性化的消费体验，消费需求呈现出明显的多样化特征。从企业角度而言，数字技术的发展使得企业能够以较低的成本获知消费者的需求，捕捉到消费者的个性化偏好，企业可以在数字技术和数据信息的"指挥"下安排原料采购、生产与销售，由大批量、标准化的工业化生产转向小批量、个性化的数字化生产。

小批量、个性化的生产能够使企业避免落入同质化竞争的陷阱，提高竞争力和经济效益，因此，近年来个性化定制生产已逐步成为数字经济时代企业发展的一大趋势。在个性化、定制化的生产方式下，消费者不再是生产过程的被动接受者，而可以通过在线购物、留言评价等多种方式，以非常低的成本参与到产品设计和制造环节中。通过电信网络、互联网等传输载体，消费者能够将自己的个性化需求数据直接提供给企业，帮助企业设计出体现独特个性的产品。企业在掌握客户需求信息后再进行精准供给，大幅提升了经营效益。数字经济能够实现消费者和企业间的双向沟通，使得产品生产变得更有针对性和指向性，消费者的个性化需求得到更好的满足，供给效率得到显著改善。

第二，在技术层面，数字经济推动生产的智能化、网络化。技术进步是企业追求高效增长、保持竞争优势的必然选择。作为当前技术进步的典型代表，数字技术的发展显著促进了制造业整体生产率的提升，具体表现在两个方面：一是以人工智能为代表的智能化制造，二是以工业互联网为代表的网络化生产。

智能化制造，一般指利用互联网、大数据、人工智能等数字技术，对设计、制造、管理、服务等各个生产环节进行优化，实现智能决策、智能生产的制造模式。智能制造模式能够优化生产流程，缩短生产周期，提升生产效率。以智能化制造中的智能车间为例，企业可以从智能车间生产过程中产生的海量数据挖掘出有价值的信息，指导车间运行机制的进一步优化，实现大数据驱动下"关联 + 预测 + 调控"的车间运行分析与决策新模式。人工智能是近年来在智能化制造领域发展最为迅猛的技术，是通过计算机模拟人的思维过程和智能行为，使机器完成以往只有人才能胜任的智能工作。人工智能对传统的生产模式产生了巨大冲击，极大提高了生产的自动化水平，减少了对劳动力的需求，提高了资本的回报率，促进了资本积累。人工智能能够以比劳动力低得多的成本解决复杂的生产任务，减少人为差错，从而大大提升生产规模和产品质量；人工智能可以与劳动力和物质资产等其他生产要素产生互补效应，提升其他要素的产出效率。因此，人工智能的应用普及能够提高我国制造业的智能化水平，推动制造业整体迈上新的台阶。

工业互联网，主要是指由互联网链接在一起的机器设备等所组成的物理网络，通过运用大数据等分析技术对该网络所收集的工业数据进行深度解读与分析，促进传统工业的转型升级。工业互联网的核心是工业信息的网络化收集与处理，通过对制造领域不同环节植入传感器，对制造过程进行实时感知和数据收集，并借助数据对工业环节进行精准控制，最终实现生产效率的提升。工业互联网的本质，是利用"互联网+"实现机器与机器之间、机器与生产系统之间、生产企业与生产企业之间、企业上下游之间的实时连接和智能交互，最终形成以信息数据为驱动、以决策模型为核心，具有智能决策特征的工业物联网。因此，工业互联网既可以看作是智能化制造的延伸，也代表了网络化生产的方向。

第三，在组织层面，数字经济推动生产的协同化、柔性化。随着数字经济的发展，数字技术的开放、平等、共享等特点对传统生产组织方式带来了越来越大的挑战，越来越多的企业开始尝试建立更加灵活、更具柔性的组织方式，以应对变化越来越快的市场竞争。同时，互联网、大数据等数字技术大大提高了信息的流动性和穿透性，降低了交易费用和协调成本，促进了更大范围和更深层次的市场分工，协同化、灵活化的企业组织形式日益增多。分布在不同地域、不同行业的企业，以互联网为纽带，能够快速协同、响应市场需求，分解生产流程、共同完成生产任务。在众多灵活的生产组织方式中，柔性生产与虚拟企业是其中的典型代表。

柔性生产，是由英国 Molins 公司于 1965 年首次提出的概念，指一种市场导向型的按需生产的生产组织方式，这种方式能够根据客户需求及市场变化变更生产计划、调整生产布局和生产线、提高生产灵活性。数字经济降低了消费者参与企业生产的成本，也降低了企业调整生产计划的成本，企业能够以柔性和即时方式提供定制化产品。1991 年，"虚拟企业"的概念首次由美国里海大学的百余位专家学者共同提出，指具有不同资源与优势的企业为了共同开拓市场、获取最大竞争优势，在信息网络基础上组建的共享技术与信息、实现互惠互利的企业联盟。虚拟企业围绕某个特定任务而组建，以互联网等信息技术为主要连接和协调手段，将独立的厂商连接起来，迅速组织生产以达到抢占市场、分摊费用和获取利润的目的。与传统的产业集群相比，虚拟企业的组织更为松散，具有更高的开放度与灵活性。随着数字技术的发展，虚拟企业的组建变得更加容易，这进一步推动了生产制造的柔性化，从而能够更为有效地满足消费者的个性化需求。

第五章 智能制造是中国发展的新名片

▶▶ 数字经济推动制造业高质量发展的政策建议

展望未来，在数字技术的创新驱动下，产业数字化与数字产业化的大发展、大融合，将会带来更多的新产品、新业态与新模式，为我国制造业的高质量发展开辟更广阔的空间。为了更好地发挥数字经济的推动作用，加快实现制造业的高质量发展，我国要进一步完善市场环境，加强数字基础设施建设，引导企业创新经营理念，积极探索数字化转型的可行路径，为中国制造在数字经济中的健康发展指明方向、保驾护航。

一方面，企业要主动学习并运用数字技术，提升智能化、协同化水平，加快实现数字化转型。当前，我国经济已经到了产业转型升级的关键阶段，制造业企业应审时度势、抓住机遇，积极吸收借鉴新兴数字技术的创新成果，加快数字化转型的步伐。在生产实践中，应大力推动数据平台建设，充分利用大数据、人工智能等数字技术，实现智能制造、智能控制，提高资源配置效率、生产效率；加快智能车间、智能工厂建设，加快推进智能制造替代传统制造，淘汰落后生产工艺，优化生产流程；构建企业经营大数据平台，及时获取企业生产、销售、经营风险等数据，分析企业生产经营状况，为企业发展提供决策支持；依托互联网、大数据技术搭建生产协作平台，通过柔性生产、虚拟企业等形式提高企业间的生产协作能力，快速响应市场需求，提升产品竞争力；加大对员工数字化、信息化相关知识与技能的培训，提升员工的数字素养，提高全员劳动生产率。

企业的数字化转型发展离不开技术创新。互联网技术的成熟运用以及大数据、云计算、区块链等技术的出现，带来了技术革新的日益加快和知识存量的爆发式增长。通过大数据与云计算、人工智能等技术组合，能够最大程度地发挥数据潜能，优化生产流程和组织形式，更好地满足消费者个性化、定制化需求，提升企业的生产效率和经济效益。企业应当明确以硬件层面的智能制造和软件层面的工业互联网作为数字技术创新的重点突破方向，加大数字创新研发投入，吸引人工智能、工业互联网等领域的优秀人才，促进先进技术的扩散应用，推进产业链与创新链深度融合。同时，主动将研发需求与高校、研究院等科研机构对接，加强研发资源的合作共享，由传统的单一研发部门创新向全社会创新网络迈进，降低企业研发成本，提升企业研发水平，在全球制造业竞争中占得先机。

另一方面，政府要不断完善制度环境，推进数字基础设施建设，深度释放数据要素潜能。随着数字技术和数字经济的发展，经济中的传统产业不断分化、融合，新业态、新模式不断涌现，给政府的传统治理方式带来很大挑战。政府需要改变传统的治理理念和规制方式，提升数字治理能力，把数字化与市场化有机结合起来。政府作为制度的供给者，其对制度的供给质量和效率，会影响整体经济的表现。特别是在新发展阶段，培育数据要素市场，充分发挥数字要素的潜能，这对政府治理能力、政策环境提出了更高要求。首先，政府不能"缺位"，要为数字经济与制造业深度融合做好顶层设计，为制造业转型升级创造良好的营商环境；要做好宏观调控，维护公平的竞争秩序，打击垄断行为；要提升服务意识和服务水平，为企业发展排忧解难。其次，政府不能"越位""错位"，要发挥市场在资源配置中的决定性作用，进一步简政放权，减少政府的不当干预，保护企业合法权益，提高经济效率。

在硬件建设方面，政府要进一步加强对互联网基础设施与服务的支持保障。要抓住产业数字化、数字产业化的机遇，加快新型基础设施建设。为加快推进"新基建"，政府应该加快部署 5G、物联网、工业互联网、人工智能、云计算、数据中心等新一代信息通信基础设施建设，把相关支持政策落到实处，使其更好地服务于制造业数字化转型升级；同时，完善数据要素市场，实现信息公开，打破信息孤岛。应在政府主导下，尽快建立连接政府与企业、企业与企业、企业与消费者之间的跨区域跨部门综合信息共享平台，推动数据资源开放共享，为各方合作创造条件。

总之，通过加强软件建设与硬件投入，数据要素的潜能将得到更加充分的发挥，数字经济与实体经济的融合将更加深入，我国制造业的高质量发展必将迎来更为广阔的空间。

中央财经大学中国互联网经济研究院助理研究员张文韬对本文亦有贡献。

参考文献

［1］中国信通院. 中国数字经济发展白皮书（2020 年）[R/OL]. (2020-07-02). http://www.caict.ac.cn/kxyj/qwfb/bps/202007/P020200703318256637020.pdf.

［2］Juliane Begenau, Maryam Farboodi, Laura Veldkamp. Big Data in Finance and the Growth of Large Firms[J] Journal of Monetary Economics, 2018,97:71-87.

［3］Chris Anderson. The Long Tail: Why the Future of Business Is Selling Less of More[M].New York,United State:Hachette Books,2006.

［4］任宗强, 赵向华. 个性化定制模式下制造型企业知识管理与动态优化机制 [J]. 中国管理科学, 2014,22(S1): 539-543.

［5］黄群慧,余泳泽,张松林.互联网发展与制造业生产率提升：内在机制与中国经验[J].中国工业经济,2019(08):5-23.

［6］张洁,高亮,秦威,等.大数据驱动的智能车间运行分析与决策方法体系[J].计算机集成制造系统,2016,22(05):1220-1228.

［7］陈彦斌,林晨,陈小亮.人工智能、老龄化与经济增长[J].经济研究,2019,54(07):47-63.

［8］纪成君,陈迪."中国制造2025"深入推进的路径设计研究——基于德国工业4.0和美国工业互联网的启示[J].当代经济管理,2016,38(02):50-55.

［9］张伯旭,李辉.推动互联网与制造业深度融合——基于"互联网+"创新的机制和路径[J].经济与管理研究,2017,38(02):87-96.

［10］尉洪朝."互联网+"让生产管理更柔性[J].互联网经济,2015(07):20-25.

［11］罗景欢.网络经济下的新型组织模式——虚拟企业[J].商业研究,2001(02):135-136.

稳步推进高端芯片国产化进程的战略路径

肖汉平

中国人民大学长江经济带研究院高级研究员

21世纪以来，全球科技创新进入空前密集活跃时期，新一轮科技革命和产业变革正在重构全球创新版图、重塑全球经济结构。2020年在全面推动长江经济带发展座谈会上，习近平总书记要求长江经济带"要建立促进产学研有效衔接、跨区域通力合作的体制机制，加紧布局一批重大创新平台，加快突破一批关键核心技术，强化关键环节、关键领域、关键产品的保障能力。要推动科技创新中心和综合性国家实验室建设，提升原始创新能力和水平。要强化企业创新主体地位，打造有国际竞争力的先进制造业集群，打造自主可控、安全高效并为全国服务的产业链供应链"。

在2021年5月28日召开的两院院士大会和中国科协第十次全国代表大会上习近平总书记强调，"要从国家急迫需要和长远需求出发，在石油天然气、基础原材料、高端芯片、工业软件、农作物种子、科学试验用仪器设备、化学制剂等方面关键核心技术上全力攻坚""要在事关发展全局和国家安全的基础核心领域，瞄准人工智能、量子信息、集成电路、先进制造、生命健康、脑科学、生物育种、空天科技、深地深海等前沿领域，前瞻部署一批战略性、储备性技术研发项目"。

长三角是我国芯片产业的重要集聚地，在新发展阶段，应利用自身的产业基础和科研实力，依托长三角科技创新共同体，构建半导体芯片创新生态系统，突破半导体芯片产业关键核心技术"卡脖子"短板，打造具有国际竞争力和影响力的长三角先进高端芯片制造集群，赋能未来产业发展，培育我国未来经济增长新动能。

▶ 半导体高端芯片是智能化、数字化时代关键未来产业发展的战略性通用技术以及支撑新一轮科技和产业革命"必赢"技术的前端投入

技术变革是现代经济增长的一个重要决定因素，是大多数经济学家的共识。诺贝尔经济学奖得主保罗·罗默的内生增长理论认为：经济增长是由市场激励而致的有意投资决策引起的技术变化驱动。确切地说，技术进步是推动经济长期增长的关键驱动因素。这些技术包括通用（共性）技术和专用技术。通用技术是单一的技术或技术群，它广泛运用于经济中，是许多下游部门的重要投入，它的使用能够促进一系列发明和创新。通用技术又可以细分为战略性通用技术和一般性通用技术。战略性通用技术是一种有可能应用于大范围的产品或工艺中的共性技术，具有广泛的应用前景。通用技术少有但

存在广泛的外生性技术冲击，能够通过改变经济的生产潜力对经济增长产生长期积极影响。

半导体，即支持现代技术的微型芯片，对促进国家经济增长、创造就业机会和保障国家安全至关重要。半导体芯片是一项具有多用途的战略性通用技术，对产业发展有重要的影响，对经济增长有至关重要的推动作用。近50年来，从电脑到移动电话到互联网本身，半导体芯片技术创新推动了几乎所有现代技术的变革性进步，全球半导体行业的增长在很大程度上是由智能手机等电子产品的需求以及物联网和云计算等应用程序的激增推动的。面对当今世界百年未有之大变局以及新一轮科技和产业革命带来的挑战，半导体芯片技术是支撑未来最关键的"必赢"技术的前端投入，这些"必赢"技术包括：为自动驾驶汽车和其他自动系统提供动力的人工智能，用于分析大量数据和增强数字加密的量子计算，以及以前所未有的速度和安全性无缝连接人们的先进无线网络技术，等等。这些"必赢"技术将推动对未来经济增长至关重要领域的创新，如个性化医疗保健、机器人技术和智能产品。

半导体芯片技术是新一代信息技术的核心，是现代数字经济的基石，更是抓住新一轮科技和产业革命机遇的关键。历史经验表明：发达国家与地区必然会有与之相适应的电子信息产业，而集成电路产业是电子信息产业的核心，是支撑社会经济和保障国家安全的战略性、基础性和先导性产业。目前全球芯片主要应用于通信、计算机、消费电子、汽车、工业和政府机构六大领域。以信息技术为核心的电子信息产业支撑了过去二十多年半导体芯片产业发展，全球半导体销售额从1999年的1494亿美元增加到2019年的4123亿美元，年均复合增长率为5.21%。当前，全球正处于新一轮科技和产业革命的关键期，以高端芯片为基础的新一代信息技术对国家整体发展非常重要，事关国家网络安全、信息安全。在新一轮科技和产业革命驱动下，未来以人工智能、量子计算、5G、物联网、大数据、云计算、区块链等技术为核心的新兴产业将是芯片应用的主战场。

以半导体芯片技术为核心的信息技术是过去几十年全球经济发展的推手，在新一轮科技和产业革命中，仍将是全球经济发展的重要推动力和维护国家安全的重要抓手。根据美国半导体产业协会（SIA）统计，2020年全球芯片销售总额达到4390亿美元，从地区来看，美国芯片制造商的销售额占总体销售额的47%。半导体是为我们今天使用的许多尖端数字设备提供动力的关键技术载体。随着自动驾驶、人工智能、5G和物联网等新兴技术的持续发展，全球半导体行业将在未来十年继续保持强劲增长。

▶ 构建国内半导体芯片产业技术创新共同体，突破半导体高端芯片制造关键核心技术短板，稳步推进半导体芯片产业高端化和国产化进程

半导体芯片产业是高资本和科研经费投入、工艺技术复杂的全球化产业链分工的竞争性产业。世界各地高度专业化的公司和机构在全球产业链、供应链和价值链上的广泛合作和研究基础设施复杂整合的基础上形成各具优势的六大地区板块：美国、韩国、日本、中国台湾、欧洲和中国大陆。其中，美国处于全球领先地位，中国台湾的先进芯片全球领先，欧洲的光刻机独树一帜，中国大陆正在奋起直追。芯片行业发展产品制造和升级换代既需要强大的基础科学、技术科学和工程技术等显性知识的支持，也需要隐性知识的

支撑。因此，要建立全产业链半导体芯片产业，满足高端芯片需求，需要大规模的研发投入和资本支出、高质量的人才储备、持续的经验积累、强大的制造业基础。这些都不是短期突击可以实现的，需要长期不懈的努力。

半导体芯片产业作为新工业革命时代的基础性和先导性产业，关乎国家信息安全和科技地位，是衡量一个国家现代化进程和综合国力的重要标准。2018年以来，半导体芯片行业持续升级的紧张关系在中美摩擦中占据了十分突出的地位。美国政府以"国家安全"为借口在2019年、2020年对我国企业实施了一系列出口管制，限制华为和其他中国实体企业获得含有美国技术的半导体，到2021年3月，这些出口控制波及整个半导体芯片供应链，不仅阻止中国实体企业采购美国半导体芯片和设备，而且阻止中国企业从美国境外供应商进口相关芯片和设备。

美国对中国半导体技术的封锁，既是挑战，也是机遇。从长远看，美国的封锁将推动我国积极推进半导体技术的国产化进程，使得中国可以充分利用国内巨大的市场规模优势，推动国内半导体产业技术快速迭代创新，从而加快高端半导体芯片技术的国产化和本土化进程。在新发展阶段，我们要化被动为主动，加快半导体芯片产业技术创新，突破半导体芯片产业链关键核心技术瓶颈，稳步推进半导体芯片产业的高端化、国产化和本土化进程，提高国内半导体芯片的自给率，为未来产业发展提供坚实的基础。

习近平总书记在2021年5月28日召开的两院院士大会和中国科协第十次全国代表大会上强调，"科技攻关要坚持问题导向，奔着最紧急、最紧迫的问题去"。总书记在讲话中指出了要全力攻坚的关键核心技术和前瞻性部署的战略性项目，其中就包括了高端芯片这一关键核心技术和前沿领域。

国家唯有不断创新，方能长盛不衰。创新是国家经济持续增长的不竭动力。在当今日趋激烈的国际科技竞争环境中，科技创新对我国来说，不仅是发展问题，更是生存问题。在新发展阶段，立足全球大国科技创新竞争和地缘政治博弈的新态势，着眼于中国未来关键产业发展和国家安全大局，要全力推进半导体芯片关键核心技术创新，加快完善国内半导体芯片产业链和供应链体系，稳步推进半导体芯片产业高端化进程，有效满足未来产业发展对高端芯片的需求。

为实现这一目标，需要在宏观层面上，建立政府支持、市场主导的半导体芯片产业创新驱动机制，政府要通过有效的制度创新，完善和优化市场主体技术创新环境和激励机制；在中观层面上，构建以行业协会和上中下游龙头企业为核心，大学和科研机构广泛参与，金融机构和下游用户强力支持的"政府－产业企业－大学（科研院所）－金融资本－下游用户"一体化的半导体产业和技术创新共同体，推动产业技术创新，助力企业家创业，完善半导体高端芯片产业生态系统；在微观层面上，建立有效的创业投资体系，支持各类市场经济主体开展芯片技术创新创业活动。

在半导体芯片技术创新生态系统构建中，政府的主要作用是制定行业发展规划，协调各方行动，通过人才培训、知识产权保护、资本生态建设等创新基础设施投资优化创新环境，为基础研究提供资金支持。大学和科研机构主要通过基础研究和应用研究，为企业技术创新提供创新基础设施支持。企业和企业家是产业的基本构成，是技术创新的主体，在创新中，大中型企业和企业家在创新中发挥不同作用，共同促进产业创新。金融资本主要以创业投资为核心，政府和社会资本协同发展创新投资体系，支持具有冒险精神的企业家创新创业。下游用户主要通过产品使用、协同开发、生态构建和信息反馈为企业的产品改进和迭代创新提供支持。特别是在产业发展早期阶段，如果没有用户的使用，创新将难以推进。因此，政府采购对于半导体芯片技术创新生态系统的构建也至关重要。

▶▶ 依托"长三角科技创新共同体"，打造半导体高端芯片技术创新高地，赋能未来产业发展，助力经济高质量发展

过去几十年，半导体技术在信息产业发展以及全球经济增长中发挥了十分重要的作用。如今，随着数字经济时代全面到来，人类社会进入数字化和智能化新时代。在新时代，半导体芯片产业所具备的价值已经远远超出其经济意义，成为全球各国竞争的关键赛道。世界各国都在加大先进半导体芯片技术和先进制程半导体芯片的投资力度，以期抢占新一轮科技制高点，为人工智能、量子计算、先进通信技术、物联网、区块链等未来产业发展提供坚实的技术基础。

据美国半导体产业协会（SIA）数据，2020 年中国半导体行业市场规模为 1517 亿美元，占全球比重 34.5%，是全球最大的半导体消费国。根据中国半导体行业协会统计，2020 年我国集成电路产业销售额为 8848 亿元，同比增长 17%。据海关总署统计，2020 年我国集成电路进口金额为 3500.4 亿美元，出口额仅为 1166 亿美元，进出口贸易差高达 2334.4 亿美元，较 2019 年的 2039 亿美元进一步扩大。2019 年，我国芯片自给率仅为 30%。目前，我国集成电路主要有四个产业集聚区，分别是以上海为中心的长三角地区、以北京为中心的环渤海地区、以深圳为中心的泛珠三角地区和以武汉、成都为代表的中西部区域。其中，长三角地区的集成电路产业规模占据了全国半壁

江山。

长三角地区是我国半导体芯片产业的重要聚集地，具有相对成熟的产业生态，芯片产业规模占据全国半壁江山，在推进我国芯片产业高端化的过程中处于十分重要的地位。从全国看，以上海为核心的江浙沪皖三省一市是目前我国半导体芯片产业基础最扎实、产业链最完整、技术最先进的区域，目前已经初步形成全产业链（上海）、封测（江苏）、制造（安徽）、设计（浙江）各有侧重的产业链和供应链分工格局。上海集聚了中芯国际、华虹宏力、华力微电子、华大半导体、紫光展锐、上海微电子装备、中微公司、盛美半导体等多家知名企业，涵盖了设计领域和制造领域。江苏是我国集成电路产业起步较早的地区之一。在一系列政策支持下，江苏连续多年集成电路产量和产值规模均位居全国首位。据国家统计局和江苏省国民经济和社会发展统计公报数据统计，2020年江苏省生产芯片836.5亿块，占全国总产量的32%，贡献的增量超过全国总增量的一半。目前江苏省已经形成涵盖电子设计自动化、设计、制造、封装、设备、材料等芯片细分产业较为完整的产业链，并汇聚了一批知名芯片企业。江苏省在芯片封测领域优势明显，有世界排名前三的长电科技，电子设计自动化软件开发企业Cadence和华大九天以及通富微电子等知名企业，吸引了国际光刻机巨头阿斯麦尔（ASML）在无锡开设光刻设备技术服务基地；在芯片设计行业有展讯半导体、鹏芯微、兆芯、芯动科技等；制造领域有华虹半导体、SK海力士、华润微电子、台积电、紫光存储等企业开设的生产基地。

2020年12月20日科学技术部发布的《长三角科技创新共同体建设发展规划》中指出，"建设长三角科技创新共同体，需要立足区域创新资源禀赋，以'一体化'思维强化协同合作，着力强化政策衔接与联动，破除体制机制障碍，实现优势互补，形成区域一体化创新发展新格局""着力提升区域协同创新能力，打造全国原始创新高地和高精尖产业承载区，努力建成具有全球影响力和竞争力的长三角科技创新共同体"。长三角地区作为我国半导体芯片产业和科技创新资源的主要集中地，国内半导体芯片产业链许多重要的企业均集聚于此，占据全国集成电路产业的半壁江山，在我国半导体芯片产业发展中处于十分重要的地位。

要充分发挥长三角地区半导体芯片产业集聚优势和区域科技创新资源基础，加强区域经济和科技创新协同发展，发挥半导体芯片产业龙头的带动作用，依托长三角地区集成电路产业链联盟，推动国内半导体芯片制造高端化进程，打造长三角地区半导体芯片技术创新和产业集群。2021年5月27日，长三角科技创新共同体办公室正式挂牌，并宣布建立长三角集成电路、生物医药、人工智能和新能源汽车四大产业链联盟，以锻造有全球竞争力和影响力的长三角产业链共同体。产业链联盟的建立无疑有助于推进高端芯片国产化进程，为未来产业发展提供有效支持。

面对世界百年未有之大变局，大国科技竞争日趋激烈，全球产业链、供应链和价值链区域化发展格局风起云涌。应从以下五个方面着手，打造半导体高端芯片技术创新高地，赋能未来产业发展，培育我国未来经济增长新动能。

第一，立足新发展阶段，贯彻新发展理念，长三角地区要加快建设"长三角科技创新共同体"的进程。依托区域内科技创新资源和人才资本优势，以半导体芯片产业制造关键技术"卡脖子"问题为突破口，构建"政产学研金用"半导体芯片产业创新生态。

第二，以半导体芯片产业龙头企业为核心，构建长三角芯片技术创新联盟。依托新成立的半导体芯片产业链联盟，加强产业链合作和协同创新，缩短学习曲线，加快芯片产业高端化进程，缩小与国际先进水平差距。

第三，建立面向全球的长三角半导体芯片科技创新开放合作平台。加强新一代半导体芯片技术研究，构建全产业链生态系统，补强半导体芯片产业的关键短板，抢占未来半导体芯片技术制高点，做精、做专、做强、做大长三角半导体芯片产业集群。

第四，稳步推进长三角半导体芯片产业高端化进程。把长三角锻造成有全球影响力和竞争力的半导体芯片产业发展高地，增强产业链供应链自主可控力，赋能对国家中长期经济发展至关重要的关键未来产业发展。

第五，突破关键核心技术瓶颈，补齐国内半导体芯片产业链短板。锻造后摩尔时代的"撒手锏"技术，发挥长三角在构建新发展格局和建设现代化产业强国中的关键推动作用。

参考文献

[1] Romer M,Romer P M.Endogenous Technological Change[J]. Journal of Political Economy, 1989, 98(98):71–102.

[2] Varas,Varadarajan,Goodrich,Yinug.Strengthening the Global Semiconductor Supply-Chain in an Uncertain Era[R].Washington, D.C: SIA and BCG, 2021.

[3] SIA.Strengthening the U.S Semiconductor Industrial Base[R]. Washington, D. C: SIA, 2020.

[4] 法格博格, 马丁, 安德森. 创新研究：演化与未来挑战 [M]. 陈凯华, 穆荣本, 译. 北京：科学出版社, 2019.

［5］科技部.长三角科技创新共同体建设发展规划[OL].(2020-12-20)[2021-05-22].http://www.gov.cn/zhengce/zhengceku/2020-12/30/content_5575110.htm.

［6］林兰.基于共性技术的制造业产业公地建设——德国Fraunhofer协会案例[J].科技中国,2020(9):43-46.

第六章
加强量子科技发展战略谋划和系统布局

　　数字乡村建设是立足于我国新时代农业农村发展现状而作出的重要战略部署，不仅是乡村振兴的重要战略方向，也是建设数字中国的重要内容。随着信息化、网络化和数字化在农业农村发展中的广泛运用，数字乡村建设将持续释放数字红利，成为开启农村现代化建设新局面的重要抓手。

拥抱量子科技时代：量子计算的现状与前景

张威

中国人民大学物理学系教授、博士生导师

▶▶ 量子计算的概念

  量子计算机是基于量子力学的基本原理，利用并发挥量子相干、量子纠缠及量子并行等特性，以全新的方式进行计算、编码和信息处理任务的设备。由于量子计算机对某些特定问题的求解具有经典计算机无法比拟的强大计算和模拟能力，可以为密码分析、气象预报、石油勘探、药物设计等任务所需的大规模计算难题提供全新的解决方案。例如，量子计算机的超快计算能力将极大缩短对基于计算复杂度的传统加密算法的破解时间，从而将对现有信息安全体系造成颠覆性的影响。因此，实用化量子计算机的研制成功极有可能引发一场新的科技革命。2020年10月，习近平总书记在中共中央政治局第二十四次集体学习中指出："要充分认识推动量子科技发展的重要性和紧迫性，加强量子科技发展战略谋划和系统布局，把握大趋势，下好先手棋。"

量子计算的概念最早由美国物理学家费曼（Feynman）于1981年提出。费曼预见到，量子计算机相比经典计算机更适合用来模拟量子物理系统的特性。1994年，美国物理学家秀尔（Shor）提出了首个量子算法，证明量子计算机可以高效地解决大数分解问题，并可能破解广泛使用的RSA公共密钥体系，引发了全世界广泛的关注。在此后的20多年间，该领域的理论和实验研究快速发展，取得了一批令人瞩目的成就，并在某些特定领域已经发展到接近实用化的突破临界点。

此外，对量子计算的研究还可以扩展经典计算在各个领域的应用，触及量子化学、材料科学，甚至机器学习等多个交叉学科。目前，通过量子–经典混合方案，实用化的量子辅助计算已经被应用于多种量子器件。该方案结合了经典计算和量子计算的优点，使用量子处理器计算系统在特定状态下的物理观测值，然后通过经典反馈优化算法。这一混合方案可用于估计分子的基态能量，模拟量子材料，以及寻找优化问题的近似解等。

对量子计算的研究还极大地促进了量子信息处理技术水平的提高。我国与欧美等国都正在组建较大规模的长程量子密钥分发网络，而量子精密测量的相关技术也已经开始应用于国家安全和石油勘探等领域。虽然量子计算、量子通信和量子精密测量的侧重点和发展阶段各有不同，但都需要具有较长的相干时间且能在不同物理系统间高效转换，从而实现量子信息长程传输的量子比特存储器。这一设备不仅是实现规模可扩展的通用量子计算的核心部件，也可以用来制造下一代量子通信网络中具有高可信度的量子中继器节点。

▶ 通用量子计算机与专用量子计算机

从设计用途角度来看，现有的量子计算机大致可以分为两类。一类是通用量子计算机，可以通过量子逻辑门电路编程，在一定误差范围内执行任意的量子算法。如国际商业机器公司、谷歌的商用量子计算机。另一类是专用量子计算机，有时候也被称为量子模拟器，其特点为运行特定类型的量子电路，执行预先设定好的特定任务，不能通过量子门组合实现其他量子算法。如 D-Wave 公司推出的 Ising 模型量子退火机、我国的"九章"波色采样量子专用机等。

通用量子计算机的主要发展目标为容错量子计算，容错量子计算的核心问题在于实现尽可能多的可以自己检测错误与纠正错误的、具有自我保护功能的容错计算单元，该计算单元一般被称为逻辑量子比特。与之相对应，不具有完整容错功能的计算单元，一般被称为物理量子比特。为了实现逻辑量子比特，目前主要有两种思路，一种是在物理量子比特基础上，通过进一步提高操作保真度，减小逻辑门的操作与测量误差，或者引入大量的冗余辅助物理量子比特与合适的量子纠错编码算法，来逐步逼近直至实现逻辑量子比特。另一种思路是从基础材料的研究出发，寻找具有特殊容错性质的新型量子计算载体，如基于马约拉那费米子的拓扑量子计算方案。

目前已经搭建完成的通用量子计算设备主要由物理量子比特构成。其最重要的参数是可用于编程的量子比特数目，以及在一定误差范围内可连续执行的量子逻辑门数目。目前有两种指标可用来度量一个通用量子计算机的计算能力：量子体积（由美国国际商业机器公司提出）或算法量子比特数（由美国 IonQ 公司提出）。算法量子比特数是指可用于实现量子算法的量子比特数目。量子体积是指"设备在给定的空间和时间内完成的量子计算的有用量"。影响量子体积的因素有很多，包括量子比特数量、设备连接度、相干时间、逻辑门操作和测量误差、设备串扰以及量子电路软件编译器效率等。量子体积越大，量子计算机可能解决的实际复杂问题就越多。

在算法方面，量子计算被认为可以在两类重要的问题算法中表现出相对经典计算机的显著加速，包括量子搜索型算法和量子隐藏子群型算法。它们的典型代表分别为 Grover 算法与 Shor 算法。另外有一些算法——如量子计数算法——可以同时属于这两类。理论研究表明，Grover 算法对于无结构搜索问题具有平方加速，并且很容易通过定义映射来解决诸如数独等实际问题。此外，Grover 算法的迭代振幅放大搜索过程具有鲜明的几何意义，易于进一步分析与优化，因此，在理论量子计算研究中有着重要地位。Shor 算法在解决大整数分解问题时，相比于目前已有的所有经典算法，都具有指数级的加速。而大整数分解的困难性是目前绝大多数非对称加密算法的基础。在非对称加密算法中，公钥和加密信息都可以在公开信道中发布，而只有持有私钥的特定收信人才能正确地解密信息。因此，这一类算法是目前基于公共网络（非专线）进行加密通信最重要的方式。目前常用的非对称加密算法——如 RSA 算法——多利用大整数分解地困难性。因此，Shor 算法的实现可能让公共网络中的加密通信变得不再安全。假如，某国家或组织通过 Shor 算法实现了对目前 RSA 算法的高效破解，就可以肆意窃听所有利用该算法加密的公共网络通信。因此，能运行大规模 Shor 算法的量子计算机一旦研制成功，必然会成为颠覆现有网络通信构架的信息"核武器"。这也是许多国家大力发展量子计算机的一个重要原因。

如果说 Shor 算法是一柄锋利的矛,可以刺破各种经典加密通信,那么量子通信则是一块不可突破的盾,可以在量子算法的破解下依然保证无条件安全。我国在早期就开始大力发展量子通信产业。目前,基于光纤的量子保密通信已经实际用于各政府、银行、企业的关键信道加密,基于"墨子号"卫星的空天量子中继保密通信更是远远走在了国际前列。因此,即使在不远的未来有人能研制出能够运行大规模 Shor 算法的量子计算机,我国也仍然能保证关键通信的安全性。

通用量子计算机以量子比特和量子门作为基本计算单元。与经典比特相比,量子比特可以处于 0 和 1 之间的任意一个叠加态。根据量子力学的基本原理,当这样的叠加态通过一个量子门时,作用的结果也会自动线性叠加,而并不需要人为地去把叠加态系数展开,分别计算再重新叠加起来。这种利用量子态叠加等原理的计算方案,可以实现量子态层面的指数级并行计算加速。但是,由于量子态表征的只是概率分布的概率幅,如果将实际问题中确定性的输入和输出直接与量子态进行映射,本身就需要指数级复杂度的输入(态制备)操作与输出(测量)操作。这样一来,通用量子计算机的速度优势就被完全消解了。所以,绝大多数具有实用价值的量子算法都要经过精心设计,使得问题的输入输出并不和量子态直接对应,而是利用量子态测量的特殊性质,构造出类似于干涉的计算过程,将原始问题的求解转化为对干涉条纹位置的测量,以及相应的后续处理。目前来看,通用量子计算机主要擅长解决搜索类型的问题,能够在某些经典计算机计算困难的搜索问题上实现平方级甚至指数级的加速。值得注意的是,这里指出的"搜索"是广义的概念，既包括通常意义上无结构数据库的搜索（原始 Grover 算法），也包括函数或者矩阵解空间的搜索（量子本征值求解算法、机器学习 HHL 算法及基于变分法的量子化学 VQE 算法等），甚至还包括抽象的特殊性质子群或者整数因子的搜索（量子傅立叶变换、Shor 算法等）。这些不同类型的搜索具有一个共同的特点，就是问题的输入（待搜索空间的描述）和输出（搜索结果）规模相对较小，而找到解的过程对于经典计算机却是非常困难的。通俗来讲，这类问题可以类比为走迷宫，求解就是寻找能走出迷宫的正确路径，而量子计算机可以利用量子并行性高效地找到这些正确路径。

通用量子计算机擅长解决搜索类的问题，并不是说通用量子计算机不"通用"。首先，通用量子计算机具有完整的通用计算能力。他可以通过量子 Toffoli 门的组合，实现所有经典可实现的计算，并能实现经典计算完成不了的可逆计算。从信息熵的角度来说，只要计算过程不可逆，就必然会产生发热。因此，相比于经典计算机，通用量子计算机在计算理论研究领域具有极大的价值和优势。另外，通用量子计算机所擅长的广义搜索问题其实涵盖了很大一部分计算问题。通用量子计算机的通用性还表现在仅通过一组有限集合中的通用量子逻辑门的有限长度组合，我们就可以实现——或者以任意精度逼近——任意的量子逻辑门操作。这个发现从理论上保证，人们只需要集中精力研究实现一小组通用量子逻辑门，就可以实现任意的通用量子计算。这一点与经典计算机的构建过程类似，即从最基本的晶体管和最简单的逻辑门电路出发，逐级从底层向上，直至构建出各种复杂的应用程序帮助人们解决实际问题。

关于专用量子计算机或者量子模拟器，已经有理论指出，任何只存在局域性耦合的专用量子计算机都可以通过通用量子计算机进行高效的实现。因此，现有的专用量子计算机主要有两种发展思路。第一，针对本身就需要非局域性或者全局耦合的特定问题或者量子算法进行设计。这类问题或者算法暂时无法在通用量子计算机上得到有效的实现，所以只能依靠专用量子计算机。例如，在具有长程相互作用的量子多体系统的模拟问题中，由于任意两个粒子之间都存在相互作用，在代入量子力学方程中求解时，必须要对整个稠密的态空间进行求解。而根据量子力学基本原理，该系统的整体态空间是通过各成分粒子的态空间直积展开得到的，因此，整体态空间的维度将随着粒子数指数增长。举个直观的例子，对于一个由300个单自旋粒子组成的小规模系统，其态空间的维度已经高达2^{300}~10^{90}，远远超过了可观测宇宙中所有原子的数目（10^{80}）。因而，现有的计算手段都必须借助一些体系的特殊性质进行部分近似后在统计层面求解，并不能做到基于第一性原理的精确求解。在费曼最初提出量子计算机的概念与设想时，他的主要动机之一就是解决这类模拟问题。事实上，费曼说过，"自然界是量子的，那我们只能拿量子计算机去模拟它"。专用量子计算机的第二个发展思路，是在同等技术水平或成本要求下，通过牺牲一部分通用性换取更高的计算性能，从而能针对某些特定类型的问题实现更高效的计算。因此，专用量子计算机研究的关键在于提高可解决问题的规模，以及寻找将更多有意义的实际问题关联到专用模型量子电路的映射。

▶ 量子"优越性"

所谓量子"优越性"（quantum supremacy，也被翻译为"量子霸权"），最初只是一个理论计算机复杂度的提法，原意是指在量子计算机上演示完成一项具有显著量子加速的任务。这里所说的"显著量子加速"具有非常高的理论严格性，指的是对于某个特定问题，我们可以严格证明量子计算机将确定性地显著超越（至少指数加速）所有经典算法。这里的经典算法既包括已经发现的算法，也包括尚未发现的算法。或者说，我们需要找到一个问题，先从数学上严格证明其经典算法的算法复杂度，再找到一个量子算法，并证明该量子算法对所有经典算法都存在至少指数级加速。

与之前提到的一些量子算法的例子相比，量子"优越性"问题主要有两点不同。第一，前文中的一些问题并没有严格地数学证明其经典算法复杂性。例如，虽然目前所有的经典算法在计算大整数分解问题时都非常困难，但我们也不能否认高效经典算法存在的可能性。换句话说，有可能存在某个尚未被发现的大整数分解经典算法，可以和量子计算机上的 Shor 算法一样快。因此，严格说来，我们只能说 Shor 算法很高效，但不能说他具有量子"优越性"。第二，用于演示量子"优越性"的问题不需要具有任何实际意义。这个问题完全可以是人为构造的，只是为了证明经典计算机在某些情况下一定不如量子计算机。其他的复杂问题未必可以（通常也很难）归约到这个人造问题。因此，我们需要辩证地认识和理解量子"优越性"。量子"优越性"的成功演示，能够说明量子计算机具有经典计算机所不具备的计算能力，代表了我们认识上的巨大进步。同时也要清醒地看到，量子"优越性"并不能直接地转化为求解实际问题的能力，而且这个转化甚至可能永远都没法完成。例如，谷歌公司在展示量子"优越性"时采用的量子随机电路模拟问题，以及我国"九章"量子专用机采用波色采样模拟问题，目前都无法直接和具有应用价值的实际问题建立联系。

通用量子计算机的物理实现

目前，可进行量子计算实验研究的物理系统主要包括超导量子器件、离子阱、光子系统、量子点、金刚石色心、冷原子气体、核磁共振系统，以及仍处于理论研究阶段的拓扑量子系统等。这几种系统在不同的问题研究中各有优势，也都存在亟待解决的关键难点。对于如何判定一种物理系统是否可用来实现通用量子计算，国际上一般使用 DiVincenzo 判据。该判据由迪温琴佐（DiVincenzo）最早提出，主要包含五个条件。

一是物理系统需要具有可掌控的量子比特，并具有可扩展性。"可掌控的量子比特"是指我们不仅能够在物理上实现量子比特，且该量子比特的物理参数、与其他量子比特的相互作用，以及与环境的相互作用都能够被确定性地描述。"可扩展性"是指能够实现的量子比特数量要具有一定的规模。拥有几百到上千个量子比特的量子计算机才真正具有比经典计算机优越的性能，且其中所有的量子比特之间应当能够互相分辨、单独操作，且可以从整体上完全掌控它们的行为。

二是能够将量子比特初始化到一个简单的量子态。这个条件包含两方面的要求。第一，是量子计算机能够被初始化。量子计算机应该能重复使用，在开始新的量子计算任务之前必须将所有量子比特置于一个已知的态。第二，要能够满足量子纠错的要求，即在计算过程中可以源源不断地提供"空白"的量子比特。

三是能在较长时间内保持量子相干性，或者说退相干时间要远大于量子逻辑门的操作时间。量子比特与环境的耦合会导致其量子相干性的丧失。人们通常把量子比特退相干时间与量子逻辑门操作时间的比率称为品质因子。

要实现任何具有实际意义的量子算法，都需要量子计算机的品质因子远远大于一。

四是能够进行普适的量子逻辑门操作。任意的量子幺正操作都可以通过一组普适量子逻辑门来实现。因此该条件保证了该量子计算机可以完成任意的量子计算任务。

五是能够进行单量子比特的测量。这个条件对应于量子信息的读出。

除以上五条外，迪温琴佐后来又添加了两条关于实现量子计算机网络的要求，即本地量子比特和飞行量子比特能够互相转化，以及能够在两地间传播飞行量子比特。

上述两条要求与量子网络的研究密切相关。量子网络与量子计算是量子信息科技里两个相对独立而又联系紧密的研究分支。二者之间的关系类似于互联网和计算机的关系。

虽然 DiVincenzo 判据理解起来比较直观，但要找到一个可以满足全部判据的实际物理系统却并不容易。从技术层面看来，有些判据甚至是相互矛盾的，在设计系统时需要非常仔细地寻找合适的平衡点。例如，延长相干时间需要量子比特尽量"与世隔绝"，而幺正操作和强测量又要求量子比特能与量子门和探测器很好的"交流"。从 DiVincenzo 判据出发，我们在表 6-1 中逐一分析了各种物理实现的基本原理、特色优势，以及关键难点。

表 6-1 各种物理实现的基本原理、特色优势、关键难点

物理体系	基本原理	特色优势	关键难点
超导量子体系	在由超导隧道结、电容、电感等元件构成的量子化电路中，选取合适的两能级系统构造出量子比特	发展没有原则性的障碍，扩展性强，利于规模化	相干性相对较强

（续表）

物理体系	基本原理	特色优势	关键难点
离子阱体系	用电场或磁场囚禁的离子链或网格存储信息。利用微波激光照射操纵量子态，通过连续泵浦光和态相关荧光实现量子比特的初始化和探测	相干性能好，可纠缠量子比特数目多，逻辑门保真度高	操纵速度相对较慢
拓扑量子体系	利用特殊的拓扑物质态及其调控实现量子信息存储及计算	从物理原理层面解决实用量子计算的最大难题退相干问题，实现抗干扰的容错量子计算	实现拓扑量子比特和操作拓扑量子比特的技术手段尚在研究之中
量子点体系	利用半导体量子点中电子的自旋状态存储量子信息	具有较好的可扩展性，并且与现有半导体工艺技术兼容，一旦实验室芯片研制成功，可以迅速推向产业化	量子比特的相干时间较短，量子比特数目在个位数
金刚石色心体系	利用金刚石色心存储量子信息	受环境的影响小，相干时间长，可室温工作	难以扩展
核磁共振体系	利用分子中的原子核的自旋作为量子比特，使用共振射频脉冲进行操控，并通过感应电流进行测量读出	受环境的影响小，相干时间长，量子门保真度高	难以扩展
冷原子体系	用激光将原子冷却到极低温，并通过量子光学方法来实现高精度操控	进行量子模拟具有优势	很难实现实用性通用量子计算
光子体系	利用光子的偏振、路径、轨道角动量、时隙等自由度编码量子比特	单比特操纵简单精确、抗退相干能力强，并可为远程的原子和固态量子系统之间提供量子接口	光子之间相互作用非常微弱，目前尚无高效的调控手段来实现光子比特间的受控操纵，一般情况下只能实现光子的概率性的逻辑门

▶ 国内外研究现状

整体发展态势。鉴于量子计算机强大的运算和海量数据处理能力，美国、欧洲和日本等发达国家政府以及国际知名科技公司如谷歌、英特尔（Intel）、微软和国际商业机器公司等都发起研究计划，斥资研发量子计算机。从20世纪90年代起，美国的多家机构如国防部高级研究计划局、能源部、国家科学技术委员会等先后启动了量子科技相关规划。2016年7月，美国国家科学技术委员会发布题为《推进量子信息科学：国家的挑战与机遇》的报告，重点强调发展量子计算的重要性。2018年，美国国会众议院通过《国家量子倡议法案》。同年，美国政府在白宫举办量子峰会，并发布了《量子信息科学国家战略概述》。2020年，白宫国家量子协调办公室发布《美国量子网络的战略构想》和《量子前沿：量子信息科学国家战略进展报告》，进一步确立了美国在该领域开展国际对抗性博弈的发展战略。目前，美国联邦政府支持量子信息科学的研发投入每年为2亿美元左右。此外，多家科技公司在量子领域的投资也大幅提高。欧盟委员会于2016年发布《量子宣言：量子技术旗舰计划》，拟在10年间投入10亿欧元，进行量子通信、量子模拟、量子传感和量子计算机方面的研究。2018年，该计划得到了进一步细化，并在基础量子科学和云计算领域进行了扩充。

我国在量子信息领域的研究起步晚于美国，但在国际上较早形成了战略部署和发展规划，因此在进入21世纪以来基本保持在第一梯队。2006年，《国家中长期科学和技术发展规划纲要（2006—2020年）》将量子调控列入四个重大基础研究计划。2015年，"十三五"规划进一步加强了对量子通信和量子计算领域的布局。2021年，《"十四五"规划和2035年远景目标纲要》将量子信息确立为具有前瞻性和战略性的国家重大科技项目，并提出了"加快布局量子计算、量子通信、神经芯片、DNA存储等前沿技术"的要求。目前，我国在量子计算领域的研究水平整体上依然处于跟跑状态，但已经形成了一个颇具发展潜力的研究队伍，在主要的物理平台完成了全面布局，并在部分方向实现了突破。

超导量子计算机

国际主要团队和现状。超导量子计算机方案是目前国际进展最快的方案。国际上绝大部分研究机构都在美国和欧洲，其中比较有代表性的研究组有：美国的加州大学圣巴巴拉分校、耶鲁大学、麻省理工学院、美国国家标准局、加州大学伯克利分校、马里兰大学、芝加哥大学，以及荷兰的代尔夫特大学、瑞士的苏黎世联邦理工学院、日本的理化研究院等。此外，还有谷歌、国际商业机器公司、英特尔、D-wave、Rigetti 为代表的 20 多家公司也积极参与该方向的研究。

目前，通用超导量子计算机的研制仍然处于初期的阶段，主要围绕提高广度和深度两个方面开展工作。广度是可控耦合量子比特的数目，目前国际已发表的文献中最好水平大约是 20 个。深度是指可以连续进行的高保真度多量子比特逻辑操作次数。对于 20 比特的广度，当前最好的深度能达到 40 次左右。要实现实用化量子计算，广度和深度必须同时提高、相互配合。按照理论估计，当达到 50 个比特 50 次操作以后，量子计算机的性能将接近甚至超越目前最快的经典计算机。这样的指标有可能在 3 到 5 年内实现。

国内主要团队和现状。我国在超导量子计算的实验研究上起步较晚，但是近几年通过科技部、自然科学基金委、教育部以及地方政府等相关项目的实施，培育出一批优秀的团队并做出了一些亮点性工作，如浙江大学、中国科学院物理研究所、中国科学技术大学三个单位联合开展的十个超导量子比特的纠缠，清华大学在基于谐振腔光子态的量子纠错演示，以及近期南京大学研发的超导量子模拟器等。在指标方面，我国各研究组均在快速提升。目前已发表的文献中报道的广度为 20 左右。从事超导量子计算的实验研究团队有：清华大学、浙江大学、南京大学、中国科学技术大学、南方科技大学、中国科学院物理研究所和北京量子信息科学研究院等。此外，阿里巴巴、腾讯、百度、华为、浪潮等科技公司也注意到超导量子计算的应用价值和发展潜力，纷纷设立相应的研发部门进行攻关。

就整体水平而言，我国与欧洲（如德国、法国、瑞士和荷兰）和日本处在同一水平线，在部分方向略微超前。与美国的顶尖研究组相比（如耶鲁大学、谷歌、国际商业机器公司、麻省理工学院），虽然由于起步较晚，积累不足，存在一定差距，但这个差距并没有形成代差，以现在的研究进展速度衡量，约有三年。在正视差距、准确定位不足的条件下，如果合理选择技术路线和研究方法，通过战略布局重点攻关，中国完全具备超车的条件。

▶ 离子阱量子计算机

国际主要团队和现状。离子阱系统和超导系统是美国政府资助最多的两个量子计算研究方向。除通用量子计算机以外，离子阱还被广泛应用于量子化学、相对论量子力学、量子热力学等领域的量子模拟研究。由于离子阱在量子物理学，特别是量子计算与量子模拟上的重要意义，发明离子阱的沃尔夫冈·保罗（Wolfgang Paul）获得了 1989 年的诺贝尔物理学奖，第一次把离子阱技术用于演示量子计算的大卫·维因兰德（David Wineland）获得了2012年的诺贝尔物理学奖，首次提出基于离子阱量子计算理论方案的伊格纳西奥·西拉克（Ignacio Cirac）和彼得·佐勒（Peter Zoller）获得了2013年沃尔夫物理学奖。

在国际上，从20世纪90年代初人们首次尝试将离子阱用于量子计算开始，离子阱量子计算的实验研究已经过二十余年的发展。早在2011年，奥地利因斯布鲁克大学莱纳·布拉特（Rainer Blatt）实验组就基于Mølmer–Sørensen方案实现了14个离子量子比特的Greenberger–Horne–Zeilinger纠缠态的创建。2016年，英国牛津大学大卫·卢卡斯（David Lucas）实验组使用在室温离子阱中钙43离子的超精细结构作为量子比特，实现了保真度分别为99.9%的两量子比特门和99.9934%的单量子比特门，显著高于容错量子计算所需的99%最小阈值。最近该实验组实现了亚微秒级别且不受囚禁频率限制的多离子量子门，大大缩小了离子阱系统与超导系统在量子操作速度上的劣势。2016年，美国马里兰大学克里斯·门罗（Chris Monroe）实验组展示了一个五量子比特囚禁离子量子计算机，该计算机可以通过执行任意通用量子逻辑门序列来实现任意的量子算法。他们将算法编译成完全连接的一组硬件门操作，达到了98%的平均保真度，并在此基础上实现了Deutsch–Jozsa和Bernstein–Vazirani算法，以及大数分解Shor算法的核心步骤量子傅里叶变换。最近他们还通过引入低温制冷技术，在单个离子阱中成功稳定囚禁超过100个离子（44个可寻址），并研制出含有53个量子比特的量子模拟器。

国内主要团队和现状。国内对于离子阱量子计算机的实验研究只有不到十年的历史，研究团队主要分布于清华大学、国防科技大学、中国科学技术大学、中国科学院精密测量院（原中国科学院武汉物理与数学研究所）、中国人民大学、中山大学等。2017年，清华大学交叉信息研究院研究团队实现了四个离子量子比特的高保真度任意操控，达到世界一流水平。该团队还成功实现相干时间超过10分钟的单个量子比特，是迄今为止单量子比特相干时间的世界纪录，将之前的世界纪录提高了10倍。总体而言，国内大部分实验组仍处于一到两个比特的初期研究阶段，水平有待进一步提高。但是，国内部分团队从离子光频标钟精密测量方向发展而来，具有成熟的自主实验技术基础。研究团队负责人大多拥有国外一流研究组研究经历，起点高发展快，具备在3到5年内追赶上国际一流水平的条件。

▶ 拓扑量子计算机

国际主要团队和现状。微软是国际上拓扑量子计算方案的主要推动者。2005年，该公司成立专门从事拓扑量子计算研究的Station Q研究所，并长期高额资助了世界上多个顶级的实验室主攻拓扑量子计算科学与技术，如荷兰代尔夫特理工大学科文霍芬（Kouwenhoven）研究组和丹麦哥本哈根大学马库斯（Marcus）研究组等。目前，包括美国加州大学洛杉矶分校的王康隆研究组在内的多国实验室均发现了可以构筑拓扑量子比特的量子态迹象。微软公司称有望在1～2年内实现拓扑量子比特。

国内主要团队和现状。拓扑量子计算的基础是对拓扑量子物态和效应的研究。我国近年来在该领域取得了重大进展，整体具备世界一流水平，在某些方向处于国际领先地位。例如，清华大学的薛其坤团队及其合作者在世界上首次实现了量子反常霍尔效应，在界面超导方面居世界领先地位，在基于量子反常霍尔效应的量子计算研究方向确立了技术优势和材料优势。上海交通大学的贾金锋团队在拓扑量子计算所需材料的生长上有深厚积累和国际重要成果。北京大学的杜瑞瑞团队是量子自旋霍尔效应的国际学术领导者，该体系的拓扑特性稳定，适合开展量子计算相关研究，并且目前的技术准备相对成熟。此外，我国在半导体纳米线和分数量子霍尔效应等领域也开展了拓扑量子计算的国际前沿研究。与其他量子计算的系统不同，拓扑量子计算是个困难前置的方案，其实现的最大瓶颈在于拓扑量子比特的物理实现。从这个角度讲，国内和国际的研究均刚刚开始，处于齐头并进的态势。

▶ 半导体量子点量子计算机

国际主要团队和现状。美国休斯研究院、美国普林斯顿大学、澳大利亚国家量子计算与通信技术研究中心、荷兰代尔夫特大学和日本东京大学等均实现了半导体两量子比特的逻辑门操控，其中荷兰代尔夫特大学研究组还实现了量子算法演示，并已开始利用产业生产线进行8寸大小的工业尺寸的半导体量子芯片制造。同时，英特尔和法国CEA-Leti实验室也开始致力于半导体量子芯片制造核心工艺技术的研发。

经过近十年的发展，国际半导体量子计算研究领域已经将获得高质量长相干时间的量子芯片材料体系作为量子芯片研发的核心任务之一。世界范围内以美国、澳大利亚和欧洲为代表，均专门设立了半导体量子芯片材料生长和表征团队，为国家层面的半导体量子计算研究提供统一的量子芯片材料，特别是进入硅纯化的量子芯片材料生长阶段，其材料生长工艺技术和材料性能已经完全不公开。

国内主要团队和现状。国内半导体量子点量子计算机的实验主要在中国科学技术大学的量子信息重点实验室和北京大学开展。中国科学技术大学团队在电荷量子比特方向先后实现了单、双和三个量子比特的制备与逻辑门，完成了半导体量子比特逻辑单元库的建立，同时利用微波谐振腔实现了多量子比特的扩展架构，为规模化量子芯片研制奠定了坚实基础。研究整体处于并跑状态，在材料和测量设备环节，受控于国外技术，研究处于跟跑状态。北京大学的徐洪起团队在半导体量子点自旋量子比特的研究中，深入研究了线性多量子点中的电荷与自旋量子态的构型，实现了单电子的远距相干传输，为发展与当代半导体技术工艺兼容的量子计算芯片技术奠定了基础，成果处于该领域国际领先地位。

高质量硅基半导体量子芯片材料是半导体量子计算研制的核心材料基础，我们必须开展专门的半导体量子芯片材料生长、表征和器件测试等相关工艺和技术开发，获得未来量子芯片制造的核心工艺技术，为半导体量子芯片制造和未来量子计算机的研制奠定坚实的材料基础。同时，国际半导体量子计算研究已经到了大量工程技术和产业界进入的新阶段，国内整体还处于实验室阶段，需要加大工程技术和产业的投入，以期加速量子计算机的研制进程。

▶ 金刚石 NV 色心量子计算机

国际主要团队和现状。2008 年，德国斯图加特大学拉赫特鲁普（Wrachtrup）研究组和美国哈佛大学卢金（Lukin）研究组同时实现了 NV 色心在纳米尺度检测直流和交流磁场的技术，是 NV 色心在量子精密测量领域的首次应用。2012 年，荷兰代尔夫特技术大学汉森（Hanson）研究组在 NV 色心系统中实现了 Grover 算法的演示。同年，多个研究组报道了利用 NV 色心对弱耦合 C-13 的探测和相干控制，将 NV 色心体系可控制量子比特扩展到 3～6 比特。2014 年，拉赫特鲁普研究组和汉森研究组实现了 NV 色心系统中的三比特量子纠错算法演示。同年，拉赫特鲁普研究组利用最优化控制方法，在 NV 色心系统中实现了高保真度纠缠态制备。2015 年，汉森研究组利用光学手段将相距 1.3 千米的 NV 色心纠缠起来完成了 Loophole-free Bell 不等式检验，并于 2017 年实现了 NV 色心系统中的纠缠态。2018 年，汉森研究组在低温条件下将 NV 电子自旋相干时间延长到秒量级，并探测到 19 个与 NV 耦合的 C-13 核自旋。

国内主要团队和现状。近年来，国内在 NV 色心量子计算的研究方向进展良好。2010 年，中国科学技术大学杜江峰研究组在 NV 色心系统中实现了 Deutsch-Jozsa 算法演示，并于 2017 年实现了大数分解算法演示。2013 年，中国科学院物理所潘新宇研究组在 NV 色心系统中演示了基于动力学解耦的逻辑门控制方法。2014 年，清华大学段路明研究组在 NV 色心体系中演示了和乐量子计算。2015 年，杜江峰研究组完成了 NV 色心中单比特保真度 0.999952 和两比特保真度 0.992 的量子控制，创造了当时量子系统的最高纪录。2018 年，清华大学龙桂鲁研究组利用与平均哈密顿量理论相结合的最优化控制理论，去除了环境演化对量子控制的影响，首次在 NV 弱耦合系统中实现了最优化控制。

另外，我国在 NV 色心的其他研究领域——如光学方法耦合等方向的发展——落后于国际最高水平。NV 色心体系中需要用到的高品质样品（低 N

杂质样品）及高品质实验仪器（高带宽任意波形发生器、高频率微波源、高带宽示波器）严重依赖进口。现有的 NV 色心单比特控制的保真度已达到 0.9999，超过了量子纠错阈值。未来通过进一步发展控制方法，改进电子仪器的精度，我们有望实现两比特以上操控的高保真度控制，并借助量子纠错算法实现量子逻辑比特。此外，借助光学微腔等光学结构还可以增强 NV 色心发射光子的接受率，提高 NV 色心之间的耦合强度，并实现量子网络。

▶▶ 核磁共振量子计算机

国际主要团队和现状。核磁共振体系由于具有成熟的脉冲控制技术、长相干时间等优点，是量子算法演示、量子系统模拟和量子控制方法检验的重要平台，其发展出的控制方法有望方便地移植到其他量子体系中。国际上从事核磁共振量子计算的研究机构包括加拿大滑铁卢大学、德国多特蒙特大学、英国牛津大学、印度理工大学等。该体系中目前可实现的量子比特数目可达 12 个。该纪录由加拿大滑铁卢大学和清华大学联合完成。

国内主要团队和现状。清华大学龙桂鲁研究组和中国科学技术大学杜江峰研究组处于国际领先水平。其中清华研究组不仅率先演示了包括和乐量子算法等重要实验，发展了反馈控制优化算法，而且利用核磁共振体系来优化对自身系统的控制，提高了速度和精度。2017 年 10 月，清华大学推出了国际上第一个基于核磁共振的量子云平台，引起国内外的广泛注意和报道。中国科学技术大学研究组利用核磁共振系统完成了大数分解、H 原子能级模拟、凝聚态体系量子模拟等重要的量子算法演示和量子模拟实验。

冷原子量子计算方案

国际主要团队和现状。美国几乎所有顶尖大学的物理系都设有冷原子实验研究小组，欧盟在这方面也投入很大。从 2007 年开始，美国国防部高等研究计划局开展了为期五年的"光晶格量子模拟"项目，资助了美国最优秀的团队和部分欧洲一流团队，促进了技术发展。该计划的后续效应一直延伸到近两年所取得的一些突破性进展，超越经典计算能力的量子模拟初露端倪。2017 年，哈佛大学研究组在 80 个格点的系统中模拟了强关联的费米子模型。这类量子模型被认为是理解高温超导等新奇量子特性的关键模型。2018 年，哈佛大学和麻省理工学院的联合研究组实现了基于冷原子体系的 51 比特可编程量子模拟机，模拟了一类量子问题的动力学行为。

国内主要团队和现状。冷原子物理是一个需要长期技术积累的研究方向。我国大规模的冷原子物理研究起步较晚，但近十年来，随着投入的增加，已经建成了多个比较成熟的冷原子物理实验室，掌握了绝大多数关键技术，少数最新技术也在积极跟进当中。中国科学技术大学、山西大学、香港科技大学、中国科学院武汉物数所等多家单位近年来在自旋－轨道耦合效应的量子模拟实验研究中处于国际领先的并跑位置。清华大学实验组近期实现的超过 1 万个原子的量子纠缠，在精密测量上具有重要的应用前景。一个需要重视的现状是目前国内冷原子实验的关键仪器和设备都购自欧美。特别是高性能激光器、光电控制和探测仪器等，需要在国家层次上协调大力扶持发展。在国家保持稳定、充足支持的情况下，我们可以在十年内跻身第一集团。

光学量子计算机

国际主要团队和现状。国际上光量子计算的主要研究团队分布在维也纳大学量子科学与技术研究中心、美国麻省理工学院电子研究实验室、英国布里斯托大学量子光学研究中心、澳大利亚昆士兰大学量子计算与量子通信技术研究中心等科研机构。光量子计算的研究焦点主要集中包括单光子源和多光子纠缠源在内的量子光源，以及用于调控光量子比特的量子线路。

国内主要团队和现状。作为国内开展光量子计算的主要团队，中国科学技术大学研究组长期以来开展了系统性和战略性的研究，取得了一系列重要成果：在国际上首次实现五、六、八、十光子纠缠，始终保持着光子纠缠态制备的世界纪录，同时制备了国际上综合性能最优的单光子源，开展了光子逻辑门、容失编码、拓扑量子纠错、多自由度隐形传态等面向可扩展量子计算的研究，首次实现了 Shor 算法演示、任意子分数统计的量子模拟、求解线性方程组量子算法和量子人工智能算法等，在光学量子计算领域一直保持着国际领先地位。此外，南京大学和北京大学的研究组各自在光子芯片的研究中取得突破；山西大学研究组在连续变量光量子计算研究中也获得一些进展。在量子光源的研究中，我国处于国际领先水平；在量子线路，特别是集成光量子线路的研究中，与国际最先进水平尚有一些差距。

近期发展趋势

鉴于量子计算机强大的运算能力及其在军事国防、金融、信息安全、灾害预报等领域的潜在应用价值，量子计算机的研发势在必行。目前，美欧日等发达国家或地区的政府、高校、公司以及各种机构都纷纷介入研发，抢占科技制高点，此方向的国际竞争已经到了白热化的阶段。

以目前的国际研究态势，实现具有容错能力的通用量子计算机还很遥远，如果没有重大理论技术创新，短期内很难真正实现。但是，能够展示量子加速效应的专用量子计算机有可能在 3～5 年内问世。这种专用量子计算机在某些特定的算法上能够超越目前最快的经典计算机，实现所谓的量子"优越性"，并在一些实际问题的求解中展现出应用潜质。

由于我国在量子计算机软硬件的研究上起步比较晚，研究基础相对薄弱。特别是实验条件和人才队伍是这十几年慢慢培养起来的，对实现量子计算机这个复杂的系统工程来说，暂时不能满足和发达国家全面竞争的需要。但是这个差距并没有完全拉开，在实用化量子计算机的这场国际马拉松竞赛中，中国和欧美发达国家都处于起跑阶段。依靠和发挥我国在物理和材料等学科长期积累的研究基础优势，并把这些优势转化成推动力，外加合适的科技政策引导，我国有望赢得这场颠覆性的科技竞赛。

参考文献

[1] Feynman R P.Simulating physics with computers[J].International Journal of Theoretical Physics,1982,21(6-7):467-488.

[2] Shor P W. Polynomial-Time Algorithms for Prime Factorization and Discrete Logarithms on a Quantum Computer.[J].SIAM J. Comput.,1997,26(5):1484-1509.

[3] McClean J R,Romero J,Babbush R,et al. The theory of variational hybrid quantum-classical algorithms[J].New Journal of Physics, 2016,18(2):023023.

［4］Peruzzo A, McClean J,Shadbolt P,et al. A variational eigenvalue solver on a photonic quantum processor.[J].Nature communications,2014,5(1):1-7.

［5］Shen Y,Zhang X,Zhang S,et al.Quantum implementation of the unitary coupled cluster for simulating molecular electronic structure[J].Physical Review A,2017,95(2):020501.

［6］Kandala A,Mezzacapo A,Temme K,et al.Hardware-efficient variational quantum eigensolver for small molecules and quantum magnets.[J].Nature,2017,549(7671):242-246.

［7］Bauer B,Wecker D,Millis A J,et al.Hybrid Quantum-Classical Approach to Correlated Materials[J].Physical Review X,2016, 6(3):031045.

［8］Edward Farhi, Jeffrey Goldstone, Sam Gutmann. A Quantum Approximate Optimization Algorithm[J].Quantum Physics, 2014:4610.https://doi.org/10.48550/arXiv.1411.4028.

［9］Lloyd S.Seth Lloyd. Universal Quantum Simulators[J].Science, 1996,273(5278):1073-1078.

［10］Scott Aaronson, Lijie Chen. Complexity-Theoretic Foundations of Quantum Supremacy Experiments[J].Quantum Physics, 2016.https://doi.org/10.48550/arXiv.1612.05903.

［11］DiVincenzo D.The Physical Implementation of Quantum Computation[J].Fortschritte der Physik,2000,48(9-11).

量子计算机的研发进展与未来展望

龙桂鲁

清华大学物理系教授，北京量子信息科学研究院副院长，美国物理学会、英国物理学会会士，亚太物理学会联合会前任理事长

▶ 引言

经典计算机体积缩小和性能提升来源于计算机芯片集成度的提高。1946年出现的世界上第一台计算机的体积有160多平方米，重量也有几十吨，可计算能力却只有每秒5000次运算。随着计算机元器件从电子管到晶体管再到大规模集成电路的快速发展，如今的计算机可以薄如一张纸，运算速度也能很好地满足需求。随着大数据和互联网时代的来临以及人工智能的发展，经典计算机的能力越来越不能满足海量数据处理的需求，目前主要有两个方

面制约经典计算机发展：能耗问题和芯片高集成化的极限。

1961年，国际商业机器公司的罗尔夫·兰道尔（Rolf Landauer）提出了信息和能量的方案，这就是著名的Landauer原理：每删除1比特的信息，需要消耗一定的能量。消耗的能量随后会成为热量，因此散热问题是制约芯片集成化程度的一个重要问题。若要解决热量耗散问题，则必须在计算过程中避免信息的擦除，采用可逆计算。同时，经典体系与量子体系服从不同的规律，经典计算机无法满足量子体系的计算需要。现在对量子体系的计算都是在经过大量简化后才得以进行。例如，在原子核结构的计算中，将大量的自由度封闭，只采用部分最外层的核子进行计算。因此，物理学家理查德·菲利浦斯·费曼（Richard Phillips Feynman）提出使用量子计算机进行量子模拟。再者，微处理芯片的密度日趋极限，其中晶体管的密度越来越大，每个晶体管的体积越来越小，已经接近物理上所允许的极限，摩尔定律失效。当晶体管只由少数原子组成时，经典物理学规律不再适用，量子效应将导致晶体管无法正常工作。正是出于以上主要原因，量子计算机概念被提出。

1980年，保罗·本尼奥夫（Paul Benioff）提出了量子计算机的概念，其计算过程是可逆的，在计算的中间过程几乎没有耗散，只在计算的最后进行测量，能量的耗散形式不同于经典计算。并且，量子计算需要操作的步骤和需要的资源都比经典计算少，因此热耗散比经典计算小很多。当然，在量子计算的过程中仍有热量耗散，例如，在维持超导量子计算机低温环境下，在计算最后结果时读出测量，也是不可逆的，也散发热量。

概念提出的十几年后，量子计算机才成为国际研究的持续热点，并成为世界主要强国的国家战略，而其主要原因在于1994—1996年量子算法的突破。1994年，贝尔实验室的彼得·威利斯顿·秀尔（Peter Williston Shor）提出了大数质因子分解的量子算法，其复杂度是多项式的，而最快的经典计算算法其复杂度是指数的。这一量子算法动摇了以 RSA 为代表的当时所有已知的公钥加密算法。1996 年，洛夫林·库马尔·格罗弗（Lovleen Kumar Grover）提出量子搜索算法，将一个含有 N 个样本的无序数据库的搜索步骤数由经典的 $N/2$，大幅度地减少到 N 的平方根（一个数 N 的平方根是 a，那么 $a \times a=N$，例如 1000000 的平方根是 1000），加速了无序数据库的搜索。这两个量子算法在密码世界"大闹天宫"，引起了全世界的广泛重视，极大地推动了量子计算机的研究，使其成为国际研究热点。此后，自 2016 年国际商业机器公司推出 5 个量子比特超导量子计算机云平台开始，国际量子计算机的研发进入突破发展的新阶段。

▶ 量子计算基础与用途

量子计算是一种遵循量子力学规律调控量子信息单元进行计算的新型计算模式。在理解量子计算的概念时，人们通常将它和经典计算相比较。经典计算使用二进制进行运算，每个计算单元（比特）总是处于 0 或 1 的确定状态。量子计算的计算单元称为量子比特，它有两个完全正交的状态 0 和 1，同时，由于量子体系的状态有叠加特性，能够实现计算基矢状态的叠加，因此，其状态不仅可以有 0 和 1，还有 0 和 1 同时存在的叠加态，以及经典体系根本没有的量子纠缠态，即在数学上的多量子比特体系波函数不能进行因式分解的一种状态。一台拥有 4 个比特的经典计算机，在某一时间仅能表示 16 个状态中的 1 个，而有 4 个量子比特的量子计算机可以同时表示这 16

种状态的线性叠加态，即同时表示这 16 个状态。随着量子比特数目的递增，一个有 n 个量子比特的量子计算机可以同时处于 $2n$ 种可能状态的叠加，也就是说，可以同时表示这 2 的 n 次方数目的状态。在此意义上，对量子计算机体系的操作具有并行性，即对量子计算机的一个操作，实现的是对 2 的 n 次方数目种可能状态的同时操作，而在经典计算机中需要 2 的 n 次方数目的操作才能完成。因此，在原理上量子计算机可以具有比经典计算机更快的处理。

20 世纪 80 年代初量子计算机的概念被提出后，科学家把它当作一个理论上的玩具，虽然认为其有超越经典计算的能力，但是没有找到有意义的迫切且重要的应用场景。正如前文所说，90 年代中期的两个量子算法，Shor 算法和 Grover 算法，将量子计算机的研究推向高潮，使其成为国际上的持续研究热点，并且在最近出现了加速发展，进入新的研发高潮。原始的 Grover 算法的成功率不是百分之百，特别是在数据库的样本数量不大时，失败概率较大。笔者在 2001 年构造了量子精确搜索算法，将量子搜索算法的搜索成功率提高到 100%，国际上将该算法称为 Long 算法、Grover-Long 算法。Shor 算法动摇了公开密码体系的基石；Grover-Long 算法降低了对称算法的安全性。这两个量子算法充分显示了量子计算机的优势。

目前普遍预测量子计算有望在以下三个场景较早落地。第一个领域是模拟量子现象，量子计算可以为蛋白质结构模拟、药物研发、新型材料研究、新型半导体开发等提供有力工具。生物医药、化工行业、光伏材料行业开发环节存在对大量分子进行模拟计算的需要，经典计算压力已经显现，量子计算与这些行业的结合目前被普遍看好，国外一些公司以及国内的北京量子信息科学研究院（以下简称北京量子院）、华为、本源量子等都已经开始布局量子计算在量子化学、生物医药行业的应用。

第二个领域是人工智能相关领域。人工智能对算力需求极大，传统CPU芯片越来越难以胜任。通过开发新的量子算法，构建优秀的量子机器学习模型，促进相关技术的应用。谷歌、国际商业机器公司、英特尔、微软等都将人工智能与量子计算的结合视为重要着力点。北京量子院也将量子人工智能作为应用量子软件开发的重要部分。

第三个领域是密码分析。加密和破译密码是历史长河中的不间断主题。量子计算破译了RSA等公开密钥体系，而密码学家又构造了新的公开密码体系，即抗量子密码体系。现在的密码体系的绝对安全性还没有得到证明，也就是说无法证明这些密码是不可破译的。因此，基于算法的密码体系的安全性一直受到可能被破译的威胁。开展密码破译具有重要的战略意义和实际应用价值。应对量子计算对通信安全攻击的另外一种手段是量子保密通信，主要包括量子密钥分发和量子直接通信。2019年3月发布的全球首份6G白皮书充分肯定了量子密钥分发和量子直接通信在6G中的巨大潜力。

自量子计算机概念提出，科学家就开始致力于研制量子计算机的物理实体，至今已经提出了多种可能实现通用量子计算的物理平台，如核磁共振量子计算机、超导量子计算机、固态核自旋量子计算机、离子阱量子计算机和拓扑量子计算机。这些物理平台各有优势和缺点，一些方案已经被淘汰，而大浪淘沙后剩下的几种主要方案中，目前也尚未确定哪个是未来通用量子计算机的载体。近年来，超导量子计算、离子阱量子计算、拓扑量子计算得到重视，发展较快。

量子计算机硬件进展

实现量子计算的物理平台要有编码量子比特的物理载体，使不同量子比特之间可以可控的耦合，并对噪声环境影响有一定的抵抗力。目前研发的主要量子计算机方案有超导、离子阱、量子点、拓扑和金刚石色心等。

超导量子计算。超导量子计算利用超导系统的量子态实现量子计算。它的优点是与现有的半导体工业技术兼容，但是，超导量子系统工作对物理环境要求较高，需要超低温。许多科研机构和国际大公司采用这一系统，如国际商业机器公司、谷歌、美国量子计算公司（Rigetti）等。

2016年，国际商业机器公司推出5个量子比特的超导量子计算平台，打破了从1998年以来超导量子比特体系研究一直徘徊在2个量子比特的局面，开启了国际上量子计算机研发的第二次高潮。2017年11月，国际商业机器公司宣布研制成功50个量子比特的量子计算机原理样机，并在2018年年初的国际消费类电子产品展览会（CES）现场展示，但尚未对外公开使用，其主要参数也没有公开。此外，有渠道说，国际商业机器公司内部已经在使用65比特的超导量子计算机。

2018年3月，谷歌宣布推出72个量子比特超导量子计算机，他们发布的主要指标是单比特操作的误差是0.1%，双比特门操作的误差是0.6%，但目前尚未见其详细报告。

Rigetti是一家2013年成立的量子计算机公司，其董事长查德·里盖蒂（Chad Rigetti）原来是国际商业机器公司的研究人员。2018年8月，Rigetti宣布将在12个月内推出128个量子比特的超导量子计算机，但至本文交稿之日，尚未看到其推出128个比特量子计算机的消息。

国内团队中，浙江大学与中国科学院物理所团队在 2019 年 5 月 1 日公布了 20 个量子比特的实验工作。北京量子院、清华大学、中国科学技术大学、南方科技大学等都在开展超导量子计算机的研发。2021 年，中国科学技术大学团队制备了一个 62 个量子比特的超导芯片，演示了量子随机行走算法。北京量子院制备了 56 个比特的超导量子芯片，目前正在进行测试。

▶ 离子阱

离子阱体系的优势在于其有较好的封闭性，退相干时间较长，制备和读出效率较高，离子阱体系在一定程度上可以满足量子计算机的多个条件，而可扩展性问题是基于离子阱系统的量子计算的主要障碍。

国际上开发该系统的研究组有诺贝尔奖获得者美国维因兰德组、奥地利莱纳·布拉特组、英国牛津大学组和美国 IonQ 公司（2015 年由马里兰大学教授克里斯·门罗等成立）。清华大学、国防科学技术大学、武汉数学物理研究所、中山大学、中国科学技术大学等国内单位在开展研究。2018 年 12 月，IonQ 公司推出了一个离子阱体系量子计算机原型系统，其主要技术指标如下：量子比特数目方面，最多可以加载 160 个量子比特，能够进行单个比特操作的是 79 个量子比特，能够进行双比特操作的是 11 个量子比特。可编程量子计算方面，实现了 5 个比特的可编程计算，在 5 个比特上实现了 4 种量子算法。莱纳·布拉特组在 5 个比特体系中演示了 Shor 算法，实现了 $15=3 \times 5$ 的分解。在比特操控精度方面，牛津大学组用钙离子、科罗拉多大学的维因兰德组用铍离子分别实现单比特精度超过 99.99％、2 比特精度超过 99.9%。在量子比特寿命方面，清华大学研究组实现了 4 比特的单比特相干时间超过 1000 秒，最近延长至一个小时以上。国防科技大学和武汉物理数学研究所实现较高保真度的单比特操控和 2 比特操控。国防科技大学的离子阱芯片可实现 100 个离子的稳定"囚禁"，能实现离子在阱中的输运和等间距排列。

▶▶ 拓扑量子计算

拓扑量子比特利用量子体系的拓扑性质构造量子比特，具有异常强大的抗干扰能力，几乎不再需要量子纠错的特性使其具有诱人的前景。作为一种先难后易的量子计算机实现方式，拓扑比特方案是量子计算机制备上的一匹潜在黑马，一旦得以实现，必然将是量子计算领域的重大突破。拓扑量子比特的制备本身也是一个重大的科学问题，如果成功，将是一个诺贝尔奖量级的成果。

2018 年，在微软开发者大会上，微软副总裁托德·霍姆达尔（Todd Holmdahl）透露，微软能够在五年内造出第一台拥有 100 个拓扑量子比特的量子计算机。拓扑量子比特的质量非常高，100 个拓扑量子比特的计算能力，最高可以相当于 1000 个逻辑量子比特。如果微软的计划实现，就意味着那时可以用量子计算机解决一些实际问题了。由此构造的量子计算对环境干扰、噪声、杂质有很大的抵抗能力。然而，拓扑量子计算尚停留在基础研究的攻关阶段，拓扑量子比特的器件还未能成功制备。未来 3～5 年是这一领域发展的重大窗口期。北京量子院、清华大学、中国科学院物理研究所、中国科学院大学都在开展拓扑量子计算的研发。

核磁共振量子计算体系

核磁共振体系利用分子中的核自旋作为量子比特，用外加射频脉冲实现对量子比特的控制。核磁体系的退相干时间能够达到秒量级，甚至更长时间，逻辑操作简单，且在室温下运行。核磁共振发展了许多先进的控制技术，在量子算法以及量子模拟方面取得了丰富成果。核磁共振量子计算机遇到的困难是扩展性差、比特数的扩大以及能否合成足够核自旋的分子。

核磁共振中完善的控制技术让其有能力实现量子算法的演示，至今已经实现了许多重要的量子算法，如 Grover 量子搜索算法、Shor 大数分解算法以及求解线性方程组等。核磁共振在量子模拟领域也是控制可靠的量子模拟器，如量子时钟、氢分子基态能级、多体相互作用、量子相变以及量子隧穿等。近期，核磁共振量子计算平台也被放在云端供科研工作者使用，用户可在云平台完成 4 比特以内的由单比特操作和两比特门组成的量子线路图。

量子计算软件进展

软件是连接人与机器的桥梁，通过软件才能发挥机器的作用。量子计算机软件包括系统软件和应用算法软件两大部分，这与经典计算机一样。一台完整的量子计算机不仅需要底层的芯片、中层的控制系统，更需要上层的量子软件与量子算法才能发挥作用。虽然通用型量子计算机还未落地，但科学家们已经开展了量子计算机软件的研究，并通过在经典计算机上模拟量子计算机的运行方式，实现了对量子编程语言、量子编程框架、量子指令集等底层系统软件的开发和检验。这些软件已经可以在现有的含有噪声的中等规模的量子计算机上运行。目前，全球主要的量子计算公司，如微软、国际商业机器公司、谷歌等，都已经推出了各自的量子系统软件，中国的相关团队也陆续推出了系统软件。北京量子院从研发量子计算机伊始，就从顶端设计了量子系统软件和量子应用算法软件两个重要研发方向。

不同于硬件，在量子计算软件领域，我国的本源量子、华为同国外巨头的差距并不大。本源量子不仅拥有完全自主知识产权的量子编程语言 QRunes、量子编程框架 Panda、量子指令集 OriginIR，还开发了量子化学应用 ChemiQ。华为在 2020 年发布了 HiQ 3.0 量子计算模拟器及开发者工具，助力量子计算在组合优化、线路仿真、量子模拟、芯片调控等领域的应用。中国科学院软件研究所在 2019 年 12 月发布中国首个量子程序设计平台，已上线的功能主要包括编译器、模拟器、模型验证工具、定理证明器四部分。

下面简单介绍量子指令集、命令式量子汇编语言、函数式量子汇编语言、多范式语言等的发展情况。

▶ 量子指令集

量子指令集将高层次的算法转化为物理指令，这些指令可以在量子处理器上执行。有时这些指令是专门为给定的硬件平台设计，例如离子阱或超导量子比特。典型的指令集有 Quil 和 OpenQASM（开放量子汇编语言）。Quil 是量子计算的指令集架构，它首先引入了一个共享的量子/经典内存模型。此模型是由罗伯特·史密斯（Robert Smith）、迈克尔·柯蒂斯（Michael Curtis）和威廉·曾（William Zeng）于 2016 年 8 月在一个实用量子指令集架构中引入的。OpenQASM 是量子指令中间表示，该语言最初由安德鲁·克罗斯（Andrew Cross）等人引入，并且其源代码作为国际商业机器公司量子信息软件包（QISKit）的一部分被发布，用作国际商业机器公司的量子计算云平台的 IR。该语言具有类似于 Verilog 这种传统硬件描述语言的特性。

命令式量子汇编语言

量子编程语言有命令式量子编程语言和函数式量子编程语言两个大类。命令式语言的代表是 QCL 和 Q|SI>。函数式量子汇编语言的代表是 QPL 和 QML。量子计算语言（Quantum Computation Language，QCL）是最早实现的量子编程语言之一。QCL 最重要的特性是支持用户定义的操作符和函数，语法类似于 C 语言，其经典数据类型类似于 C 语言的原始数据类型，可以将经典代码和量子代码合并在同一个程序中。由伊曼纽尔·尼尔（Emanuel Knill）提出的量子伪码（qantum pseudocode）是一种用来描述量子算法的形式化语言，它与量子机器的模型——量子随机存取机器（QRAM）联系密切。Q|SI>是应明生研究组提出的量子编程语言。Q 语言是命令式量子编程语言，被执行于 C++ 编程语言的扩展，为基本的量子操作提供了类。例如 QHadamard、Qt、QNot、QSwap 等，都是由基类 Qop 派生而出。可以使用 C++ 类机制定义新的操作符。量子防护命令语言（Quantum Guarded Command Language，QGCL）是由保罗·朱利安尼（Paolo Zuliani）定义，基于 Edsger Dijkstra 创

建的经典守护命令语言而建立起来的量子程序语言，可被描述为一种量子程序规范的语言。量子宏汇编器（Quantum Macro Assembler，QMASM）是一种针对量子退火的底层语言。2016 年，美国洛斯阿拉莫斯国家实验室的斯科特·帕金（Scott Pakin）公开了这一基于 Python 的编程语言的源。

▶▶ 函数式量子汇编语言

　　函数式量子编程语言非常适合对程序进行推理。QFC 和 QPL 是由当时加拿大渥太华大学的彼得·塞林格（Peter Selinger）定义的两种紧密相关的量子编程语言。它们只在语法上有所不同，QFC 使用流程图语法，而 QPL 使用文本语法。这些语言具有经典的控制流，但可以对量子或经典数据进行操作。塞林格给出了这些语言在超级运算符的类别中的指称语义。QML 是一种由英国诺丁汉大学的阿尔腾科奇（Altenkirch）和格拉塔奇（Grattage）提出的类似 Haskell 的量子编程语言。与塞林格的 QPL 不同，这种语言将量子信息的复制作为一种原始操作。QML 还引入了经典和量子控制运算符，而大多数其他语言都依赖于经典控制。LIQUil> 是 F# 编程语言的一个量子模拟扩展，由微软研究院量子架构和计算小组（QuArC）的韦克尔（Wecker）和斯沃尔（Svore）开发。LIQUil> 试图让理论学家在使用真正的量子计算机之前就尝试量子算法设计。它包括编程语言、优化、调度算法和量子模拟器。LIQUil> 将以高级程序形式编写的量子算法转换为量子设备的低级机器指令，提供了大量的高级操作来简化量子编程，如受控门与反计算的自动实现。Shor 大数分解算法用 QCL（第一个量子编程语言）来描述大概需要 100 行，而使用

LIQUi|> 仅需 50 行左右。它的编译器可自动实现优化、容错翻译、量子电路打印等任务。其公开发行版只能模拟不超过 22 个量子比特。量子 lambda 演算是经典 lambda 演算的扩展，其目的是用高阶函数的理论扩展量子编程语言。1996 年，菲利普·麦曼（Philip Maymin）首次尝试定义量子 lambda 演算。他的 lambda-q 演算可以表示任何量子计算。2003 年，安德烈·范通德（Andre van Tonder）定义了 lambda 演算的扩展，可以证明量子程序的正确性，他还在 Scheme 编程语言中提出了一种执行方式。2004 年，塞林格和瓦利隆（Valiron）用基于线性逻辑的类型系统为量子计算定义了强类型的 lambda 计算。

▶ 多范式语言

微软于 2017 年 12 月 12 日发布的 Quantum Development Kit 是多范式软件。该套件包括 Q# 编程语言、编译器以及本地量子计算模拟器，并与 Visual Studio 集成，还有一个基于 Azure 的模拟器，可以模拟 40 多个逻辑量子比特计算。Q# 将传统的编程概念，如函数、变量、分支，以及语法高亮的开发环境和量子调试器带到量子计算领域。微软将 Q# 称为"一种用于表达量子算法领域专用编程语言"。Q# 给自己的定义是领域专用语言（Domain Specific Language）。华为在 2018 年 10 月推出了华为的 HiQ 量子编程框架。该框架为经典-量子混合编程提供统一的编程模式。从与器件无关的高级语言编程到硬件和指定指令集的接口语言编译，从大规模的量子计算仿真模拟到量子算法的验证，从量子纠错的编码器到解码器，HiQ 编程框架提供完整的 API 接口和图形化解决方案。其有以下几个特点：第一，经典-量子混合编程可视化方案，独特量子编程 BlockUI，使经典 - 量子混合编程更加简单直观；第二，分布式可扩展的软硬件支持，编译框架支持多量子硬件后端和基于 Python 及 C++ 的 API 前端扩展；第三，卓越的计算性能，提供高性能 C++ 并行和分布式模拟器后端；第四，开放的开发体系，框架基于并兼容开源的 ProjectQ 软件，并将继续开源；第五，高效的资源管理性能，集成高性能量子线路编译优化器，支持有限内存单元、大规模并行计算处理；第六，算法库和帮助文档支持，丰富的算法库和 10+ 重要基础算法，加速学习和开发过程。HiQ 的量子算法库中已经给出了十多个量子算法的 HiQ 实现程序。

徐家福领导的南京大学研究组是国内最早开展量子程序设计语言的团队之一，提倡正确性、实用型、简明性、设备无关性、高层抽象性、透明性及可经典模拟性的程序设计准则，2006 年 7 月提出基于 Java 的命令式量子程序设计语言 NDQJava（南大量子 Java 语言），并于 2011 年 1 月提出改进版本 NDQJava-2。NDQJava 系列语言强调设备无关性，令量子设备对量子程序设计语言保持透明。该团队针对上述两种量子程序设计语言均研制了对应的编译、解释处理系统。2009 年 6 月，徐家福、宋方敏提出基于 FP 的函数式量子程序设计语言 NDQFP，将量子特性和量子演化抽象为函数，提高了量子算法的程序化直觉表达。

▶ 量子计算应用算法的一些进展

在本尼奥夫的量子计算模型中，其量子操作都是酉变换（也叫酉算符、酉算子）。酉变换的逆运算（相当于除法）也是酉算符，因此只能采用酉算符的乘和除来构造量子算法。大数分解算法和量子搜索算法都是采用酉算子的乘积的形式进行构造，其他量子算法都可以看作是这两个算法的发展。

2002 年对偶量子计算机被提出，允许酉算符的加减乘除四则运算构成的酉算符线性组合（linear combination of unitaries，LCU）来构造量子算法，为构造量子算法提供了新的途径。酉算符的线性组合称为对偶量子门，斯坦·古德尔（Stan Gudder）将其称为广义量子门（generalized quantum gate），并利用算子代数理论给出了其数学性质。陕西师范大学曹怀信团队在 2000 年给出了对偶量子门的一种具体构造方法。2018 年中国军事科学院强晓刚、中山大学周晓琪、北京大学王剑威、英国布里斯托大学杰里米·奥布莱恩（Jeremy Obrien）和澳大利亚昆士兰大学蒂姆西·拉尔夫（Timothy Ralph）等联合团队研制了集成光量子芯片，可以实现 98 种两比特酉操作，该光量子芯片采用了 LCU 的体系结构。

采用 LCU 方法构造的一个重要量子算法是线性方程组的量子算法——HHL 算法。在一些限制条件下，这个量子算法相对于经典算法有指数的加快，其 LCU 的具体形式也已给出。LCU 方法还用于量子机器学习算法、量子化学模拟算法等。构造量子算法的一般技巧有五种，即相位估计、量子搜索、LCU、HHL 算法以及量子随机行走。量子算法的相关进展还可进一步参考文献。

▶ 量子计算发展前景

当前，量子技术研究已成为世界科技研究的一大热点，世界各主要国家高度关注量子信息技术发展，纷纷加大政策和资金支持，力争抢占新兴信息技术制高点。

美国从 20 世纪 90 年代即开始将量子信息技术作为国家发展的重点，在量子相关学科建设、人才梯队培养、产品研发及产业化方面进行大量布局，联邦政府机构对量子计算领域的支持每年在 2 亿美元以上。近两年来，美国政府频繁参与量子计算布局。2018 年 12 月，美国政府正式颁布《国家量子计划法案》，制定长期发展战略，计划在未来 5 年向相关领域投入 12 亿美元研发资金。2019 年 2 月，白宫发布未来工业发展规划，将量子信息科学视为美国未来发展的四大支柱之一。

欧盟方面，2014 年英国已启动"国家量子技术计划"，计划投资超过 10 亿英镑建立量子通信、传感、成像和计算四大研发中心，推动产学研合作。2016 年德国提出"量子技术——从基础到市场"框架计划，并预计投资 6.5 亿欧元。

近年来，我国对量子计算的支持力度逐步加大，先后启动国家自然科学基金、"863"计划和多个重大专项，支持量子计算的技术研发和产业化落地。2020 年 10 月 16 日，中共中央政治局就量子科技研究和应用前景举行集体学习，习近平总书记在讲话中提到，"要保证对量子科技领域的资金投入，同时带动地方、企业、社会加大投入力度。要加大对科研机构和高校对量子科技基础研究的投入，加强国家战略科技力量统筹建设，完善科研管理和组织机制。要加快量子科技领域人才培养力度，加快培养一批量子科技领域的高精尖人才，建立适应量子科技发展的专门培养计划，打造体系化、高层次量子科技人才培养平台。要提高量子科技理论研究成果向实用化、工程化转化的速度和效率，积极吸纳企业参与量子科技发展，引导更多高校、科研院所积极开展量子科技基础研究和应用研发，促进产学研深度融合和协同创新。"习近平总书记同时提出，"在量子科技领域再取得一批高水平原创成果""形成我国量子科技发展的体系化能力""抢占量子科技国际竞争制高点"。

从20世纪90年代开始，全球量子计算领域的研究进入快速发展期。在量子计算研究和商业化方面，走在全球前列的公司包括谷歌、国际商业机器公司、微软、亚马逊、阿里巴巴等大公司，也包括一些初创机构。国际商业机器公司、谷歌均已公布其基于超导器件的量子计算芯片方案，在硬件方面是全球最高水平的代表之一。2016年，谷歌量子计算团队使用3个量子比特对氢分子的基态能量进行了模拟，效果已经可以和经典计算机持平。2019年10月，谷歌使用其当时最新推出的54位量子比特芯片（其中53个量子比特可用）Sycamore运行随机电路取样，仅用200秒时间即得出了结果，而谷歌推算，如果使用算力强大的超级计算机（经典计算机）Summit解决此问题，需耗时1万年，这也是目前全球量子计算机经过实测的最强算力。2020年3月，谷歌推出了TensorFlow Quantum量子机器学习算法开发平台，助力于未来全球量子算法的发展。国际商业机器公司是全球最早布局量子计算的公司之一，早在1999年就采用核磁共振技术开发出3位量子比特计算机。2016年，国际商业机器公司推出量子云计算平台IBM Q Experience，至此，国际商业机器公司成为全球第一个推出量子云服务的公司。2017年，国际商业机器公司采用超导量子比特技术开发出17位量子计算机和50位量子计算机。2019年，国际商业机器公司推出Q System One，这是一台53位的量子计算机。微软于2005年就开始成立相关团队进入量子计算领域，提出了一种在半导体–超导体混合结构中建造拓扑保护量子比特的方法，并于2016年宣布计划投入巨额资源开发量子计算机的原型产品。亚马逊则专注于量子云计算服务。2020年8月，亚马逊云服务公司宣布 Amazon Braket 量子计算服务正式上线。客户可以在运行于亚马逊云计算资源的模拟量子计算机上，探索、设计和测试量子算法并进行故障排除。

国内方面，量子计算研究的代表包括本源量子和量旋科技等初创企业，分别推出了 6 比特超导量子芯片和 2 比特演示型量子计算机等。阿里巴巴也和中国科学院联合推出了量子云平台。我国在量子计算领域研究发展较快，但过去主要以理论研究为主，最近加大了在实验研究方面的投入，参与者主要是科研机构、高校。在核心论文数量、研究机构数上我国处于世界前列，基础研究能力仅次于美国，但在专利产出方面，我国明显弱于美国、英国、德国、日本等国家，基础研究成果转化有待加强。工程化及应用推动方面，我国与美国差距明显，国内企业的发展远落后于国际商业机器公司、谷歌、微软等跨国企业。

对于实用化的量子计算机的研发，目前普遍认为需要经过实现量子优越性、实用化的量子模拟机和容错量子计算机三个发展阶段。首先是实现量子优越性（量子霸权），量子优越性是指量子计算机对于某一问题拥有超越现有经典计算机的计算能力。2019 年 10 月，谷歌基于其开发出的一款 54 量子比特数的超导量子芯片"Sycamore"宣称其率先实现了量子优越性。2020 年 12 月 4 日，中国科学技术大学团队构建了 76 个光子的量子计算原型机"九章"，实现了"高斯玻色取样"任务的快速求解，这一成果也成为我国成功到达量子计算优越性这一阶段的里程碑。下一个阶段是量子模拟机，用于解决若干超级计算机无法胜任的具有重大实用价值的问题，到达这一阶段至少需要操纵几百个量子比特。最后的阶段是可编程的通用量子计算机，这一阶段需要实现通用的量子计算，而一旦实现将在许多领域产生颠覆性影响。

总结

量子计算机的提出是从提高计算能力和解决散热问题两个方面出发。20世纪90年代中期，Shor算法以及Grover算法的提出，促成了量子计算研究的第一个高潮。经过20年的发展，2016年国际商业机器公司推出5比特超导量子计算云平台，开启了量子计算研发的又一个高潮，以国际著名公司加入研发为标志，量子计算向着实际应用发展。

最近两年，量子计算的硬件得到了快速的发展，而这些发展是参与研发的公司多年研发积累的结果。超导量子计算走在了最前面，它具有与传统半导体工艺兼容的优点，几个主要参与研发的大公司都采用了这一体系。拓扑量子计算方案有很大的潜力，一旦在技术上有所突破，则有望大幅度加速量子计算机的研发进程。

量子程序语言从1996年开始发展，几乎和量子计算硬件的发展同步，而且相对于硬件更加完整，可以在经典模拟机器和现有的量子计算系统中应用。

在今后若干年内，量子计算机的发展模式将是有噪声的中等规模量子计算，量子比特数目在几百个左右，带有噪声而不能实现容错。这种NISQ量子计算机在二十年的时间内将无法进行足够大的数的分解，不能对使用的公开密钥体系RSA等形成实质性的威胁。其主要用途是对量子体系进行模拟，如量子材料模拟、量子化学模拟等。同时，在对精度要求不高，有时候还需要加入噪声的机器学习方面，NISQ可能会有应用。

参考文献

[1] Feynman R P. Simulating physics with computers[J].International Journal of Theoretical Physics,1982,21(6–7):467–488.

[2] Moore G. E., et al. Progress in Digital Integrated Electronics[J]. International Electron Devices Meeting,IEEE.1975:11–13.

[3] Benioff P.The computer as a physical system: A microscopic quantum mechanical hamiltonian model of computers as represented by Turing machines[J].Journal of Statistical Physics,1980,22(5):563–591.

[4] Shor P W. Algorithms for Quantum Computation: Discrete Logarithms and Factoring[J].Proceedings 35th Annual Symposium on Foundations of Computer Science,IEEE,1994: 124–134.

[5] Grover L K.A fast quantum mechanical algorithm for database search[J].Theory of computing,1996:212–219.

[6] Long G. L. Grover Algorithm with Zero Theoretical Failure Rate[J].Physical Review A,2001,64(2):022307.

[7] Toyama F M, van Dijk W,Nogami Y.Quantum search with certainty based on modified Grover algorithms: optimum choice of parameters.[J].Quantum Information Processing,2013,12(5):1897–1914.

[8] Castagnoli, G., Highlighting the Mechanism of the Quantum Speedup by Time–Symmetric and Relational Quantum Mechanics[J].Foundations of Physics,2016,46(3):360–381.

[9] Wei S J,Li H,Long G L.A Full Quantum Eigensolver for Quantum Chemistry Simulations[J].Research,2020:1486935.

［10］Bennett C. H., Brassard G. Quantum Cryptography: Public Key Distribution and Cion Tossing[J]Theoretical Computer Science,2014(560):7-11.

［11］Chen Y A,Zhang Q,Chen T Y,et al.,An Integrated Space-to-ground Quantum Communication Network over 4,600 Kilometres[J].Nature,2021,589(7841):214-219.

［12］Long G L,Liu X S.Theoretically efficient high-capacity quantum-key-distribution scheme[J].Physical Review A, 2002,65(3):032302.

［13］QI R Y,SUN Z,LIN Z S.Implementation and security analysis of practical quantum secure direct communication[J].Light, science & applications,2019,8(1):22.

［14］You X,Wang C X,Huang J,et al.Towards 6G wireless communication networks:vision, enabling technologies, and new paradigm shifts[J].Science China(Information Sciences), 2021,64(01):5-78.

［15］C. Song, K. Xu, et al. Observation of Multi-component Atomic Schrödinger Cat States of up to 20 Qubits[J].Science 365,2019:574-577.

［16］M. Gong,S. Wang, et al. Quantum Walks on a Programmable Two-dimensional 62-qubit Superconducting Processor[J]. SCIENCE,2021,372(6545):948-952.

［17］Blatt R., Wineland D. Entangled States of Trapped Atomic Ions[J].Nature,2008,453(7198):1008-1015.

[18] Debnath S. Linke N. M., et al. Demonstration of a Small Programmable Quantum Computer with Atomic Qubits[J]. Nature,2016,536: 63–66.

[19] Monz T., Nigg D., et al. Realization of a Scalable Shor Algorithm[J].Science,2016,351:1068–1070.

[20] Ballance C. J., Harty N. M., et al., High-Fidelity Quantum Logic Gates Using Trapped-Ion Hyperfine Qubits[J].Physical Review Letters,2016,117(6):060504.

[21] Gaebler J. P., Tan T. R., et al. High-Fidelity Universal Gate Set for $9Be^+$ Ion Qubits[J].Physical Review Letters,2016,117(6): 060505.

[22] Wang Y., Mark U., et al. Single-qubit Quantum Memory Exceeding Ten-minute Coherence Time[J].Nature Photonics, 2017,11:646–650.

[23] Wang P. F., Luan C. Y., et al. Single Ion Qubit with Estimated Coherence Time Exceeding One Hour[J].Nature Communications,2021,12(1):1–8.

[24] Jones J. A., Mosca M. Implementation of a Quantum Algorithm on a Nuclear Magnetic Resonance Quantum Computer[J]The Journal of Chemical Physics,1998,109(5): 1648–1653.

[25] Vandersypen, M. K. L., et al. Experimental Realization of Shor's Quantum Factoring Algorithm Using Nuclear Magnetic Resonance[J].Nature,2001,414(6866):883–887.

[26] Pan J., Cao Y. D., et al. Experimental Realization of Quantum Algorithm for Solving Linear Systems of Equations[J]. Physical Review A,2014,89(2):022313.

[27] Zhang J., Long G. L., et al. Nuclear Magnetic Resonance Implementation of a Quantum Clock Synchronization Algorithm[J].Physical Review A,2004,70(6):062322.

[28] Du J. F., Xu N. Y., et al. NMR Implementation of a Molecular Hydrogen Quantum Simulation with Adiabatic State Preparation[J]. Physical Review Letters,2010,104(3):030502.

[29] Peng X., Zhang J., et al. Quantum Simulation of a System with Competing Two−and three−body Interactions[J].Physical Review Letters,2009,103(14):140501.

[30] Peng X. H., Zhang J. F. Quantum Phase Transition of Ground−state Entanglement in a Heisenberg Spin Chain Simulated in an Mmr Quantum Computer[J].Physical Review A,2005,71(1):012307.

[31] Feng G. R., Lu Y., et al. Experimental Simulation of Quantum Tunneling in Small Systems[J].Scientific Reports,2013,3:2232.

[32] Xin T., Huang S. L., et al. NMRCloudQ: a Quantum Cloud Experience on a Nuclear Magnetic Resonance Quantum Computer[J].Science Bulletin,2018,63(1):17−23.

[33] Smith R. S., Curtis M. J. A Practical Quantum Instruction Set Architecture[R/OL].(2017−02−17).https://arxiv.org/pdf/1608.03355.pdf.

[34] Cross A. W., Bishop L. S., et al. Open Quantum Assembly Language[R/OL]. (2017–07–11). https://arxiv.org/abs/1707.03429.

[35] Ömer B. A Procedural Formalism for Quantum Computing[R/OL].(1998–07–23). http://tph.tuwien.ac.at/~oemer/doc/qcldoc.pdf.

[36] Knill E. Conventions for Quantum Pseudocode[R]. Los Alamos National Lab, NM (United States),1996, No.LA–UR 96–2724.

[37] 刘树森, 周立, 官极, 等 .QISI＞：一个量子程序设计环境[J]. 中国科学：信息科学,2017,47(10):1300–1315.

[38] Bettelli S., Serafini L. Calarco T. Toward an Architecture for Quantum Programming[J].Eur Phys J D–Atomic Mol Opt Plasma Phys,2003,25:181–200.

[39] Sanders J. W. and Zuliani P. Quantum Programming, in Proceedings of the 5th International Conference on Mathematics of Program Construction[M]. Berlin: Springer, 2000:80–99.

[40] Pakin S. A Quantum Macro Assembler[J]. High Performance Extreme Computing Conference,IEEE,2016:1–8.

[41] Peter S. Towards a Quantum Programming Language[J]. Mathematical Structures in Computer Science,2004,14(4): 527–586.

[42] Altenkirch T., Grattage J. A Functional Quantum Programming Language[J]. 20th Annual IEEE Symposium on Logic in Computer Science (LICS'05),IEEE,2005.

[43] Maymin P. Extending the Lambda Calculus to Express Randomized and Quantumized Algorithms[R/OL].(1996-12-31). https://arxiv.org/abs/quant-ph/9612052,1996-12-31.

[44] van Tonder A. A lambda Calculus for Quantum computation[J]. SIAM Journal on Computing,2004,33(5):1109-1135.

[45] 吴楠,宋方敏.通用量子计算机:理论、组成与实现[J].计算机学报,2016,39(12):2429-2445.

[46] 徐家福,宋方敏,钱士钧,等.量子程序设计语言NDQJava[J].软件学报,2008(01):1-8.

[47] 刘玲,徐家福.量子程序设计语言NDQJava-2[J].软件学报,2011,22(05):877-886.

[48] 宋方敏,钱士钧,戴静安,等.量子程序设计语言NDQJava处理系统[J].软件学报,2008(01):9-16.

[49] 程振伟,徐家福.量子程序设计语言NDQJava2处理系统——词法分析程序及语法分析程序[J].计算机科学与探索,2013,7(06):562-569.

[50] Xu J. F., Song F. M. Quantum Programming Languages: A Tentative Study[J]. Science in China Series F:Information Sciences,2008,51(6):623.

[51] Grover L. K. Proceedings of the Twenty-eighth Annual ACM Symposium on Theory of Computing[J].Philadelphia, 1996:212-219.

[52] Long G. L. General Quantum Interference Principle and Duality Computer[J].Communications in Theoretical Physics,

2006,45(5):825-844.

[53] Long G. L. Duality Quantum Computing and Duality Quantum Information Processing[J].International Journal of Theoretical Physics,2011,50(4):1305-1318.

[54] Gudder S. Mathematical Theory of Duality Quantum Computers[J].Quantum Information Processing,2007,6(1): 37-48.

[55] Zhang Y., Cao H. X., Li L. Realization of Allowable Qeneralized Quantum Gates[J].Science China Physics, Mechanics and Astronomy,2010,53(10):1878-1883.

[56] Qiang X. G., Zhou X. Q., et al. Large-scale Silicon Quantum Photonics Implementing Arbitrary Two-qubit Processing[J]. Nature Photonics,2018,12(9):534-539.

[57] Harrow A. W., Hassidim A., Lloyd S. Quantum Algorithm for Linear Systems of Equations[J].Physical Review Letters, 2009,103(15):150502.

[58] Wei S., Zhou Z., et al. Realization of the Algorithm for System of Linear Equations in Duality Quantum Computing[R].IEEE 85th Vehicular Technology Conference (VTC Spring),IEEE, 2017:1-4.

[59] Wittek P., Gogolin C. Quantum Enhanced Inference in Markov logic Networks[J].Scientific Reports,2017,7(1):1-8.

[60] Shao C. P., Li Y., Li H. Quantum Algorithm design: techniques and applications[J].Journal of Systems Science and Complexity,2019,32(1):375-452.

[61] 魏世杰,王涛,阮东,等.量子算法的一些进展[J].中国科学:信息科学,2017,47(10):1277-1299.

[62] O'Malley P.J.J., et al. Scalable Quantum Simulation of Molecular Energies[J/OL]. Physical Review X,2016,(6)3:031007.https://journals.aps.org/prx/pdf/10.1103/PhysRevX.6.031007.

[63] Arute F., Arya K.,et al. Quantum Supremacy Using a Programmable Superconducting Processor[J].Nature,2019,574: 505-510.

[64] Zhong H. S., Wang H., et al. Quantum Computational Advantage Using Photons[J].Science,2012,370(6523): 1460-1463.

第七章
碳中和：与世界接轨的创新经济

　　新能源革命和碳中和是一场集技术创新、制度创新及治理体系创新于一体的全球新竞赛。随着国际权力格局的"东升西降"，发展中国家的新能源发展与绿色投资呈现出整体性崛起的态势。探索碳中和目标约束下中国经济高质量转型发展路径，需要打赢一场碳中和与新能源革命的"人民战争"。

全球生态文明建设中的中国新能源外交

李昕蕾

山东大学当代社会主义研究所研究员、环境政治研究所副所长，山东大学政治学与公共管理学院教授、博士生导师

随着人类命运共同体理念逐步成为中国特色大国外交思想的重要基石，作为人类命运共同体理念的题中之义，生态文明理念及其国际维度日益受到国际社会的关注。在 2018 年 5 月召开的全国生态环境保护大会上，习近平总书记提出了新时代推进生态文明建设必须坚持的六项原则。其中第六项明确强调了"全球生态文明建设"的概念，标志着我们对生态文明及其建设的界定或理解具有了一种全球视域的所指。在全球生态文明建设中，气候变化问题日益被视为全球环境治理中的首要议题，当代人类社会生存发展面临着系统性气候危机挑战。[①] 在全球碳中和态势下，习近平总书记于 2020 年 9 月

---

① 即使受新冠肺炎疫情影响，2020 年大气 CO_2 浓度依然持续增加，并呈现出近 80 万年以来最高值。在世界气象组织（WMO）所发布的《2020 年全球气候状况》报告中，2020 年全球平均温度已比工业化前水平约高 1.2 摄氏度。参见李昕蕾：《步入"新危机时代"的全球气候治理：趋势、困境与路径》，《当代世界》，2020 年第 6 期。

22日第75届联大一般性辩论上宣布，中国将在2030年前实现碳达峰、2060年前实现碳中和。中国"3060"双碳目标的提出彰显了中国作为全球生态文明建设重要参与者、贡献者、引领者的身份，在"绿水青山就是金山银山"的理念下，不仅自身坚持走绿色发展之路，同时还要推进全球可持续发展及零碳排放优化方案的形成。在迈向全球碳中和目标的进程中，以太阳能、风能、生物质能、潮汐能、绿色氢能、核能为代表的新能源革命加速了全球能源转型与碳中和社会的实现。[①] 中国作为新能源生产与绿色投资均居世界首位的大国，需要利用自身的绿色结构性优势，通过灵活多元的新能源外交来加快新能源国际合作和全球新能源善治步伐。这意味着中国从最优实践外溢和外交实务创新维度诠释了全球生态文明建设的可行实践路径，从而塑造一种绿色、公正、包容、安全的气候能源治理新秩序。

▶ 碳中和背景下全球生态文明建设的三重内涵

据统计，截至2021年5月，全球已有127个国家和地区承诺兑现碳中和目标，其中22个国家和地区通过纳入国家立法、提交协定或政策宣示的方式正式提出了碳中和相关承诺。气候变化问题与工业化时代的化石燃料燃烧与使用密切相关，因此，该问题已经超越了单纯的环境维度，而是全面涉

---

① 新能源这一概念的提出主要是区别于传统的化石能源和传统水电等可再生能源。本文的新能源概念侧重分析零碳排放的清洁性新能源，包括风电、光伏、生物质能、潮汐能在内的可再生能源、核能、绿色氢能、蓝色氢能（使用石化燃料制氢同时使用碳捕集和碳封存技术去碳）等，而产生碳排放的新能源如页岩油页岩气、使用化石燃料制造的灰色氢能都不在本文新能源讨论范围内。

及一国的能源系统、产业结构和经济发展模式等重大问题，各大国围绕排放权与发展权的国际博弈日益升级。目前，全球碳中和的态势意味着碳约束和能源转型已经成为全球生态文明建设中无法忽视的首位要务。2021年3月15日，习近平总书记在中央财经委员会第九次会议上强调，"实现碳达峰、碳中和是一场广泛而深刻的经济社会系统性变革，要把碳达峰、碳中和纳入生态文明建设整体布局"。基于此，碳中和背景下的全球生态文明建设具有如下三重内涵。

第一，全球生态文明建设的首要目标是基于可持续发展、环境正义、生态安全等理念来不断推进全球环境治理体系的优化，从而塑造一种基于更加绿色、公平、合理、包容、安全的国际经济政治秩序的全球生态环境安全共同体。基于此，全球生态文明建设必然需要我们不断推进各国特别是广大发展中国家的经济社会现代化战略与生态环境保护战略进一步密切结合，在谋求发展的过程中不以牺牲环境为代价。同时，我们需要通过强调环境正义来克服目前全球环境治理中的"南北差异"；这意味着在实现人与自然和谐共生的现代化绿色治理的同时，塑造基于人类命运共同体理念的具有包容性和公平性的全球环境治理新格局。习近平总书记指出，"保护生态环境，应对气候变化，维护能源资源安全，是全球面临的共同挑战"。碳中和背景下的全球生态文明建构意味着在坚持"共同但有区别性责任"原则的前提下，不断对全球气候能源治理秩序进行优化。如鉴于发达国家与发展中国家间的不同能力和历史责任，我们需要格外注重推进全球范围内的气候与能源公正转型。在新冠肺炎疫情冲击下，发达国家应向发展中国家提供新的、额外的、持续的、可预测的、充足的和及时的资金支持，以及技术开发与转让和能力建设支持。同时，2023年首轮全球盘点应包括《巴黎协定》的所有长期目标，即温度、减缓、适应和资金必须全部成为全球盘点的核心。

第二，碳中和背景下全球生态文明建设推进的动力源于我国"两山"生态治理理念和低碳治理最优实践的国际化外溢。面对气候变化等全球性的环境问题，我国生态文明理念不仅要融入国内的经济社会发展各个方面；同时，作为负责任的大国，中国更要以实际行动来引领国际环境与发展新格局。比如作为国际碳排放大国，我国积极实施应对气候变化战略，有效扭转了二氧化碳排放快速增长局面。数据显示，截至 2019 年年底，中国碳排放强度比 2015 年下降 18.2%，提前完成"十三五"约束性目标任务，同时，提前完成向国际社会承诺的 2020 年目标，为全球生态文明建设做出示范引领和重要贡献。基于此，全球生态文明建设要注重"理念"和"行动"双重维度：一方面，我国要在凝练和升华本土生态文明实践经验的基础上，进一步完善生态文明的制度体系，注重自身治理理念和政策路径的科学化和逻辑性，为全球环境善治提供源源不断的新的知识供给；另一方面，我国生态文明实践中所形成的可复制、可推广的有效经验，可以为世界提供中国方案的借鉴参考，特别是全球生态文明理念所承载的制度规范扩散必然伴随着相应的绿色最优实践、绿色准则和绿色标准的推广。这需要我们从国际视野出发，在国际生态指标体系建构、生态文明与可持续发展的标准对接、新能源产业链重塑、"南南合作"创新等领域做出更多的治理性示范。

第三，碳中和背景下全球生态文明建构需要把握目前国际绿色对话空间不断扩展的契机，推进气候能源外交模式的不断创新。当下碳中和议题成为中美欧之间的重要大国共识，且各方都将新能源发展视为应对气候危机和推进后疫情时代绿色复苏的重要抓手。在美国宣布重返《巴黎协定》后，美国总统气候问题特使约翰·克里（John Kerry）便于 2021 年 4 月 15 至 16 日到访中国，同中方共同发布了《中美应对气候危机联合声明》，指出"两国计划采取适当行动，尽可能扩大国际投融资支持发展中国家从高碳化石能源向绿色、低碳和可再生能源转型"，突出了新能源在两国脱碳化能源转型和气候能源合作中的重要作用。同时，2021 年 4 月 16 日，中法德领导人也举行了视频峰会。这是继 2019 年 3 月巴黎会晤和 2020 年 12 月气候雄心峰会视频会晤以来，中法德领导人第三次共同举行的会晤。三国领导人强调要加强气候政策对话和绿色发展领域的多边合作，将其打造成中欧合作的重要支柱。基于此，我国应该把握国际社会在气候变化应对和新能源发展等方面对话空间拓展的历史性契机，在包容性共识中不断推进全球生态文明跨国合作的开展。在国际碳约束日益迫紧的态势下，人类生态核心利益逐渐交融不可分割，任何国家和地区都无法独善其身。习近平生态文明思想基于对全球生态命运共同体的塑造，推进了世界各国生态共识的建构、绿色话语的交流和全球环境合作多元实践的开展，真正契合了低碳转型下全球经济社会高质量发展的现实诉求。在此背景下，我们需要更为灵活务实的气候能源外交来调动国内外多元支持性资源，推进有效的绿色公共产品和绿色规范供给，从而提升中国在全球气候能源治理中的制度性绿色话语权。

全球气候能源战略转型下的新能源外交

目前，全球气候能源格局变迁面临日益紧迫的碳约束，而在碳中和背景下，一国应对或突破碳约束的能力将在很大程度上决定其在国际体系中的相对地位。可以说，低碳转型越成功的国家在未来的国际秩序转型中拥有越大的主导性和发言权，其背后关键性支撑力量之一是该国所拥有的新能源竞争力和创新力。新能源发展成为国际气候和能源战略格局变迁过程中的关键影响要素，使这一转型显示出如下三个态势。

一是国际气候战略治理格局和能源格局中均出现了不可忽视的低碳实践转向。《巴黎协定》"自下而上"的国家自主贡献模式以及低碳实践竞合逐步取代了《京都议定书》时代"自上而下"的温室气体强制减排谈判格局。同时，能源治理领域对于新能源发展、能效提升、绿色技术开发等的关注度不断提升，包括风能、太阳能、生物质能、智能电网、电动汽车、储能技术、碳捕获与封存（CCS）和碳捕集与利用（CCU）技术在内的新能源技术研发、产业化发展和商业化应用已经成为世界各国的战略性发展产业前沿。国际能源署（IEA）发布的《2020年全球能源投资报告》指出，尽管受到新冠肺炎疫情影响，全球能源投资基本恢复至疫前水平，其中七成投资集中于太阳能、风电等可再生能源领域。

二是国际能源格局与气候治理格局之间的纽带联动性不断提升。全球温室气体排放的根本性解决路径的实现取决于各国能源产业结构的低碳转型、新能源大规模开发和全面脱碳技术研发。相比于传统化石能源，可以超越地缘性存在的各种新能源在提升国家能源可持续性的同时，也有利于保障国家能源安全；而且分布式的风能、光伏、生物质能还可以推进缺乏基础电网设施的贫困地区人口获得清洁电力（保障能源可获性）并带动地区经济发展。基于此，新能源被视为后疫情时代应对气候危机、经济危机、能源危机、社会危机等安全纽带问题的核心性解决方案。

三是自2008年金融危机以来，随着国际权力格局的"东升西降"，发展中国家的新能源发展与绿色投资呈现出整体性崛起之态势。2015年，发展中国家的可再生能源电力和燃料总投资额首次超过发达国家，其中中国发挥了主导作用，其投资额占全球总投资额的36%。21世纪可再生能源政策网络（REN21）指出，2019年，可再生能源装机容量增长创历史纪录的超过200吉瓦（GW），特别是分布式可再生能源系统为发展中国家的更多家庭提供了电力和清洁烹饪服务。发展中国家日益积极地参与到全球新能源合作中，并对全球新能源中的代表性赤字和有效性赤字提出更多的变革诉求。在国际可再生能源机构（IRENA）目前的164个成员国中，有超过三分之二的成员来自发展中国家，而正在申请加入的20个准成员国，几乎全部都是来自非洲、拉丁美洲、中欧和东欧的发展中国家，这体现了发展中国家在全球能源转型中的巨大治理潜力。

随着全球气候能源战略格局的不断变迁，新能源不仅成为各国提升自身绿色实力的"发展目标"，同时，新能源还可以被视为一种提升国家在全球气候能源治理中的绿色话语权的"外交工具"。以石油、天然气和煤炭为代表的传统化石能源均为不可持续性能源，其能源生产链（勘探、开采、生产、运输、加工制造及销售）都同特定的地缘位置密不可分，各国在传统能源开发与投资、能源通道安全等方面竞争激烈、冲突不断甚至爆发各种能源战争。不同于传统能源，新能源作为一种可持续性能源，其供给量很大程度上取决于风机、太阳能光板及储能入网等技术的革新。因此，各国在新能源领域的合作更容易实现"多边共赢"且更符合各国的长远利益。基于此，可以把新能源外交界定为围绕新能源问题制定对外交往的路线方针和战略以及开展具体的对外交往活动，如开展政府间重要访问，签署双边或多边合作协议，处理危及国家利益的贸易摩擦和冲突，构建对话协调机制和制度性合作平台，拓展对外发展援助路径等。新能源外交的主要目标是保障国家绿色能源安全，推进能源全面转型，实现区域新能源善治以及构建国际能源治理新秩序。

新能源外交可以在推进绿色能源利益共享的同时，加强与周边国家的友好关系，其"去地缘化"属性有助于缓解地区严峻的能源地缘安全局势，可以突破气候能源外交困境，彰显一国的负责任大国形象并体现道义性引领力；可以从根本上强化低碳转型大趋势下，国家在未来战略格局中的优势地位。如作为可再生能源的发展先驱国家德国，自20世纪90年代以来就开始从区域性可再生能源治理机制构建入手，继而推进全球性的绿色能源治理机制建构。学者迪克·麦瑟纳（Dirk Messner）提到，德国的能源转型战略（Energiewende）不仅致力于优化本国的能源结构，还以一种低碳能源外交的方式提升了德国的绿色声誉和低碳竞争力，在推进能源转型的德国模式外溢和规范扩散中，为其在能源和气候外交领域赢得更多的"巧实力"。斯伯勒·赫卡森（Sybille Roehrkasten）等也指出，德国于2009年推动建立的国际可再生能源机构（IRENA）是其推行绿色能源发展理念、最优政策实践以及新能源产业标准的重要国际制度平台和外交着力点。[①] 近年来，以中国为代表的发展中国家在新能源领域的整体性崛起，为新能源外交的开展带来了新的话语与实践维度。

[①] 除了IRENA，德国还通过国际清洁能源大会（IRECS）、21世纪可再生能源政策网络（REN21）、可再生能源俱乐部（REC）以及全球能源转型对话大会等多元方式来塑造自身在全球新能源网络化治理中的中心性引领地位。详见Sybille Roehrkasten and Kirsten Westphal, "IRENA and Germany's Foreign Renewable Energy Policy Aiming at Multilevel Governance", SWP Working Papers, 2013。

以新能源外交推进全球生态文明建设的路径优化

本质上而言，全球生态文明建设为全球环境善治提供了一条创新性路径，但如果是要作为一种新的价值理念、制度规范和实践路径内嵌到西方主导的环境治理话语体系中，仍面临不小的挑战。自 2008 年金融危机以来，西方国家在全球环境治理中提供绿色公共产品的能力和意愿都呈现下降趋势；而以中国为代表的新兴发展中国家综合国力稳步提升，西方国家对此甚为焦虑并竭尽所能遏制中国的发展。在全球环境治理领域，西方国家抓住中国发展和对外投资中的各种生态环境问题，通过一些社会组织、国际媒体甚至国际组织官员等大肆制造"中国生态威胁论""中国资源掠夺论""中国气候责任论"等论调，对中国生态文明建设及其制度、体制、路径等进行恶意指责和诋毁。如美国总统拜登曾指责中国利用"一带一路"项目"输出污染"，表示将组建国际统一战线，抵制中国"把污染外包给他国的行为"，强调中国应保证"一带一路"所有项目符合碳排放标准，不向沿线国家提供高碳技术和项目支持。同时，拜登政府将贸易与气候挂钩，对国际货币基金组织、世界银行等多边平台及其全球伙伴关系施压，纳入不可持续的气候和债务成本，将更严格的能效、环境标准引入对中资项目的审查中，从而让中国海外投资项目承担更高的融资风险和"标准规锁"。面对"西强我弱"的话语权力格局，中国在全球生态文明建设中引领者角色的发挥，更需要我们在气候能源治理中提供令人信服和能被广泛接受的"中国方案"和"中国理念"来突破西方国家对我国负面话语的框定，尽快将最优实践转化为具有权威性和规范性的绿色知识供给，提升我国生态文明理念在全球环境治理体系中的话语性和制度性引领力。

中国虽是新能源发展领域的后发国家，但仅用十年时间就于 2010 年超过德国和美国等先驱性国家，成为风能、太阳能等新能源装机容量、绿色能源投资、新能源汽车制造等方面的世界领先国家。2020 年，中国可再生能源发电量达到 2.2 万亿千瓦时，占全社会用电量的比重达到 29.5%，支撑我国非化石能源占一次能源消费比重达 15.9%，如期实现 2020 年非化石能源消费占比达到 15% 的承诺。凭借巨大市场、制造能力、技术研发等优势，以中国为代表的发展中国家有望在新能源产业链的某些环节、某项产品等领域，获得能与发达国家相媲美甚至能一争高下的竞争优势。[①] 相比于西方国家 60 年实现的碳中和道路，中国从碳达峰到碳中和的过渡期仅有 30 年，在此期间面临更大的挑战并需要良好的国际发展环境。因此，在碳中和背景下，全球生态文明建设离不开灵活多元的新能源外交。

第一，通过新能源外交推进全球生态文明的多边制度性建设，特别是把较为抽象的生态文明价值理念转化为全球气候能源治理中的制度规范和最优建设实践。相比于德国等先发国家，中国开展新能源国际合作还缺乏更为专业的主导性机制平台和融资机制保障，各种合作协调机制亟待完善。注重新能源的区域或全球性多边制度建设不仅能提升中国在全球清洁能源合作中的能动性，同时还能拓展国际合作空间并提升议程管理能力和主导规则制定权，从而把握机会构建和引领全球新能源治理新秩序。制度性能力的提升可以通过如下两个途径：一是同全球性新能源治理机构联手拓展新的合作平台。如中国加强同国际可再生能源机构（IRENA）、全球清洁能源部长会议（CEM）、创新使命机制（MI）、国际能源署（IEA）等的互动。以国际可

[①] 当然，改变以化石燃料（尤其是煤炭）为基础的工业文明不是轻而易举的，2019 年中国煤炭消费量占能源消费总量仍为近六成（57.7%）。

再生能源机构为例，2013年1月，中国加入该组织，在其协助下讨论并发布了中国2030年可再生能源发展路线图；2015年，中国与国际可再生能源机构在江苏苏州主办了国际能源变革论坛，利用主场外交优势倡议为进一步推进全球能源变革设立国际能源变革联盟，并成立"国际可再生能源机构-中国能源变革研究和交流合作中心"来支持联盟活动，为促进全球能源转型搭建平台。二是在既有的多边合作平台中构建新的能源合作机构，在充分利用和对接现有的各种多边合作平台基础上，通过自身优势来推进新能源治理的议题引领和制度设定。如2014年，中国在第十一届北京亚太经济合作组织（APEC）能源部长会议上利用主场外交推进"亚太经济合作组织可持续能源中心"（APSEC）的正式成立，并且于同年启动了东亚峰会清洁能源论坛，引导绿色电力、智慧能源城市、核电、光伏、生物质能、清洁煤等议题设置与议程管理。另外，中国还应重视在二十国集团（G20）、上海合作组织（SCO）等多边合作机制中的新能源外交开展，特别是针对某一新能源领域推出具有从区域可以辐射全球层面的长效性新能源合作机制，努力推进全球生态文明理念制度性嵌入国际会议核心议程管理之中。

第二，新能源外交为全球生态文明建设凝聚更多的大国共识并拓展合作协商的空间。新能源外交协调的首要核心就是基于利益共享的原则，以"绿色共赢"的理念来推动灵活多样的"新型关系"的构建，以切实的外交行动来诠释基于生态命运共同体之上的全球生态文明建设内涵。中国应把握碳中和背景下中美欧等大国在气候危机、绿色复苏、碳交易、低碳能源转型等方面的共识，利用自身在新能源发展中的优势，建立可持续性的新型大国合作关系。一是建立大国制度化协调与沟通机制，不断拓展合作空间，特别是借助气候与能源合作的协调性发展，就某个新能源合作议题建立常态化、长效性的沟通和协调机制。如中国与欧盟曾于2010年4月建立了中欧清洁能源中心（EC2）及2012年建立了中欧清洁与可再生能源学院（ICARE）。中欧通过发表《中欧气候变化联合声明》《中欧能源合作路线图》和《中欧领导人气候变化和清洁能源联合声明》推进双方在气候变化与新能源领域加强政治、技术、经济和科学合作。2020年以来的多次中欧领导人会晤中，双方就共同打造中欧绿色与数字合作伙伴关系等议题进行磋商，这为中欧之间的新能源发展与可持续基础设施建设合作示范区，以及"一带一路"沿线的第三方市场合作等提供了重要契机，拓展了全球生态文明建设的合作共赢空间。二是注重发展中大国之间的"南南"新能源合作、集体行动协调与共同议题倡议能力建设。在建构更为公平合理的气候能源治理新秩序过程中，中国同其他发展中国家之间拥有更多的"南南共识"，更容易形成某些议题上的倡议联盟。2018年，在第二十六次"基础四国"气候变化部长级会议上，中国坚持先在"基础四国"框架下做好沟通，然后再在国际气候谈判中提出中国的协调性方案。2021年4月，第三十次"基础四国"气候变化部长级会议上，中国注重同印度、巴西和南非一起强调全球范围内的气候与能源公正转型，对欧美联合构筑碳边境调节机制等贸易壁垒的提议表示严重关切，抗议其具有歧视性且违反公平原则，与世界贸易组织（WTO）的规则相悖的同时，放大了全球经济体系的不平等问题。另外，在金砖合作机制（BRICS）中，目前，金砖国家新开发银行的主要贷款也都是集中在绿色能源领域，中国可以利用自身在新能源投资中的结构性优势，加强金砖国家之间的绿色金融合作，同时，提升其在全球气候能源治理新格局中的集体性声音。

第三，绿色"一带一路"建设中的新能源外交为全球生态文明建设提供绿色实践平台。"一带一路"沿线国家与地区大多正处于经济转型期或属于新兴经济体，这些国家与地区存在着基础设施落后、生态环境脆弱等问题。他们在减贫、能源安全、环境保护、气候变化、灾害管理等领域依然缺乏资金和技术，可持续发展能力薄弱，日益严峻的环境生态问题也严重制约了他们的社会整体性发展和进步。鉴于此，绿色"一带一路"建设以及新能源外交的开展是落实2030年可持续发展议程和构建全球生态文明共同体的重要实践路径。[1] 在绿色"一带一路"推进过程中，中国推进新能源国际合作以及最优实践外溢，可以使承载着生态文明理念的制度规范和话语实践在"一带一路"沿线国家与地区快速扩散。这不仅为"一带一路"沿线国家与地区的绿色发展带来巨大机遇，还为这些国家和地区应对区域可持续发展困境、推进碳中和目标实现，以及改革和完善区域治理秩序提供了中国智慧和中国路径，也从根本上提升了国际社会对全球生态文明理念的认可度。具体而言，在新能源外交推进过程中，我们需要将全球生态文明理念全面嵌入项目投资、对外贸易、资金保障、能力建设、基础设施互联互通等各个合作领域。在项目投资上，通过绿色金融工具识别和预防投资的前景与风险，强调"绿色采购"和"可持续性基建"等原则，促进新能源技术革新和基础设施持续发展。在资金保障上，中国发起成立了亚洲基础设施投资银行，设立了"丝路基金"，积极推动多边金融机构为"一带一路"建设提供资金支持，但未能对绿色投资比例做出重要限定。在目前碳中和背景下，"一带一路"资金保障需要防范高碳项目风险，在接纳赤道原则基础上建立高标准的环境信

---

[1] 2017年，原环境保护部、外交部、国家发展改革委、商务部联合发布了《关于推进绿色"一带一路"建设的指导意见》，从加强交流和宣传、保障投资活动生态环境安全、搭建绿色合作平台、完善政策措施、发挥地方优势等方面做出了详细安排。

息披露和风险管理制度,[①] 在提升自己绿色竞争力的同时,有力反驳欧美国家所谓的"高碳污染"诘责。在制度平台建构上,2019年,中国生态环境部所成立的"一带一路"绿色发展国际联盟和2020年建立的"一带一路"绿色发展国际研究院等都可以成为中国长效性新能源外交平台建设的制度基础和经验积淀,以此为契机推进"一带一路"沿线的新能源国际合作制度化进程不断创新。

▶ 结语

随着气候变化、水污染、海洋酸化等全球环境问题的凸显,没有一个国家可以单独应对弥散性、跨界性和复杂性的环境挑战,人类命运共同体的大国外交理念也必然首先集中体现为共保绿色家园和共创美丽世界等可持续发展的生态治理诉求。鉴于目前全球环境治理体系的结构性僵化、治理碎片化以及治理诉求上的"南北差异"不断拉大,全球生态文明理念的国际扩散为全球环境善治提供了一套系统性解决方案。在目前碳中和背景下,全球气候能源战略转型态势不断加速,新能源发展不仅成为应对气候变化、疫情后经济复苏、能源安全等多重危机的重要一环,新能源外交更成为推进全球生态文明建设的关键抓手和践行路径。"十四五"时期是中国碳达峰的关键期和窗口期,一方面,我们需要构建清洁、低碳、安全、高效的能源体系,完善绿色低碳政策并提升绿色低碳技术和绿色发展实力;另一方面,我们需要

---

① 赤道原则要求金融机构在项目投资时,要对该项目进行环境和社会影响的综合性评估,利用金融杠杆促进该项目在可持续发展和社会环境责任方面发挥积极作用。

第七章 碳中和：与世界接轨的创新经济

通过新能源外交推动我国从绿色能源大国向绿色能源强国转变，为中国绿色"一带一路"建设提供良好的国际环境，并系统性提升中国在全球气候能源治理中的制度性话语权，有力回击西方某些媒体和政客对中国的歪曲言论。

目前不可忽视的是，在全球环境治理体系中，欧美发达国家在既有治理秩序中的话语权仍然处于主导性优势地位。国际社会对于全球生态文明理念的广泛接纳不仅有赖于生态文明内在逻辑的系统性建构，以及促进其多元多维的国际传播，更需要通过灵活务实的外交合作将全球生态文明理念全面嵌入国际环境合作制度体系中。在迈向碳中和的进程中，发达国家与发展中国家之间的低碳治理能力和绿色创新技术之间的差距可能会不断扩大而非缩小，全球新能源革命所带来的收益并非是均质化分布的，而是"马太效应"下的南北差距拉大。鉴于此，新能源外交的开展基于全球生态文明理念来重塑国际政治经济新秩序，从而建构一个更加绿色、公正、包容、安全的气候能源治理新格局。在这一过程中，新能源外交切实推进了全球生态文明建设中的多边制度性合作拓展、大国协商共识、绿色规范内嵌和长效性实践平台建设。唯有此，才能分阶段有步骤地打破全球环境治理中日益固化的西方知识权力结构与治理路径偏好，通过卓有成效的外交合作实践来推进国际社会对全球生态文明理念的接纳，采纳中国智慧和中国路径来应对全球低碳转型和碳中和目标实现过程中的多维困境与现实挑战。

参考文献

［1］郇庆治.人类命运共同体视野下的全球资源环境安全文化构建[J].太平洋学报,2019,27(01):1-8.

［2］李昕蕾.清洁能源外交：全球态势与中国路径[M].北京：中国社会科学出版社,2019:1-10.

［3］李慧明.全球气候治理与国际秩序转型[J].世界经济与政治,2017(03):62-84,158.

［4］Morgan Bazilian, et al. Interactions Between Energy Security and Climate Change: A Focus on Developing Countries[J]. Energy Policy,2011,39:3750–3756.

［5］Harald Heubaum, Frank Biermann. Integrating Global Energy and Climate Governance: The Changing Role of the International Energy Agency[J].Energy Policy,2015,87:229–239.

［6］David Criekemans. The Geopolitics of Renewable Energy: Different or Similar to the Geopolitics of Conventional Energy?[J].ISA Annual Convention,2011(52):6–9.

［7］Dirk Messner, Jennifer Morgan. Germany Needs an Energy Transformation Foreign Policy[J].German Development Institute Report,2013,7(01):16–19.

［8］Justin Worland. The Biden Administration Is Already Calling on China to Do More on Climate Change[R/OL].(2021–01–21).https://time.com/ 5933657/john–kerry–china–climate–change/.

［9］李坤泽,戚凯.拜登政府"绿色新政"与民主党绿色转型[J].国际论坛,2021,23(03):119-135,159-160.

［10］李昕蕾.全球气候治理中的知识供给与话语权竞

争——以中国气候研究影响 IPCC 知识塑造为例 [J]. 外交评论（外交学院学报）,2019,36(04):5-6,32-70.

[11] 国家能源局. 中国在新能源发展上是世界第一 [R/OL]. (2021-03-31). https://baijiahao.baidu.com/s?id=1695703877554259700&wfr=spider&for=pc.

[12] 高世宪, 杨晶. 依托"一带一路"深化国际能源合作 [J]. 宏观经济管理,2016(03):55-58,68.

[13] 于莎, 贠涛, 朱晓暄, 等. "一带一路"参与国家绿色指数评价 [J]. 全球科技经济瞭望,2019,34(01):67-75.

[14] 李昕蕾. "一带一路"框架下中国的清洁能源外交——契机、挑战与战略性能力建设 [J]. 国际展望,2017,9(03):36-57,154-155.

[15] 朱磊, 陈迎. "一带一路"倡议对接 2030 年可持续发展议程——内涵、目标与路径 [J]. 世界经济与政治,2019(04):79-100,158.

新能源革命的国际经验与启示

杨雷

北京大学能源研究院副院长、研究员,清华大学能源转型与社会发展研究中心学术委员会委员,国际燃气联盟(IGU)协调委员会候任主席

2020年是全球能源领域具有分水岭意义的一年,不仅因为新冠肺炎疫情造成了全球经济衰退和能源消费大幅降低,也因为世界主要经济体纷纷提出到21世纪中叶实现碳中和的承诺。截至目前,占全球国内生产总值总量70%以上的经济体都已经宣布了到21世纪中叶实现碳中和的愿景,能源转型正在加速进行。

过去十年,用"能源革命"来描述全球能源领域的变化恰如其分。作为曾经的全球最大能源进口国,美国通过页岩油气革命的成功,实现了"能源独立"这个即使在五年前仍然看起来不可能实现的目标。过去十年,诸多光伏、储能、电动汽车等新能源技术迈过了规模化、商业化发展的门槛,开始

了爆发式增长。

近年来，可再生能源在全球能源生产消费中的比重不断提升。英国石油公司（BP）发布的《BP世界能源统计年鉴》显示，2019年，全球新增发电量的96%来自可再生能源。根据21世纪可再生能源政策网络（REN21）的数据，全球2020年可再生能源在全部发电量中占比达29%。

从2009年到2020年，全球风电装机容量从1.5亿千瓦增加到7.3亿千瓦，光伏发电装机容量从2400万千瓦增加到7.1亿千瓦。风电在一些地区已经逐步成为最主要的增量能源，太阳能发电在一些地区已成为最具竞争力的电源，新能源革命已经成为全球潮流。

▶▶ 新能源革命与碳中和已经成为国际潮流

欧美国家的实践表明能源转型在技术和经济上是可行的。过去十年，光伏发电和风力发电（以下将光伏和风电统称为波动性可再生能源）成本大幅下降，根据国际能源署（IEA）和拉扎德公司（LAZARD）统计，光伏发电和陆上风电的平均平准化度电成本分别从2000年的500美元/兆瓦时和94美元/兆瓦时，下降到2019年的70美元/兆瓦时和55美元/兆瓦时。在阿布扎比（Noor Abu Dhabi）百万千瓦级光伏电站2020年4月新一轮招标中，创下了1.35美分/千瓦时的历史最低中标价格纪录，折合人民币每度电上网电价只有0.1元。

2019年，风电和光伏发电量占丹麦、德国和英国全部发电量的比重分别达到60%、32%和31%。北欧五国作为能源转型的先锋，其可再生能源比重都相对较高，冰岛、瑞典、挪威、芬兰、丹麦分别达到了85%、55%、46%、40%、32.7%。从全球来看，可再生能源的交通用能市场份额约为3.3%，占供热比重的10%以上。随着可再生能源产业的发展，2018年全球可再生能源就业人数达到1100万，其中我国402万、欧洲123万、巴西112万、美国85万。

根据欧盟以及Statista网站数据，1990年至2019年，欧盟人口增长了7%，人均国内生产总值增长了52%（按购买力平价计算），但与能源相关的二氧化碳总排放量却减少了24%，总体温室气体排放量也下降了24%。据国际能源署分析，这一方面可归功为单位国内生产总值的能源强度下降，另一方面是因为单位能源供应的二氧化碳强度下降。2020年受新冠肺炎疫情影响，欧盟温室气体排放量又在2019年的基础上下降了13.3%。这一趋势反映了欧盟经济和能源的结构性变化，以及能源效率的大幅提升。

2017年，时任美国总统奥巴马在《科学》（*Science*）杂志上发表了题为《清洁能源发展势头不可逆转》的署名文章，指出从2008年到2015年，美国与能源相关的二氧化碳排放量降低了9.5%，同时，经济增产超过了10%，单位国内生产总值能源强度降低了约11%，单位能源消费二氧化碳排放强度降低了8%，单位国内生产总值二氧化碳排放量降低了18%。他认为这个趋势已经不可逆转，这种经济增长与能源领域二氧化碳排放的"脱钩"，对那些认为应对气候变化需要以降低经济增长和生活水准为代价的看法，是最有力的回应。

值得指出的是，我国的发展阶段与发达国家有所不同，我们的工业化和城镇化还没有完成，但新能源技术突飞猛进的发展已与一二十年前发达国家实现碳达峰时大不相同，可以说，如今实现新能源革命的条件和门槛已经大大降低了。

▶ 全球能源转型的趋势与展望

全球能源转型的基本趋势表现为：一是低碳化。在传统的化石能源中，天然气的使用在过去二十年快速增长，作为一种低碳能源，在替代煤炭的过程中天然气的使用显著减少了二氧化碳的排放。美国的二氧化碳排放量在过去十年降低了10%左右，其中最主要的贡献就是来自页岩气对煤炭的替代。过去十年，风、光等可再生能源的成本快速下降，风电、光伏等新增装机快速增长，已经成为增长最快的能源品类，加速了能源系统低碳化转型的步伐。二是去中心化（分布式）。以去中心化为特征的分布式能源正在成为传统的集中式能源强有力的补充，改变了原来能源供应金字塔的主体结构。诸如冷热电多能互补系统、电动汽车、屋顶光伏、余热利用、生物质能源和多种消费侧储能等分布式能源正在改变传统能源系统的价值链，也大大提升了可再生能源并入能源系统的比例。三是数字化。数字技术为能源系统的升级转型赋能，数字化降低了分散的、小型化的可再生能源的系统接入成本，也能够更加实时和智能地对变动性需求做出响应。数字化使供给侧和需求侧之间的界限变得模糊，一方面为"生产型消费者"的产生提供了条件，另一方面为更加广泛的需求侧响应创造了技术条件。

当前，光伏和风电为主的可再生能源成本仍在进一步下降，光伏发电成本的下降速度超过了风电。在全球日照充足的地区，太阳能光伏已经成为成本最低的发电资源，甚至低于传统火电的燃料成本。风电近几年来最重要的趋势则是海上风电价格及成本的下降。

全球能源领域投资趋势也反映出低碳能源日益显现的成本优势。根据国际能源署统计，2019 年可再生能源发电投资占全球发电资产投资总额的三分之二以上。国际能源署预测，从 2020 年到 2025 年，以风电和光伏为主的可再生能源装机将快速超过火电，成为全球第一大发电装机来源。

▶▶ 国际能源企业的转型实践

基于对能源转型的认识，全球能源公司也正在积极投身于这场意义深远的能源革命。许多大型油气公司都为未来几年的发展制定了雄心勃勃的转型目标，致力于从油气公司转变为综合能源公司，并且设定了明确的减碳计划。大型能源企业的行动有力地推动了新能源革命的进程。

埃信华迈（IHS Markit）数据显示，2019—2020 年，油气公司在太阳能和风力发电领域分别进行了 18 次和 17 次收购，远高于 2017 年的 9 次收购。其中，埃尼（Eni）、壳牌（Shell）和道达尔（Total）正在通过收购整个供应链中的公司来改变其运营组织，并大力投资电力，他们还着重指出了电气化在未来将发挥关键作用。法国能源公司（Engie）、英国石油公司和挪威国家石油公司（Equinor）通过投资可再生能源资产，积累能源服务供应商的经验，使其投资组合多元化。

从资本市场上看，在过去十五年中，油气公司的平均年度股东整体回报率（TRS）落后于标准普尔 500 指数 7 个百分点，为了减少客户流失和增加收入来源，许多公司将发展客户端就地能源方案和数字化技术作为未来商业模式的重要组成部分。在电力供应方面，现阶段欧洲公司的可再生能源战略仍由"建造–销售–经营"（BSO）模式继续主导，他们也正在积极探索零补贴项目的新商业模式；美国公司更青睐绿色电价和新的可再生能源购电协议（PPA）结构，这在欧洲也很普遍。

在电力需求方面，发达国家的企业客户更注重绿色电力采购。2020年，美国的企业客户可再生能源交易几乎占了美国所有可再生能源合同交易量的一半。在欧洲，企业客户在2020年签署了约470万千瓦的可再生能源购电协议。大量新公司涌入该领域表明，该协议下的消费群体将在全球范围内扩大，为新的可再生能源生产提供了一个巨大的潜在市场，这也为未来碳标签等政策工具的推广奠定了基础。

▶ 社会共识基本形成

欧盟各国在对待气候问题上具有较高的共识，政府决策效率也较高，尤其表现在联合国政府间气候变化专门委员会（IPCC）提出的全球1.5摄氏度温控目标上。尽管其在很多问题上长时间议而不决，但对签署提高减排承诺的新一版绿色协定均高度赞成，很快就完成了法案的修订，将原来的2050年碳减排目标从80%修改为100%，也即2050年实现温室气体净零排放。

法国最具特色的举措之一是从全国普通民众中推选出150人，专门就国家的气候变化和环保主题进行建言，他们相当于气候议员，这是一项重大的制度创新。法国在气候大会的宣传语是"使我们的星球再次伟大"，计划于2022年全面停用煤电，且公众餐厅产品50%为源自本地的有机产品，2025

年废弃物 100% 得到回收和再生利用，2040 年停止销售内燃机车辆。

德国于 2019 年通过立法的形式，率先宣布 2050 年实现净零碳排放，2030 年使能源部门的二氧化碳排放比 1990 年减少 61%～62%。2021 年 5 月，德国总理默克尔表示，德国将争取最早在 2045 年实现碳中和，并把 2030 年温室气体减排目标提升至较 1990 年减少 65%。

这些欧洲国家高度认同联合国政府间气候变化专门委员会（IPCC）的"1.5 摄氏度报告"，并能够快速做出响应，其主要原因是普通民众对此高度认同，欧盟及欧盟各国内部各党派可能在政见上存在或多或少的差异，但在环保问题上几乎都能够对气候变化和可持续发展目标达成高度共识。因为在应对气候变化和可持续发展方面这些国家已经形成了广泛的民意基础，这些党派一般不会因此得罪群众。

美国两党就气候问题长期无法达成一致，导致其在气候政策上出现多次反复，在实现碳中和这一目标上尚无明确立法，甚至没有富有成效的政治协商进展。但值得注意的是，即使在特朗普政府时期美国政府退出《巴黎协定》，美国很多州和城市仍然形成了"美国气候联盟"，继续按照《巴黎协定》的要求，大力推进清洁能源转型计划。2018 年 9 月，美国加利福尼亚州州长签署法案，提出到 2045 年将实现 100% 清洁电力供应。当前执政的拜登政府在《清洁能源革命和环境正义计划》中承诺，美国将在 2050 年之前达到净零碳排放。

可以明确的是，美国的气候和能源政策目标正越来越清晰。在采取强有力的政策手段之外，美国一直是能源领域研发的全球领导者。美国拥有成熟的学术和技术成果转化机制，大量的公共资本和私人资本争相投入碳中和相关行业，使得其产业蓬勃发展，技术和服务世界领先，这也是美国力求保持的优势。

新能源革命的国际经验

能源转型与碳中和需要多措并举。实现碳中和涉及经济社会生活的方方面面，需要动员各方面力量，寻求最适合于经济的路径。从能源角度来说，一方面是要减少排放，通过提高能效，提升可再生能源等零碳能源的比例以减少二氧化碳排放；另一方面是进行碳汇，除了森林碳汇，也包括碳的捕集、利用和封存（Carbon Capture, Utilization, and Storage，以下简称 CCUS），以消除排放后果，综合施策。国际能源署在《世界能源展望2020》报告中提出，为实现《巴黎协定》可持续发展的目标，按照可持续发展的情景展望，到2050年，节能和提高能效对二氧化碳减排的贡献最大，占37%；然后是发展可再生能源，占32%；CCUS、核电、燃料替代等其他技术也共同推动可持续发展目标的实现。

2020年7月，《欧盟能源系统整合战略》发布，其中阐述了为实现碳中和目标，需要对能源系统进行升级整合的战略，强调要打破能源的行业壁垒，提高系统效率，积极发展储能、数字化、氢能等技术，提高系统灵活性，支撑更高比例的可再生能源发展，完善能源市场机制和碳排放交易机制，在实现碳中和的同时保持经济的繁荣发展。

美国普林斯顿大学、麻省理工学院等研究机构和智库也积极开展"净零美国"战略研究，与奥巴马时代美国政府颁布的"能源一体化战略"一脉相承，这些解决方案都强调多种能源互补，采取最优路径实现碳中和。这些研究重点就能源效率、电气化、可再生能源、零碳燃料（生物质和氢能等）、碳捕集利用、碳汇等多个领域的共同作用开展研究，建议美国政府通过市场化的方法，寻找最经济和优化的路径。

德国政府是碳中和的积极推动者，很早就制定了《气候行动计划2050》，不仅提出了明确的愿景和规划，也强调以系统综合的方法，统筹考虑提升能效、加大可再生能源比例、电力行业转型，以及交通、建筑、工业等领域电气化等问题，制定了相对清晰的步骤，提出2030年前优先开展电力领域低碳转型，引领交通、建筑、工业、农业等领域全面减排，2030年后再加大力度深化以工业为首的各领域转型及发展负碳技术等，其出发点也是从系统优化考虑，以较低的转型成本来实现碳中和。

在能源转型过程中，长期规划和战略对于引导投资者、形成社会共识非常重要，碳中和提供了一个非常重要的共同愿景，将有力地指导相关的能源、经济及社会发展的规划工作。

能源体系需要系统性升级。新型能源系统最重要的特征是低碳，主要由风电、光伏等变动性可再生能源组成，这将与传统化石能源构成的能源系统有很大不同。一方面，由于风电和光伏的发电特性受天气影响较大，系统灵活性变得更加重要，这是因为供给侧与需求侧的不确定性都大幅提升了。另一方面，与传统的以集中式供能方式为主不同，分布式能源将快速增长并逐渐占据主体地位。

受风、光等波动性可再生能源对能源系统日益显著的影响，在波动性可再生能源占高比例的情况下，能源系统能否灵活运行，是能源转型的核心，对于确保现代电力系统的安全性至关重要。国际经验表明，在技术层面上，电力系统对波动性可再生能源的比例没有硬性约束。

波动性可再生能源并网会对电力系统产生多种影响，但并不会突然出现，而是随着波动性可再生能源占比的提高而逐步显现。根据波动性可再生发电量占比上升对电力系统的影响及相关并网问题，国际能源署划分了四个阶段。

在第一阶段，能源系统开始出现少量波动性可再生能源，对系统基本没有影响或造成极小的、局部的影响，通过调度就可以基本解决并网问题，这一阶段波动性可再生能源发电量占比一般不高于5%。

在第二阶段，随着波动性可再生能源发电容量的增加，负荷与净负荷之间的差异愈加明显，现有系统资源难以在全部时段维持电力供需平衡。在这个阶段，一般通过提高供给侧的备用容量和灵活性，改进系统运行方式，以更充分地利用现有系统资源，来满足系统并网要求（例如进行火电灵活性改造以增加备用装机）。然而，仅依赖供给侧灵活性提高会带来越来越高的系统成本，使并网过程难以为继。

在第三阶段，随着可再生能源比例的继续增高，波动性可再生能源发电量在特殊时段可以满足部分区域的大部分供电需求。这一阶段需要对整个能源系统进行优化，动员包括需求侧响应的灵活性资源，将用电需求引导、转移向波动性可再生能源发电量较高的时段，还需要通过终端用能电气化创造新需求。一般来看，这一阶段可再生能源总体发电量平均将超过10%。

最后，在第四阶段，波动性可再生能源发电量经常会超过总体电力需求，如果没有额外处理方式，将出现净负荷的结构性过剩，同时面临当风电、光伏出力持续较低时（比如北方冬季），如何满足电力需求的挑战。在这个阶段，需要更加先进的技术，并采用季节性储能，例如氢能。

全球多数国家目前都处在第一和第二阶段，未来五年，随着波动性可再生能源快速发展，越来越多的国家会进入第三和第四阶段。国际经验表明，随着可再生电力比例的不断增长，进入第三阶段后，与早期对电力系统的修修补补不同，需要对整个能源和电力系统进行升级优化，提高源、网、荷、储的灵活性，以更加动态和柔性的方式实现稳定的电力和能源供应。

科技和商业模式创新是最大驱动力。能源科技的发展深刻地影响了能源格局的变迁，各国十分重视能源科技的发展，并制订了能源战略计划，如美国的《全面能源战略》、欧盟的《2050能源技术路线图》、日本的《面向2030年能源环境创新战略》等。

过去十几年的发展表明，科技正逐渐取代能源资源成为能源发展的基石，发展低成本的新能源技术是重要趋势，其中低成本可再生能源技术是能源科技发展的重点领域。美国能源信息署评估，美国2022年后投产的风电和太阳能发电项目的平准化度电成本（LCOE）都将低于燃气发电。

数字技术正在给能源领域带来深刻变革。数字技术不仅提高了自动化水平，降低了成本，而且能够使能源系统更加适应高比例的变动性能源，提高需求侧响应能力，降低能源交易成本，大大增加系统的灵活性和柔性。

综合能源服务也正在成为能源行业商业模式的主流，相关企业利用先进的管理工具，如数字化平台，对能源系统尽可能实现统筹和优化，就近提供能源服务，能源服务可以让能源供应者和消费者创造新的价值。与能源服务相适应，国际上越来越多的小型工业用户和大型商业用户开始参与需求响应计划。通过吸引更多利益相关者，综合服务商可以降低平衡系统的成本，但可能需要实施有针对性的政策或监管，以允许他们参与批发或辅助服务市场。

电动汽车与能源领域的协同性也日益增加，电动汽车快速发展，成为日益重要的电力负荷，也成为系统灵活性的来源之一。智能充电可以减少高峰时段的电力负荷，车网融合技术更是可以将电动汽车作为移动储能站，获取额外收益。车网融合已经在全球拥有数以百计的商业应用。

以技术带动的能源领域商业模式创新正如雨后春笋一般在全球出现，吸引了全球资本市场的关注，并获得了越来越多的资金支持，有力地促进了能源转型。

完善的市场体系建设是能源转型的基本条件。发达国家经验表明，发展高比例可再生能源，建设新型电力系统，需要完善的市场机制支持，这也是催生新的商业模式的基本条件。北美和欧洲的国际经验证明了实时的现货市场在优化电力系统和降低用户用电成本方面的重要性，能源服务、储能、氢能等都需要通过市场化的价格寻求合适的应用场景。政府定价的方式无法实时体现电力的稀缺性，也不能发挥可再生能源边际成本低的优势，难以消纳更高比例的可再生能源。因此，建立流动性好的短期电力市场（现货市场）是实现高比例可再生能源发展的关键，是对不同发电技术进行经济调度的基础。

欧美能源市场机制的设计也考虑到保证提供足够激励，以覆盖调峰资源的运行费用和固定成本，从而对能源安全形成有力的保障。一些地区的电力市场主要依靠发电收入来支付调峰电源的发电投资，其电力市场允许电力紧缺时电价大幅升高；还有一些市场运用容量补偿机制，例如，向特定时段发电的企业提供容量费用，以保证尖峰负荷期间足够的电力供应。法国、英国、墨西哥、美国的 PJM 和 MISO 等电力市场则是上述两种机制相结合，以保证系统中的能源供应充裕度，在特殊时期能够发挥保供的作用。

基于电力市场的复杂性，辅助服务市场也十分重要。随着可再生能源发电量占比的提高，电力系统惯性降低，对稳定系统频率和电压等服务的需求必然会增加。未来在高比例可再生能源系统中，系统波动性增加及化石能源装机比重的下降，要求系统优先调动其他灵活资源，如储能和需求响应。在这方面，爱尔兰、澳大利亚和美国 CAISO 等电力市场提供了很好的经验。

值得指出的是，电力市场和天然气市场有很好的协同性，天然气发电也具备明显的调峰优势，能够跨季节调峰，同时天然气本身也有调峰的需要。自 20 世纪末开始，欧美主要国家先后启动并完成了天然气市场化改革，形成了我们熟悉的美国亨利中心、英国国家平衡点（NBP）、荷兰产权转移设施期货（TTF）等有影响力的天然气价格指数。在很多欧美国家，天然气和电力的监管部门都是合署办公。

为了控制二氧化碳排放，以欧盟为首开展的碳交易市场建设成为推动能源转型的一个非常有效的市场手段。碳交易市场通过对温室气体排放额度的交易，逐步形成了碳排放指标量化体系和明确的碳价。通过市场交易，可以有效发现碳价格，从而引导低碳经济模式的发展。从国际角度看，交易规则、减排政策、资金机制、运作模式是碳排放市场的关键要素，对金融市场也产生了越来越大的影响。

电力市场、天然气市场和碳交易市场的有机结合，使得新能源革命的政策环境不断完善，有力促进了相关国家经济发展模式的升级。

▶ 相关启示

做好能源转型与碳中和的顶层设计。新能源革命与碳中和是一项系统性工程，涉及能源供给侧、需求侧、提高能效、碳汇等多个方面，对几乎所有

第七章 碳中和：与世界接轨的创新经济

行业都会带来重大影响，需要综合性和长期的视角，需要包括规划、产业、市场、政策等多个层面的支持，因此顶层设计至关重要。

新能源革命与碳中和需要强有力的政策机制和制度的保障。应着手制定国家应对气候变化法规，统筹能源、环境、气候和经济社会发展全局，以控制温室气体排放为抓手，推动我国经济体系、能源系统和生活方式的绿色低碳转型。同时，对当前的政策、制度、机制和法规进行梳理完善，使之符合新能源革命的需要。

尽快启动我国能源中长期发展战略及规划工作，作为市场参与者投资决策的依据。在制定规划的过程中要集思广益，使各方就能源系统的发展方向逐渐形成共识，进而为制定具体政策以形成完善的市场框架提供基础。传统能源规划主要集中于供给侧，需求侧没有引起足够重视。要充分做好统筹协调，整合包括能源领域不同行业之间的规划、电力行业不同环节的规划、需求侧资源的规划、区域间能源资源的规划，并考虑在规划中纳入对系统灵活性的评估。

加快完善我国能源市场化改革。截至2020年年底，我国风电和光伏等变动性可再生能源装机约5.3亿千瓦，占全部电力总装机比重的24.2%，发电量占比接近10%。到2030年，风电和光伏发电总装机容量要超过12亿千瓦，发电量也将大幅度提高。我国的能源和电力系统正在快速进入新阶段，需要对整个系统进行优化，其中灵活的市场价格将是引导整个系统优化的关键因素，也是完善我国能源市场，还原能源的商品属性，使市场成为优化资源配置的决定性因素。

目前，电力市场化改革与天然气市场化改革均在深入推进，将为新能源革命提供强劲动力。适用于高比例可再生能源的电力市场设计需要重点关注建立电力现货市场，发掘市场价格；改变现有电力调度方式，实现经济调度；加强跨省跨区电力交易，提高电力供应安全性，提高系统效率，促进资源和需求的匹配；建立并完善辅助服务市场，激励系统灵活性资源的投资和应用；探索容量补偿机制，满足系统投资充裕度要求；加速推进碳交易市场机制，将化石能源项目的温室气体排放对环境产生负面影响的社会成本内部化。

天然气市场化改革正在深入进行，改革的重要目标之一是建立市场化的价格体系。管网公司独立运行后，下一步应从区域市场建设开始先行先试，做好市场设计；尽快建立托运商制度，完善容量分配机制；改革管输费定价机制以支持"多对多"交易；建立运营调度管理办法，完善应急制度；加强监管能力建设，大力提高透明度；坚持与国际接轨，尽早形成具有国际影响力的价格指数。

加快推进全国碳市场建设，探索构建与碳排放交易机制结合的创新商务模式。建立统一的碳交易机制和碳减排核定方法，鼓励相关能源利用行业积极参与碳交易，通过市场化的办法降低排放，实现绿色发展。

以电力、天然气和碳市场引领的能源领域市场化改革，是驱动我国实现绿色低碳发展、创新商业模式的强劲动力，也必将不断催生出储能、需求侧响应、车网融合、新型能源服务等多种新能源发展的商业模式。

多措并举优化能源转型路径。能源转型路径有多种选择，应结合我国的实际情况，尽量走代价较小的路径。随着可再生能源技术成本的降低，电力领域去碳化难度相对较小，工业、航空等领域的相关技术仍不成熟，因此，要多措并举，因地制宜开展新能源革命和碳中和工作。要尽快制定我国电力行业净零排放的日程表和路线图，淘汰燃油车的日程表和路线图，要求新基建项目基本实现净零排放等。

要高度重视提高能源效率,节约下来的能源是最清洁的能源。提高能源效率和发展非化石能源应并重。2019年,我国单位国内生产总值的能源强度仍是世界平均水平的1.4倍、发达国家的3倍左右。如果我国能源效率水平达到世界平均水平,能源消费总量中标煤可减少近20亿吨;如果我国能源利用效率达到发达国家平均水平,2035年我国人均国内生产总值收入达到中等发达国家水平时,能源消费可以比当前降低三分之一。如果2060年我国的能源效率达到世界领先水平,我国可以在能源消费零增长乃至负增长的情况下,建成现代化国家。

要统筹能源转型和发展转型。正如习近平总书记指出的,应对气候变化《巴黎协定》代表了全球绿色低碳转型的大方向。这不仅仅是能源转型,还需要发展方式的转型(实现由资源依赖向技术依赖转型),实现能源的可再生和资源的循环利用。实现碳中和既是应对气候变化的战略选择,也是实现生态环境质量根本好转的重要措施,是对各类污染物排放的源头治理。因此需要统筹能源转型和发展模式的低碳转型。

加快科技和商业模式创新。科技是第一生产力,科技也正在取代资源成为能源安全最重要的基石。未来,除了在风、光、生物质、地热等可再生能源领域,在氢能、储能、核聚变能以及能源新材料等方面都有可能出现颠覆性技术,将极大地改变世界能源供需格局。

数字技术可以为能源生产、能源消费、能源技术、能源体制革命带来新动能,在新能源革命领域以广泛互联、智能互动、灵活柔性、安全可控和开放共享的新一代电力系统为基础。建议加快推动数字技术应用,以"能源互联网"形态,打破由技术、机制等因素造成的异质能源系统之间及多元主体之间的行业壁垒与技术壁垒，推动更大范围内的资源优化配置，构建电力、天然气、热力与互联网运营商之间互惠共赢的能源互联网生态圈，推动"物理能源消费"向"能源、信息、服务"综合消费过渡。

能源服务正在突破原有的节能服务模式，向更加广泛的领域发展，许多大型国际公司也都将自身定位为能源服务公司。应积极鼓励国有企业和其他主体的能源企业，发挥各自优势，创新商业模式，实现可持续发展。

加强碳达峰、碳中和的国际合作，加大国际科技合作力度，扩大国际合作的范围，共同发展碳达峰、碳中和亟须的科学技术、工艺路线和商业实践。应对气候变化也是中美、中欧开展合作的重要抓手，应积极谋求合作，相互学习、相互促进、共同进步。

鼓励全民参与能源转型。新能源革命和碳中和是一场集技术创新、制度创新及治理体系创新于一体的全球新竞赛，不仅将重塑全球产业及投资贸易格局，也事关每一个人，既是对传统能源产业从业人员的一种挑战，也是新能源行业从业人员的巨大机遇，从国际上的测算来看，新能源革命和碳中和将创造更多就业机会。在实现碳中和的过程中，要以人为本，加强对弱势群体的帮扶和转型。新能源革命是实现美丽中国的必经之路，应加强宣传和动员，达成最大范围的共识，激发全民的创新力，鼓励全民参与，打赢一场碳中和与新能源革命的"人民战争"。

新能源革命也需要培育低碳清洁"能源文化"，将节能减排融入普通百姓的生活、行为及出行方式中，让人们通过改变生活方式和转变思想观念来配合、推动能源革命的实践。

参考文献

[1] IEA. Net Zero by 2050: A Roadmap for the Global Energy Sector[R/OL].(2021-05-18). https://racetozero.unfccc.int/wp-content/uploads/2021/06/NetZeroby2050-ARoadmapfortheGlobalEnergySector.pdf.

[2] BP. Statistical Review of World Energy 2021[R/OL]. (2021-07-12).https://www.bp.com/en/global/corporate/energy-economics/statistical-review-of-world-energy.html.

[3] REN21. Renewables 2021 Global Status Report[R/OL]. (2019-06-14).https://www.ren21.net/reports/global-status-report.

[4] IEA. World Energy Outlook 2019[R/OL].(2019-09-24). https://www.eia.gov/outlooks/ieo/pdf/ieo2019.pdf.

[5] Obama B. The Irreversible Momentum of Clean Energy[J]. Science,2017,355(6321):126-129.

[6] GE. Accelerated Growth of Renewables and Gas Power Can Rapidly Change the Trajectory on Climate Change[R/OL]. (2021-01-18). https://www.ge.com/content/dam/gepower/global/en_US/documents/future-of-energy/ge-future-of-energy-white-paper.pdf.

[7] 杨雷.能源的未来——数字化与金融重塑[M].北京：石油工业出版社,2020: 48-60.

[8] 金之钧,白振瑞,杨雷.能源发展趋势与能源科技发展方向的几点思考[J].中国科学院院刊,2020,35(05):576-582.

[9] Gabel E. 5 Top Global Power Renewables Trends 2021 Whitepaper[R].IHS Markit,2021.

[10] McKinsey. Net-Zero Europe: Decarbonization Pathways and Socioeconomic Implications[R/OL]. (2020-11-11). https://www.mckinsey.com/~/media/mckinsey/business%20functions/sustainability/our%20insights/how%20the%20european%20union%20could%20achieve%20net%20zero%20emissions%20at%20net%20zero%20cost/net-zero-europe-vf.pdf.

[11] Larson E., Greig C., et al. Net-Zero America: Potential Pathways, Infrastructure, and Impacts[R/OL]. (2020-12-15). https://netzeroamerica.princeton.edu/img/Princeton_NZA_Interim_Report_15_Dec_2020_FINAL.pdf.

[12] Prognos AG, Öko-Institut e.V, et al. Towards a Climate-Neutral Germany by 2045[R/OL].(2021-05-05). https://www.agora-energiewende.de/en/publications/towards-a-climate-neutral-germany-2045-executive-summary/.

[13] 杨雷. 关于中国天然气市场结构设计的思考[J]. 国际石油经济, 2019,27(08):1-5.

[14] 李俊峰. 中国实现二氧化碳排放达峰与碳中和的机遇与挑战[J]. 电力决策与舆情参考, 2020: 42-43.

[15] 习近平. 在第七十五届联合国大会一般性辩论上的讲话[R/OL].(2020-09-22). http://www.xinhuanet.com/politics/leaders/2020-09/22/c_1126527652.htm.

[16] 何继江, 马钰. 德国2050光伏发展情景对我国能源转型的启示[J]. 环境经济, 2021(07):58-64.

循环型城市建设的基本内容与重点任务

李智超

华东政法大学政治学与公共管理学院教授

目前，绿色低碳循环发展成为全球共识，世界各大经济体普遍把发展循环经济作为破解资源环境约束、应对气候变化、培育经济新增长点的基本手段。"十四五"时期，我国将着力构建以国内大循环为主体、国内国际双循环相互促进的新发展格局，努力释放内需潜力，充分扩大居民消费。发展循环经济是我国经济社会发展的一项重大战略，是保障国家资源安全、加快转变经济发展方式、促进生态文明建设的重要途径。循环型城市是发展循环经济的重要载体，旨在重建城市与自然之间的循环与互动关系。循环型城市不是狭义的环境保护，不局限于城市经济系统，而是一个以人民为中心、以自然环境系统为依托、以资源循环流动为要义的经济、社会、环境协调统一的复合体。循环型城市建设对现有城市治理体系提出了创新要求，在城市废旧物资循环利用、城市建设投融资机制、城市空间再利用、多部门多主体协同协作等方面，都需要进行重构与优化，吸引全社会积极参与，推动城市治理体系和治理能力的现代化。

▶▶ 循环型城市建设的三项基本内容

自20世纪90年代，循环经济理论引入我国后，逐步得到相关部门和学界的接受与认可。城市是人类生存和发展的重要载体，传统城市的经济发展基于对能源物资的转移性消耗，具有人口的高集聚性、能源的高消耗性、资源的不可再生性等特征。从生态足迹的视角来看，传统城市经济发展模式是不可持续的。循环型城市是在市域范围内，遵循生态学规律重构城市经济社会的运转模式，将传统意义上的"资源－产品－废弃污染"发展模式，向"资源－产品－资源再生"的循环经济转变，城市生产生活中涉及的物资和能量，都在资源再生循环过程中得到充分利用。通过以上分析可以得出，循环型城市的建设涉及三项基本内容。

第一，废旧物资资源循环利用。循环型城市中废旧物资资源的循环利用，需要"三化"，即资源利用的高效化、物资资源的循环化、废旧物资处理的服务化。这三方面的实现离不开城市治理体制机制与技术的变革，正如《"十四五"循环经济发展规划》（下文简称《规划》）中提到的，将废旧物资回收相关设施纳入国土空间总体规划，保障用地需求，合理布局、规范建设回收网络体系，统筹推进废旧物资回收网点与生活垃圾分类网点"两网融合"。《规划》还提出要完善二手商品流通法规，为城市二手商品交易提供标准化、规范化的服务，构建废旧物资循环利用体系，建设资源循环型社会。

第二，城市生态循环体系。循环型城市生态循环体系的核心在于构建城市与其周边区域之间互惠互利的生态共生关系，在城市内部及城市内外部形成与自然界相仿的循环代谢系统。传统的城市生态系统只是把外部环境作为排放废弃物的空间，没有形成有机循环，系统内无法完成物质循环和能量转换。在传统城市生态系统中，物质与能量的运动是线性代谢而不是环状循环。循环型城市是对城市的生产生活所涉及的产品、废弃物、能源等形成完整的生态循环闭合。构建城市生态循环体系，积极利用太阳能、风能等清洁能源，发展城市立体农业、建设雨水公园等，使城市从能源、水资源的消费者，逐步转变为生产者。更为重要的是，循环型城市的生态系统循环再生过程，可以直接减少能源资源的消耗量，是实现碳达峰、碳中和目标的重要保障。

第三，城市空间的优化与再利用。循环型城市的建设不仅意味着城市运行中的物质与能量实现循环闭合，还需要城市空间的优化与再利用。具体体现在三个方面：首先，循环型城市的空间结构是城市循环生态运行的必要载体，"摊大饼"式的城市空间发展，将逐步被更加高效、紧凑的城市空间布局所替代，城市的空间利用效率将得以提高。城市循环生态的运转将基于更加集约、结构紧凑的城市空间布局。其次，循环型城市的空间布局体现"人民城市""以人为本"的宗旨，以市民生产生活的便利舒适为出发点，更加具有安全性、包容性、韧性与可持续性。最后，发展绿色建筑与空间的集约利用。在循环型城市建设中大力推广绿色建筑可以有效节能减排、降低能耗，还可以带来更加集约、可循环利用的城市空间配置，增强城市作为生态系统的自我循环能力。

建设循环型城市要求推动城市治理体系的优化与重构

中国特色社会主义进入新时代，我国开启了全面建设社会主义现代化国家新征程，推动经济社会高质量发展成为主旋律。按照党中央、国务院决策部署，我国需要立足新发展阶段、构建新发展格局，坚持节约资源和保护环境的基本国策，遵循"减量化、再利用、资源化"原则，着力建设循环型城市，全面提高资源利用效率，提升再生资源利用水平。循环型城市建设的三项基本内容，对我们的城市治理体系和治理能力提出了新的要求。

第一，更加高效的资源利用和回收再利用。循环型城市的物质与能量流动要求从原有的线性代谢转变为生态循环代谢。这对城市治理提出了新的要求：实现更加高效的资源利用和减量回收，形成闭合的城市资源利用系统。具体而言，城市治理所涉及的废弃物回收再利用，需要提升能级，实现更加高效的资源利用效率。例如，提升生活垃圾分类管理的量级和水平，将有机垃圾转化为能源或肥料；提升建筑垃圾的回收利用率，最大限度地将从建筑垃圾中回收的钢铁、塑料、玻璃等用于再生产；积极发展和利用分布式可再生能源技术，将能源布局分散化，增强能源利用效率，降低传输损耗。

第二，实现"微循环"的城市生态循环系统。通过循环型城市的建设，实现城市能源自给能力的提升、生态资源的保护以及受损生态系统的自我恢复，需要在城市治理上打造城市生态的"微循环"，与城市所依赖的生态系统形成良性循环。具体而言，首先，城市的粮食供应可以由都市农业、观光农业进行补充，鼓励小规模分散式屋顶农业发展，提升在地粮食供应能力；其次，充分借鉴海绵城市的理念，通过区域性雨洪收集存储或城市绿地设施加强雨洪的循环利用；最后，在能源供应与回收利用方面，城市治理需要搭建多级联动的能源体系，以减少污染物、提升能源利用效率。此外，城市的工业、商业以及居民生活领域也需加强探索生态系统的"微循环"模式，引导城市与其周边区域之间建立更为有机紧密的生态循环关系。

第三，优化城市空间结构与交通通达性。在空间结构和城市肌理上，循环型城市需要从传统的扩张性布局向功能性布局转变，凸显城市治理空间结构重组和优化的必要性。首先，明确城市增长的刚性边界，转变城市铺张式发展路径，激励集约化和高效率的空间利用形式。其次，通过优化交通设计，突出公共交通的重要性，优化公交系统的网络布局，实现循环型城市的交通通达性、便利性和社会包容性。最后，推进循环型城市组团式、廊道化的城市布局更新，根据功能性集约化发展的要求，优化重组城市功能，打造城市通风廊道与绿道，实现城市肌理的"血脉连通"。

▶▶ 优化城市治理体系的重点任务

区别于传统城市管理，城市治理的重要特征就是涉及政府、私营部门、社会组织等多元治理主体，进而形成相互依赖的多元主体治理网络。推进循环型城市建设，优化城市治理体系的重点任务有如下几个方面。

第一，针对循环型城市建设，构建城市部门及区域间合作网络。良好的城市治理绩效的核心，是在多层级、多部门之间形成协作连通的合作治理网络。建设循环型城市过程中的生态资源问题往往会超越行政边界，必须通过政府间合作、跨部门协作的方式加以应对。针对循环型城市建设的痛点、难点问题，建立专门的议事协调机构进行组织间的协调与合作，促进跨部门的生态循环规划与统一行动的实施。此外，城市治理的不断创新，通常是基于多部门间的伙伴关系而形成的跨界合作与创新方案。由多元主体形成的城市治理网络，也意味着政府将循环型城市治理过程中的部分权力和职责下放至最有效的管辖层。因此，应适当推动循环型城市治理的权力下移与分散化管理。

第二，创新循环型城市建设的投融资机制。循环型城市的建设与发展所涉及的海量资金，应通过多种投融资渠道加以筹集，亟须创新投融资机制。可针对循环型城市涉及的公共服务、生态资源循环、生态修复等领域，适时放开市场准入，积极引入公私合作伙伴关系，大力推进投资主体多元化。此外，也可以适时在市域范围内采用创新性和地方性的税收制度试点，如碳税、污染税等，以及其他以财税为基础的税收调节机制。

第三，加快循环型城市生态环境标准的制定。建立具有实践性和可操作性的循环型城市建设标准或指南，明确建设的具体内容、职责分工、评价标准、程序和方法等，使循环型城市建设制度化、规范化，有章可循。尝试建立循环型城市生态环境评价制度，对城市的水、大气、土壤、固体废弃物循环利用情况加以评估，形成综合的循环型城市生态环境评价体系，通过全面评估，不断改进和提升城市生态循环绩效。

第四，吸引全社会积极参与，推进城市治理体系和治理能力现代化。城市居民不仅是循环型城市建设的受益者，更是参与者与实践者。循环型城市建设的全过程应实施开放发展战略，吸引全社会积极参与，在公众参与和循环型城市建设之间构建正反馈系统，设计多种机制和制度安排，积极动员市域内多元主体以多种方式，参与到循环型城市建设中来，不断提升城市治理水平、不断推进城市治理体系和治理能力现代化。

参考文献

[1] 中华人民共和国国家发展和改革委员会."十四五"循环经济发展规划.[OL].(2021-07-01)[2021-10-10].https://www.ndrc.gov.cn/xwdt/tzgg/202107/t20210707_1285530.html?code=&state=123.

[2] 杨亮,陈波平.建设循环城市,推动新型城镇化发展[J].全球化,2016(12):104-117.

[3] 李智超,谭西涵.府际合作可以缩小城市经济增长差距吗——基于我国三大城市群的比较分析[J].甘肃行政学院学报,2021(2):52-60.